GDPも純利益も悪徳で栄える

――「賢者の会計学」と「愚者の会計学」

田中 弘
Tanaka Hiroshi

税務経理協会

読者の皆様へのメッセージ

GDPも純利益も悪徳で栄える

本書が取り上げた主要なテーマは、「会計は悪徳の手助けをしてきたのではないか」という、わが身を切るような疑問です。ちょっと考えてみてください。会計が報告する利益とは、いったい中身は何だったのでしょうか。

営業利益は、本業の稼ぎです。しかし、その本業の中身が問題です。今の会計学では、社会が歓迎する商・製品を製造・販売して得た利益も、戦争に使う機関銃や戦車を製造・販売して得た利益も、大気を汚染し河川を汚泥で埋めるような工場から出てくる製品の儲けも、法の網をくぐって得た利益も、どれもこれも一緒くたにして「営業利益」として報告します。

GDP（国内総生産）も同じです。社会全体に幸福をもたらす事業からの付加価値も、兵器や軍需物資の製造・販売から得られた付加価値も、密貿易や麻薬の売買による付加価値も、どれもこれもいっしょくたにしてGDPとするのです。車の燃費を偽って売上げと利益を増やしても、会計不正で利益を水増ししても、企業の利益は増え、GDPも増えるのです。安倍さんがアドバルーンとして掲げる「GDP600兆円」って、中身の一部はこんなものかもしれません。それほど有り難がるものではないように思えます。

「営業利益」に営業外損益を加減して「経常利益」が、さらに特別損益を加減して「当期純利益」が計算・表示されます。企業の純利益が増えると、何となく、社会全体の富が増加したような気がします。でも、そうでしょうか。営業外収益や特別利益には、有価証券や土地等の売買益や評価益が含まれています。いわゆるキャピタル・ゲインです。こうした資産の売買は、特定の企業が儲けることはあっても、社会全体でみると、何らの価値も生み出しません。

株を例にしますと、持っている株を売って稼いだ人がいるということは、それと同じ額だけ損した人がいるのです。株式市場はゼロサム・ゲームですから、株の売買からは社会の富が増えるということはないのです。むしろ、株の売買は、「社会の富を奪い合う」ことだといってもよいのではないでしょうか。

そう考えますと、会計上の純利益の中には、「富の奪い合い」によって得た、しかし、社会には一円の価値ももたらさないものが含まれていることになるのではないでしょうか。「当期純利益」などといいますと、どこか、社会の富が増えたかのような印象を与えますが、実は、そうではないのです。

会計上の純利益には、このように社会に豊かさをもたらす価値の増加分と、反社会的・環境破壊的・独善的生産活動による付加価値と、そして、単に社会の「富の奪い合い」にすぎない行為の結果という、３種類のものが混在しているのではないでしょうか。

さらに言いますと、本来であれば損益計算書に計上されなければならないにも関わらず、これまで会計では無視されてきたものがあります。企業の生産・販売活動に伴って発生した環境破壊・大気汚染・健康被害などの予防・回復にかかる費用です。これらの費用の多くは、当事者である企業は負担せず、別の誰かが負担するか被害を被ってきました。ものを作って販売している企業は、こうした費用を負担しない分、利益をかさ上げしてきたのです。

この未計上の費用のことを考えますと、現在の「当期純利益」は、次のものから構成されているのではないかと思うのです。

（1）社会に豊かさをもたらす事業の付加価値
（2）反社会的・環境破壊的・独善的企業活動による付加価値
（3）富の奪い合いの「戦利品」（キャピタル・ゲイン）
（4）負担すべき費用を負担しないことから生まれる利益（水増しされた利益）

そこで、読者の皆さんと一緒に考えたいことは、「会計の役割」はどうあるべきか、会計は何を測り、何を報告すべきか、ということです。会計は何も、律儀に（2）の反社会的・環境破壊的・独善的な事業からの利益や、（3）のギャンブルの儲けを計算してやる必要はないのではないでしょうか。(1)の「社会に豊かさをもたらす事業の付加価値」をどれだけ生み出したかは、ぜひとも会計が計算・開示したいところです。欲張って言えば、「社会に豊かさをもたらす」価値の概念をもう少し拡張することができればいいなと考えています。

さらには、すぐにとはいかないでしょうが、(4)の、企業が負担を免れている社会的費用、その結果として水増しされた利益を測定する会計の技法を編み出したいものです。それを公にすることによって各企業が社会的費用の削減に努力することが期待できると思うのです。

「書斎の会計学」

大学を離れ、実務界に身を転じてから二年余が過ぎました。四〇年ほどの長きにわたって大学で会計学を担当してきましたが、実務・実務界でどのように会計が使われているか、いや使われていないかを知らずに、学生諸君を前に偉そうな講義を続けてきたことを大いに反省しています。教員のときには、「学の世界では原理原則を」、「実務界ではその応用を」という甘えた考えがありました。ですから、会計学を実務の世界でどのように使うかは、企業経営者、経理部門の人たち、投資家の皆さん、税理士・公認会計士、アナリストの皆さんに「丸投げ」してきたのではないかと思うのです。

少し大胆に言いますと、それは、私一人ではなく、日本中の、いえ、世界中の会計学者が似たようなことを繰り返してきたのではないかと思います。その証拠に、私が学生時代から今日までに手にした会計関係の論文・書籍は、ほぼ例外なく、「会計学は実学」とばかり、「会計実務は会計の教科書に書いてある通りに実践されている」という認識のもとに書かれているようです。

「理論と実務が遊離している」とか、「今の実務は理論の裏付けがない」とか「会計理論は空論だ」といった、批判なり非難などは表立ってはあまり聞いたことがないし読んだこともありません。「お前が不勉強なだけだ」と言われそうですが、実情は、学者は実務において会計がどのように使われているか（使われていないか）を知らず、実務家は学者がのたまう会計理論には関心がないということではないでしょうか。そんな環境では、どちらの世界からも表立った批判や非難の言葉は上がらないでしょう。

実務を知らなくても教室では「教授」として通用し、理論を知らなくても現場で仕事ができるのです。少しかっこをつけて言えば、学者と実務家はうまく「棲《す》み分け」てきたのです。しかし、その棲み分けが会計の活用を阻害してきたことが次第に明らかになってきました。本書のテーマの一つは、虚構の棲み分けを脱し、いかにして理論と実務を融合させることができるかです。

本書第1部「賢者の会計学」と第2部「愚者の会計学」は、「使うべき会計学」と「悪用される会計学」について論じたものです。第3部「中小企業の活性化と税理士の役割」と第4部「大学改革と簿記・会計教育」は、いずれも、企業経営の現場と会計教育の現場において「使うべき会計学」がなおざりにされてきたことを取り上げたものです。企業経営の現場と会計教育の現場で、会計の知識と技法が正しく使われていれば、今日のような中小企業の低迷も会計に対する無関心も、会社ぐるみの会計不正も招来しなかったのではないかと思います。

第1部から第4部まで、目次だけ見ますと、「バラバラなテーマの寄せ集め」のように感じられるかもしれませんが、私としては、「使える会計学」「使うべき会計学」を明らかにするという一点にフォーカスして書いたつもりです。それがどれだけ実を結んでいるかは、読者の皆さんにご判断いただきたいと思います。

第1部のタイトルとして「賢者の会計学」などという大それた題をつけてしまいましたが、このパートが「賢者が書いた会計学」という意味でないことは言うまでもありません。実は、「賢者」には、「仏道を修行して、いまだ悟りを得るまでにはいたっていない人」という意味があるそうです（『広辞苑』第6版、電子辞書版、岩波書店）。ちなみに、「懊悩《おうのう》を離れて、正理を悟った人」を「聖者《しょうじゃ》」と呼ぶのだそうです（同）。

この本は、まさしく懊悩から逃れられず、古希を過ぎてもなお、会計学の行く末を案じ、さ迷い続ける「年老いた子羊」が書いた妄言集かもしれません。妄言かどうかは、お読みいただいた皆さまのご判断に俟つしかありません。

講演録（富丘経済研究会）

本書を脱稿した直後に、横浜国立大学の経済・経営学部、社会科学系大学院の同窓会組織である「一般財団法人　富丘会　富《ふ》丘《きゅう》経済研究会」（会長・浅野純次氏）から講演のお話をいただきました。この研究会での講演は二回目でした。前回は、五年前の東日本大震災の直後で、テーマは、「ＩＦＲＳ（国際会計基準）をめぐる世界の動向」でした。

今回は、本書を脱稿した直後ということもあって、本書で取り上げたいくつかのテーマを総括的に、かつ、刺激的に（浅野会長からの要望でした）お聞きいただきました。演題も、刺激的にということで、次のようなものにしました。

「経済学と会計学の犯罪
―GDPも当期純利益も悪徳で栄える―」

講演の速記録を読み返してみて、本書の全体を俯瞰《ふかん》する「読み物」として適切ではないかと思い、同研究会のお許しを得て、「プロローグ―GDPも当期純利益も悪徳で栄える―」として収録させていただくことにしました。同研究会に感謝申し上げます。

謝辞

本書は、税務経理協会の『税経通信』誌に二〇一五年三月号から二〇一六年九月号までの一九回にわたって連載したものと、時事通信社の『金融財政ビジネス』誌の二〇一四年八月一八日号と同年一〇月一六日号に掲載したものに加筆修正したものです（巻末の参考文献を参照）。

本書も、税務経理協会の大坪嘉春社長と大坪克行常務にご無理を聞いていただきました。前著の『「書斎の会計学」は通用するか』を出版していただいたのは、二〇一五年一〇月でした。それからまだ一年も経っていません。在庫の山を築かないかと心配です。前著と本書が、わずかながらでもGDPに貢献できれば幸いです。

『税経通信』誌の連載と本書の出版では、税務経理協会編集部の大川晋一郎さんに大変お世話になりました。記して感謝申し上げます。

二〇一六年八月

田中　弘

目次

第2章　ロバート・ケネディ氏の遺訓
——利益には色がある！　70

第3章　あなたのお金はどこへ行くのか
――株を買っても「投資家」にはなれない！　86

第4章　二一世紀の経営と会計の原点——『愚者の自覚を』　107

第6章　企業の稼いだ利益は社会に貢献しているか　148

第2部　愚者の会計学

第10章 会計不正の手口（1）
――悪徳でGDP・純利益を増やす方法 220

第13章　忍び寄る「不幸の会計基準」の魔手
――会計基準は「鏡」か「ものさし」か　275

第3部　中小企業の活性化と税理士の役割

第14章　なぜ税理士業界は輝きを失ったのか

――金融機関にパイを奪われる日が近い　294

第15章　税理士業界の輝きを取り戻す
――稼ぐ税理士の武器　経営分析とコンサル　310

第16章　会計事務所の「お客様満足度」
——会計を使わない「会計」事務所　324

第17章　税理士業界の活性化に向けて

第4部　大学改革と簿記・会計教育

第18章　大学改革と簿記・会計教育（1）——文科省有識者会議の波紋　358

第19章　大学改革と簿記・会計教育（2）

——会計学者は何を教えてきたのか　377

プロローグ
GDPも当期純利益も「悪徳」で栄える！

このプロローグは、二〇一六年六月三〇日に開催された「一般財団法人富丘会　富丘経済研究会」における講演録に加筆・修正したものです。

1　IFRS《アイ・エフ・アール・エス》、空中分解の危機

この六月二三日（二〇一六年）に、イギリスが国民投票でEUから離脱する選択をしました。新聞には全く出てこないのですが、会計の世界から見ますと、とんでもなく衝撃的な話なはずでした。そうは言いましても、事の重大さに気が付いている会計関係者はほとんどいないようです。会計の実務家も学者も、相当感度が悪いようです。

その話を枕詞《まくらことば》にして、今日のお話を始めたいと思います。世界の会計基準には、主なものとしてアメリカの基準と日本の基準と国際会計基準の三つがあります。国際会計基準とはヨーロッパの基準のことです。ヨーロッパの、あるいはEUの会計基準はEU域内で最大の資本市場を持つイギリスが中心となって設定してきました。「国際」と頭に付いているのは、イギリスが必死になってコモンウェルスの五五か国に国際会計基準を使うことを勧め回った結果、合計で一〇〇か国を超えたので、「ヨーロッパ会計基準」を格上げして「世界基準」を謳《うた》おうという意図です。その親分にあたるイギリスがEUから離脱することになったら、国際会計基準はこれから先、誰が作ることになるのでしょうか。

ヨーロッパでは、イギリスとフランスとドイツが会計大国として挙げられます。しかし、フラ

ンスの会計は統制経済のための会計です。ドイツの会計はコンツェルンの会計なので、管理会計です。私たちが普段やっている「投資家のための会計」に向いた会計基準はアメリカと日本とイギリスでしか作れないのです。他の国は作った経験が少ないのです。

イギリスが離脱することになると、独仏を抱えたEUとしては「国際会計基準は引き続きイギリスに作ってもらおう」とはメンツにかけても言えないですよね。するとどうなるか。EUとしては、イギリスにはもう頼めませんから、ドイツかフランスが作ることになるでしょう。おそらくドイツが作るのではないか、と思います。しかし、ドイツが国際会計基準を作るとなったら、EUといえども何か国が使うでしょうか。

イギリスがEUから離脱して一番悩ましいのは、たぶん、フランスです。これまではドイツの独断専横をイギリスが押さえてきた経緯がありますが、イギリスが離脱するとなると、EU二七か国は、軍事的にも経済的にも政治的にもドイツの支配下に置かれるようなものです。フランスは、ドイツ軍に三度屈辱の敗戦を喫したという悪夢から目覚めることはありません。第一次大戦、第二次大戦、そして一八七一年の独仏戦争による大敗です。そのドイツが、四度目の欧州戦争（軍事的であれ、経済的であれ、政治的であれ）を仕掛けてくる可能性が、イギリスのEU離脱によって一段と高まってきたのです。

そのドイツがEUの会計基準を作ることには、まずはフランスが経済的支配を恐れて同意しないでしょう。かといってフランスは農業国ですから、資本市場を前提にした会計基準は作れないでしょう。これだけ高度に金融商品が発達した時代になりますと、国際金融市場を持っている国・地区でなければ近代的な会計基準を作ることは難しいのです。いずれにしても、ＥＵが作る会計基準には、これからはイギリスはもちろん従いませんし、コモンウェルスの五五か国も「親分（イギリス）がやめるなら俺たちもやめる」と言い出すと思います。そうすると、国際会計基準は、ある日突然、ＥＵ限定のローカル基準になって、さらに独仏が対立して合意が得られず、やがて消えてなくなるかもしれない。

一〇〇社ほどの日本企業が、監査法人、金融庁、自民党、東証、コンサル会社などにそそのかされてＩＦＲＳ採用に走りましたが、無駄骨・無駄金に終わる可能性が高くなりました。ＩＦＲＳと時価会計を批判し続けてきた私としては、このたびのＥＵからの離脱は大歓迎です。「ＩＦＲＳ、空中分解！」……いよいよ田中の時代が来ました（笑）。

2　ＲＯＥ経営の落とし穴

本題に入ります。私は四二年間も会計学の世界にいて会計学や経営分析を教えてきましたが、ここへ来て「会計学の犯罪」の話をすることになるのは、わが身を切る思いではあります（笑）。

しかしずっと長い間、気になっていたことは、会計上の利益の概念というものを、もっと深く検討しなければならないのではないか、ということです。

特に最近ではROE《アール・オー・イー》経営という経営手法もあります。ボトムラインで経営をやるというものです。ボトムラインで経営をやると、何が起きるか。それは「上からだんだんダメになる」ことです。つまり、最初に下を決めてしまうと、あとはそれに合わせて上を調整するしかないのです。

例えば、ROE（株主資本利益率）を一〇％にすると決めてしまった場合は、この目標を達成するために後は何で調整ができるでしょうか。売上高をごまかす、売上原価をごまかす、人件費を削減する……こういった形で手直しを何度もして最後の利益率一〇％にしていくのです。

しかし、本来、経営というのは逆のものではないかと思います。上から順番に降りて行く。まずはお客様を大事にして、ちゃんと買ってもらうこと、正しい値段で良いものを買ってもらうこと、これらがまず売上高で、次に商品や原料や材料の仕入先がちゃんと稼げるような価格でもって商品や原材料を仕入れて、その次に人件費をちゃんと払える状態にして、その次に税金を払う準備をする。さらに残った分を投資に回し、将来のために内部留保し、最後の最後に、株主に配当していくのが本来の順番なんだろうと思っています。

それが今はROE経営と言って、先に、株主に払うものを決めてしまう。税金の話に良く似ています。払う税金を決めてから、今年の収益をいくらか決めていくというスタイルが中小企業ではよくなされるようです。そういう経営ではダメなのではないか、という思いがあります。

この思いが大きくなってきて、これは会計だけではなく、経済学も似たような過ちを犯しているのではないかと思いました。私は経済学者ではないので、あまりはっきりとした答えは出せませんが、GDP（国内総生産）の問題については話してもよいのではないかと思います。

3　投資のウソ

まずは「投資のウソ」について話をしたいと思います。「ウソ」という言葉は、他人をだまそうという意図があって本人が自覚しているものですが、自覚がない人の場合は「誤解」といってもいいかもしれません。私たちが「投資」と言っているのは実は「ウソ」や「誤解」でいっぱいなのではないかと思うのです。投資のウソが、そのまま会計の中にも入ってきており、同じ意味で使われているのです。

最初に「株を買っても投資家にはなれない」という話をします。私たちは株を買えば株主にはなれます。しかし、投資家にはなれないのです。どこかおかしいですか。株を買う人を投資家といいますが、実は、その投資家は何も投資していないのです。

例えば、五、〇〇〇円を出してトヨタの株を買ったとします。この買った五、〇〇〇円のおカネはどこへ行くでしょうか。おカネはトヨタへ行きますか。トヨタの財布には一円も入りません。前に株を持っていた人の財布に入るだけなのです。

それを私達はどこかで誤解していて、トヨタの株を買えば、トヨタに投資していると思ってしまうのです。その人が株を買ったおカネは一円もトヨタに入らないのです。トヨタも新株として株を発行したときは、おカネが入ってきます。しかしその後、いくら株価が上がったとしても一円もおカネが入ってはきません。つまり、私たちが考えている「投資」は実は「事業への投資」とは無縁なのです。

「証券取引所の機能」として、資本調達機能と株式流通機能があるとよく言われます。しかし、資本調達機能というものが証券取引所の一つの機能だとしても、実は証券取引所の事業全体からみると、一％にも満たないのです。これがわが国資本市場の状態です。

株の取引のうちで、新株発行がなされたのは、最近ではいつあったでしょうか？　ほとんど新株は発行されていませんよね。たまたまＩＰＯ（Initial Public Offering）、つまり公募という形で新規に公開する株があったりします。あのＩＰＯのおカネはどこへ行くのでしょうか？　ほとんどの場合、ＩＰＯというものは、自分が事業をやっていて、知名度も上がったし事業も高く評価されてきたから、事業をもう少し大きく展開するための資金を調達するために上場するといった話です。公開した株を私たちが買うとします。この株を買ったおカネはどこへ行くでしょうか。

から。

会社そのものには一円も入らないですね。ＩＰＯは、新規公開であって、新株発行ではないです

私たちがＩＰＯの株を買っても前々からの株主の財布に入るだけなのです。この場合は創業者の財布に入るだけです。会社には一円も入りません。私たちはいくら株を買っても投資家にはなれないのです。

投資家になりたいのであれば、直接、会社におカネが入るような形でなければいけません。しかし、そんな市場は日本にほとんどありません。新株も発行されず、ＩＰＯのおカネも起業した人の財布の中に入ってしまう。では、私たちのお金を事業に回すにはどうすればよいでしょうか。

4 「貯蓄から投資へ」のウソ

もう一つ、「貯蓄から投資へ」のウソについてお話します。代々の政府は盛んに「貯蓄から投資へ」と言ってきました。しかし、私たちは「貯蓄から投資へ」はできません。なぜでしょう。どこかの事業に投資する手段を私たちは持っていないからです。新株は発行されませんし、ＩＰＯも株を買ったお金は元の株主の財布に入っていくだけで、会社には入っていきません。事業へ投資をしようと思っても、投資する場所と手段がないのです。

もう一つの問題があります。「貯蓄から投資へ」と言いますと、日本に一、七〇〇兆円以上あると言われている個人の金融資産、つまり「家計」のお金を「企業」へ回すことを言っているようですが、しかし、投資とは企業が行うものです。私たちは投資をすることもできず、事業を起こすこともできません。企業ならば投資できるのです。しかし今現在で、投資を行っている企業はどれくらいあるでしょうか。企業はほとんど投資をしていません。おカネを貯め込んでいるだけです。

リーマン・ショックのときにおカネを貯め込んでいた企業は助かりました。今もまた安倍さんが「リーマン・ショックに近い」と発言されている効果もあるのかもしれませんが、現状では投資機会がたいしてありませんから、企業はみんなおカネを貯め込んでいます。

本来ならば企業が貯め込んだおカネが事業への投資に回らなければいけないはずです。でもちっともそちらには行かない。新規事業の立上げや設備の更新などをさせようとして、盛んに国民に向かって「貯蓄から投資へ」と呼びかけていますが、先ほどからお話していますように、国民には、「貯蓄を投資に振り向ける手段」がありません。資金を投資に回せるのは、企業です。企業が内部留保で貯め込んだ資金なら投資に回せますが、今の日本企業は投資機会が少ないので貯め込むばかりです。

「貯蓄から投資」というのは、言う相手も違いますし、実行する手段もありません。言うとすれば、企業に向かって「もっと投資を」というべきです。国民に向かって「株を買って投資をしろ」というのは、国民を欺くだけです。

5 株式投資は「富の奪い合い」

もう一つ、「株式投資のウソ」のお話です。株を買って高値で売れると、なんだか儲かったような気がします。世間の富が増えたような気もします。あるいは当期純利益という言葉を聞くと、社会がそれだけ豊かになったような気がするのではないかと思います。

私もずっとそのように考えていました。株を買ったことはないのですが、「株高で企業収益好調」とか「各社、株高を反映して好決算」とかいう記事を目にしますと、何となく、企業が儲けると社会の富が増えているのだと感じていたように思うのです。しかし、株を買って、あるいは株を売って儲けたおカネ、つまり株の売買益や評価益は何か社会に富をもたらしたことがあったでしょうか?

株は麻雀と同じでゼロサムゲームのようなものですから、「株で儲けた人がいる」ということは「それと同じ額だけ株で損した人がいる」ということです。短期的に見ますと、バブル期のようにみんながみんな儲けた気になりましたが、あれは誰も買うだけで売らなかったから起きた現象です。バブルがはじけてみると、株を持っていた人は安値で売るしかなくて、大損です。一人でゼロサムゲームを演じたようなものです。

加工・生産というプロセスを経ないで世の中に新しい価値をもたらすことはないんですね。貯蔵とか物流なども広い意味での加工・生産に入ると思います。こうしたプロセスを持たない、あるいは、プロセスを経ない取引というのは、価値を創造するものではなく、すでにある価値、つまり、他人が持っている価値をターゲットにしたものです。株の売買などは、「富の奪い合い」といってもいいのではないでしょうか。「富の奪い合い」ですから、富が移動するだけで、新しい価値は生まれません。

ＧＤＰの計算でも有価証券の売却益はＧＤＰに入れません。企業の付加価値の計算でも株の売却益は除外します。要するに、こうした統計でも有価証券の売却益は、付加価値でもなければ国内総生産（ＧＤＰ）の一部にもならないとみているのです。その点は、土地の売却益（キャピタル・ゲイン）も同じです。

有価証券の売却益は当期純利益の中に含まれています（営業外収益または特別利益）。しかし、その売却益は世の中には一円も貢献していません。世の中の富を一円たりとも増やしていないのです。

そのように考えていくと、株式投資というものは「富の奪い合い」なのです。麻雀と同じです。

相手の持っている富を自分のところへ持ってこようとして戦う。そして富を持ってくることに成功した者が、有価証券売却益を計上する。不動産もこの仕組みでできあがっています。不動産の値上がり益、売却益という実体はありませんから、あれも世の中に一円も貢献していません。社会の富を増やしたものではないのです。

とすると、会計上の利益と呼ばれているものの中に、世の中に貢献していないものが入っているということです。この会社にとっては確かに利益でしょう。確かにその会社の富は増えているのです。しかし、同時に取引相手や他の会社の富が減っているので、トータルで見たときに世の中に全く貢献をしていないのではないでしょうか。

「貢献」の言葉をいろいろな意味で考えて「資金が流れてくる」という意味合いでならば、貢献にもつながるかもしれませんが、ここではあくまでも「会計上の利益が社会の富を増やしたかどうか」という観点で見ています。

最近では、証券会社が主催する子供向けの投資教育が盛んなようですが、これによって何を子どもは学ぶのでしょうか？　おそらく、汗を流さないで、働かないで儲けるにはどうすればよいかを学び取るのだと思います。汗を流さないで、人の財布に手を突っ込んで、自分だけが儲けようとするゲーム、これが証券取引だと思います。そうしたことを子どもに教えるというのは、決して健全な教育ではないと思うのですが。

6　金《きん》は何も生まない

次は「金への投資」についてです。最近はイギリスのEU離脱を受けて、金が一番安定しているという理由で金に投資するケースが増えているようです。金は世の中に何らかの価値を生むでしょうか。金を買って持っていても、利息がつかないですよね。そして増えません。体積も重さも変わりません。金は金のままです。

バフェットの言葉に「金は地中から掘り出され、溶かして延べ棒にされ、また地下の金庫室に埋められる」というのがありますが、世の中に何の貢献もしていないのです。金の時計や金の指輪、そういった需要や価値もあると思います。しかし、地中から掘り出した金を加工して、金の時計や金の指輪として市場に回しだしたらどうなるでしょうか。金時計や金の指輪の価格は大暴落するでしょう。きっと金の価格も下がります。ですから、地中から掘り出した金は、そのまま地下の金庫室に埋めるのが金の価格を維持するベストな方法なのです。

金というものは希少性があるから値段がついているので、価値は希少性だけです。使用価値はほとんどありません。せいぜい、他人に見せびらかすくらいです（笑）。このように使用価値がほとんどないものが投資対象になっているのです。これも買ったところで世の中に貢献することは全くありません。これよりも、企業や事業に投資する方がはるかに世の中の役に立つのです。

それでは、どうすれば投資できるのか。今まで「貯蓄から投資へ」と言ってきたことの逆をすれば良いのだと思います。それは、銀行におカネを預ける、生命保険契約をするといったことです。

銀行におカネを預けることは貯蓄ですね。これでは何もならないと思うでしょうが、銀行におカネを預けたら、銀行が事業へ投資してくれるのです。直接株を買わなくても、銀行が貸付という形で事業へ投資しているのです。

保険会社もそうです。私たちが生命保険を契約して保険料を払います。するとこの保険料の一部を保険会社は事業体への貸付という形で投資します。銀行におカネを預ける、あるいは生命保険会社におカネを預けると、そのお金が事業への貸付という形で回してくれるのです。金に投資するとか、流通している株を買うとかいったことでは一円の投資にもなりません。しかし、銀行におカネを預けておくと、間接的ではありますが、資金が事業に回るのではないかと思います。

7　会計は何を計算してきたのか

ところで、会計はいったい何をしてきたのでしょうか？　私も四〇年以上、会計学者をやりながら、今さらながらに思いました。会計はいったい何を計算してきたのでしょうか。それは当期純利益の中身の説明にもつながります。

有価証券の売買益というものは世の中に一円の価値も、新しい富も生み出しません。キャピタル・ゲイン（資産の売却益）ですね。これは簡単に言えば「一つの経済圏の中で富が移動しただけ」に過ぎません。これが損益計算書の営業外収益（または特別利益）に計上され、当期純利益の一部となります。そうしますと、損益計算書には、他人から奪い取っただけで世の中には一円の価値ももたらさないものが利益として計上されていることになります。

もう一つの当期純利益の大きな中身は、付加価値と呼ばれているものです。付加価値を集計したものがＧＤＰです。付加価値がどのようなものであるかをちょっと見てみましょう。ＧＤＰの正体を見るにはこれが必要なのではないかと思います。

例えばＡさんが山に行き、山菜を採ってきたとします。しかし、山菜を採ってきただけでは世の中の価値は増えないのです。ＡさんがＢさんにこの山菜を一〇〇円で売ります。このとき、この一〇〇円がAさんの付加価値になります。Bさんがこの山菜を缶詰に加工してCさんに一五〇円で売ったとします。するとBさんの付加価値は一五〇円から仕入れの一〇〇円をマイナスした五〇円です。

Bさんが買った山菜は一〇〇円。自分が世の中に付加した価値が五〇円です。Aさんは自分で採取した山菜をBさんに一〇〇円で買ってもらったので、Aさんにしてみると一〇〇円が付加価値、世の中に貢献した金額です。Bさんからみますと、Aさんから山菜を一〇〇円で買って、それを加工して一五〇円でCさんに買ってもらったのですから、差額の五〇円が付加価値、Bさんが世の中に貢献した額です。簡単そうで実は重要な話です。

Bさんから山菜の缶詰を買ったCさんは、これを食べてしまったとします。Bさんが加工して一五〇円で売ったものを食べてしまうと、付加価値はどうなるでしょうか。食べてしまったら、Cさんは世の中に貢献したことにならないのです。食べてしまったらそこで付加価値が終わります（笑）。

実はこの「販売」という行為、あるいは「売り手と買い手」の間の取引がない場合は付加価値は生まれないのです。Aさんが山から山菜を採ってきて、自分で食べてしまうと、Aさんは世の中に貢献したことになりません。Bさんが一〇〇円で買ってくれた、こうやって売り手と買い手がいて初めてAさんが世の中に一〇〇円分貢献するのです。これが付加価値なのです。もし、B

さんがAさんから一〇〇円で買った山菜を自分で食べてしまったら、Bさんは付加価値を生み出すことにはならないのです。

「食べてしまったら」と言いましたが、売らなかった場合、売れなかった場合も一緒です。Bさんが作った山菜の缶詰が売れなかったとき、Bさんは新しい価値を生み出せません。幸いにしてCさんという買い手が見つかったので、一五〇円で販売し、世の中に五〇円、付加価値を生み出したことになります。このように、付加価値を生み出すには、「作る人（売る人）」と「消費する人（買う人）」がいて、両者の取引が成立する必要があるのです。どんなにいい商品を作っても買ってくれる人がいなければ、付加価値を生まないのです。

この例で言いますと、Aさんが一〇〇円、Bさんが五〇円、付加価値を生み出しました。こうした付加価値をそのまま集計するとGDPになります。それが後からお話する問題につながるのです。

8　付加価値がGDPを構成する

東芝の粉飾決算がありました。彼らも売り手と買い手をうまく使っていました。本当は売り手がいて、買い手もいなければ付加価値が生まれずGDPになりません。当期純利益は付加価値とキャピタル・ゲインで構成されています。ですから付加価値が生まれなければ、当期純利益はほとんど増えません。売り手と買い手がそろわないと付加価値にはなりませんが、この仕組みをうまく使うと東芝のようなことができるのです。この話は後でします。

付加価値はある意味で世の中の富の増加分です。キャピタル・ゲインとはまったく異なるものです。世の中にどれだけ富が増やされたか、ということは買い手がいて初めて証明されるものなのです。「証明される」ことが必要なのです。「認知」といってもいいでしょう。自分が作ったものの価値がだれか（社会）によって「認知される」ということです。自分が「こんなに良いものを作りました！」とアピールするだけではダメなのです。この価値を誰かが認めてくれて、対価を受け取って初めて社会的な貢献とされるのです。これが付加価値の計算のやり方です。付加価値はそういう意味でGDPを構成しているものです。

この付加価値ですが、売り手と買い手がいれば成立します。「もの」は何であるかを問いません。どのようなものでも売り手がいて、買い手がいれば成立します。「どんなものでも」というのが大事な要素です。ちょっと言いにくいですが、セックスを売る人がいて、買う人がいる（笑）。これで付加価値が生まれます（笑）。麻薬もそうです。臓器の売買もそうです。売り手がいて、それを買う人がいれば「世の中に新しい価値を生み出したもの」、つまり、付加価値なのです。

ただし、取引される「モノ」は、何らかの形で「加工・生産」されたものであることが必要です。株や土地の売買のように、売り手と買い手がいても加工・生産のプロセスを経ないものは付加価値を生みません。

問題は、会計上の利益も付加価値も、中身は問わないことです。経済学が倫理を語らなくなってから久しいですね（笑）。経済学者はもはや倫理という話を一切しませんね。そっちの方へ振れて行くと、経済学者ではなくなると思っているのかもしれません。倫理の世界は数式化できません。記号化できないのです。記号化できないものを扱うと、他の経済学者たちから「あれは学者ではない」とはじき出されてしまいます。数式化して、記号化できて、そこで初めて学問だとする誤解が経済学者の間で共有されているのではないでしょうか（笑）。

確かに記号化すると余計なものがすべて捨象《しゃしょう》されて、議論がしやすいのかもしれません。しかし、大事なものも捨てられているかもしれません。複式簿記はすばらしい技法です。中世の商人が肌感覚でやってきた商売の利益を「見える化」した功績は偉大です。おかげで、それまで勘を頼りに商売してきたのが、毎年、どれだけ稼いだのか、自分の資本（元手）はどれだけ増えたのか、次の投資にいくら使えるか……といったことが分かるようになりました。ただ、残念なことに、六〇〇年前に考案された簿記は、倫理観が吹き込まれていなかったため、自分の財布が膨らむものはなんでも「純利益」にしてきたのです。密貿易だろうが、麻薬だろうが、奴隷の売買だろうが、なんでも利益の計算に含めたのです。それは、今でも変わりません。そうした意味で言いますと、ＧＤＰも純利益もクソミソだ、と思います（笑）。純利益ではなく「不純利益」なのではないか、とも思います（笑）。

イギリス、アイルランド、イタリアの国々ではＧＤＰに売春、麻薬といった違法取引も含めるようにしています。イタリアは密輸もＧＤＰに含めてしまっています。どうやって裏社会の売春の金額を測定しているのかな……と気になりますが（笑）。

オランダのように合法的にやっているものだったら統計数字が出てくるでしょうが、イギリスやアイルランドあたりの売春の総額がいくらか、どう計算するのかは難しいですね。麻薬がなんとなく分かるのは、どこの国も麻薬の取引はいわゆる税関係の人たちの監視下に置かれている分野ですから、比較的数えやすいものだと思います。違法だろうが何だろうが、儲ければ税はかかるものですからね。そういう意味では把握されやすいでしょう。

ＥＵが加盟各国へ「地下経済をＧＤＰに含める」ことを推奨しています。地下経済でも経済は経済なのだ、という主張です。これは一つには「わが身を大きく見せよう」という気持ちがあるのでしょう。ＥＵはＧＤＰによってこんなにも大きいのだということを見せようとしているのです。どこかの国の総理大臣もそのような内容のことを盛んに発言していますね。六〇〇兆円というアドバルーンのことですが。アドバルーンですから中身はカラですけど（笑）。

ＧＤＰを増やそうという目的であれば、売春や密貿易、麻薬売買、臓器売買、兵器製造、何を入れてもよいのです。買い手さえいれば中身は問わないのがＧＤＰなので、買い手がいれば何でも付加価値が発生するのです。

売るだけではダメで、買い手がいないといけません。そうなると戦時国家のＧＤＰはものすごく高いのではないかと思います。戦争中の兵器はみんなＧＤＰになります。戦時国家のそれに比べるとブータンのＧＤＰはほとんどないに等しいかもしれません。ブータンの国王がＧＮＨという言葉を使っています。これは国民総幸福量（Gross National Happiness）の略語です。国内総生産ではなく、自分の国では国民の総合的な幸福量を物差しにして国富を測っているのだそうです。大人の国ですね。

9　ＧＤＰを増やす方法

トーマス・セドラチェクという経済学者が書いた『善と悪の経済学』という本の日本語訳が東洋経済新報社から出されています。素晴らしい本です。訳者（村井章子さん）も素晴らしいですね。この本の中でセドラチェクは言っています。「ＧＤＰを増やすのは簡単だ。それは休暇を半分にして働けばよいのだ」と。休暇を半分に……、というのは日本的に言えばもっと残業すればよいということです。安倍さんが言う「国民一億総活躍社会」になれば、シニアも女性も全員就労、残業を増やし、年次休暇をあきらめる。大学生も四年間もぶらぶらせずに、二年かそこらでさっさと卒業して仕事に就くのがいい、ということです。六〇〇兆円に達するまでは、どうやら皆さんも私も働かされることになりそうですね（笑）。セドラチェクの言うように、もっと残業する、もしくは休暇を取らずに働いて六〇〇兆円という目標を達成しようということです。安倍さんも日本をでっかく見せようとしているのかもしれません。

六〇〇兆円も生産したとして、買うのは誰でしょうか。結局のところ、誰も欲しくないものをいっぱい作ることになるのだと思います。お互いに欲しくないものを作る。欲しくないから買わないのでは付加価値になりませんし、ＧＤＰも増えません。この欲しくないものを皆で「買いっこ」と言えばよいでしょうか、「売りっこ」「買いっこ」をしないといけなくなると思います（笑）。

作ったものは売らないと付加価値になりません。自分の作ったものを買ってもらう、その代わりに向こうが作ったものを買ってやる。昔の、株式の持ち合いのようなものです。グループの中で花見酒のように売ったり買ったりを繰り返し続ける。そうすれば、売り手と買い手が確実にミートできるし、付加価値にもなるのです。

「ＧＤＰ六〇〇兆円」と「一億総活躍社会」という目標を支える構想がもう一つあります。最近、文科省が「専門職大学」とか「職業大学」ということを盛んに言い出しています。その後ろに「既存大学解体」が待っています。解体まではまだ行っていませんが「大学に経済学部なんかいらない」という話のようです（笑）。どうすればよいでしょうか？　法学部なんていらない、とも言われているようです。

確かに言われてみれば、文科省の言い分は分かります。経済政策を勉強したとして、これは素晴らしい学問ですが、大学で学んだ経済政策を実行できる場というものは普通の社会人には訪れないと思います。経済官僚になるか、政治家になるか、そういう状況にならないと経済政策の知識を使う機会が巡ってこないと思います。つまりあの学問は教養の枠内なのです。「世の中に使えない」とされているものです。そんな学問はたくさんあります。

私たちが大学で学んできたいろいろな学問の中で、直接の社会生活に使える学問は何だったでしょうか。文科省が言うには「会計学」なのだそうです。笑ってしまいますね（笑）。文科省が言いたいのは「簿記とか会計をしっかりやっておけ。これは世の中に出たらすぐ使える学問だから」ということなのです。そうは言っても、大学でこれらの学問を学んで、実際には使わなかった方もたくさんいらっしゃるはずですが、皆さん、いかがですか（笑）。

「憲法や刑法なんか勉強したって仕方ないから、法学部は世の中で使えるものを教える」とされています。実際はそこまできつく言われていませんが、「そういう学問を選択するくらいだったら、二種の運転免許証を取れ」と書いてあったりするのです（笑）。大学では簿記会計をしっかりやれ、会計ソフトの使い方を覚えろと文科省は言ってきています。私は会計ソフトは使えませんが（笑）。

さらに盛んに文科省の意見書に出てくるのは、大学に四年間行っても仕方がないじゃないか、という意見です。一年か二年でよいのだそうです。世の中に出て、しばらく仕事をして「やっぱりまだ学び足りないな」「これこれを、もう一度勉強したい」と思ったら大学へ戻ればよいと言われているのです。今の大学四年間はどちらかと言えばモラトリアムだと思われているからですね。働かないで学校へ行っているのだそうです。私は勉強が足りなくて大学院まで行ってしまって、「社会不貢献一〇年」でした（笑）。

働かないで学校にしがみついているようだったら、GDPに全く貢献しないから、さっさと大学はやめてもらって、すぐに働き出してほしいのだそうです。そうすれば一年間に七〇万人くらいの学生が、本来は四年間いるところを二年間で大学を出てきますから、一四〇万人くらいの新労働者が出ることになるのです。すると付加価値へ貢献、つまりGDPに貢献することになる。安倍さんの頭の中では、今出した三つの話がつながっているのではないかと思います。一つはGDP六〇〇兆円、二つめは一億総活躍社会、三つめは職業大学、この三つがつながっているのではないでしょうか。

10　東芝の利益水増し

ただ、これだけではまだ六〇〇兆円には行かないなと思っていました。そう考えているところへ、東芝が新しい方法を教えてくれました（笑）。

東芝がやったことは何か。東芝に関する報告書は存在します。第三者委員会調査報告書がそうです。この報告書は三〇〇ページもあり、読む気がまったく起きません。その他にも東芝を取り上げた本が何冊も出ています。

この事件はものすごく古典的な手口を多用しています。古典的なのですが、バレても会計士が突っ込みにくい手口なのです。少しばかり簿記の話になります。「在庫の水増し」という手口を東芝は大々的に使いました。かなり多くの会社がやっている手口です（笑）。だから古典的なのです。会計士に見破れないとは言い切れませんが、気づかれてもそれ以上を突っ込めないのが「在庫の水増し」のやり口です。

売上原価をどうやって計算するか。昔の簿記か会計学の話を思い出してください。いえ、思い出さなくてもわかります。前年の売れ残り（A）がまずあるとします。そこへさらに当期の仕入れた分（B）が加わります。これが今年、店にあったすべてになります。そのうちいくらかの商品は売れ残りますね。この売れ残り商品（C）を次期に繰り越していきます。そうすると、当期の在庫の全部（A＋B）から売れ残りの（C）を差し引くと（A＋B－C）、売れた商品の原価が出ます。それが売上原価です。

前年からの分（A）は帳簿に記載されています。当期に仕入れた分（B）も帳簿に書かれています。ところが次期に繰り越す売れ残りの在庫（C）は期末に実際に棚卸しという作業を行って確認します。

昔はよく「本日は棚卸しのため休業しております」と店先に書かれていました。実際は家族旅行とかに行ってるんじゃないかと思うんですが（笑）。この棚卸しをやらないと、売上原価が計算できないのです。棚卸しでは在庫を数えて「今年末、何がいくら残っているか」を数えないといけません。

在庫の水増しというのは、このときに数えた個数や量（つまり（C））を増やすのです。すると、当期の売上原価は小さくなります。売上原価が小さくなると、利益が増えます。要は、次期に繰り越す商品をいかに大きくするかということがカギなのです。

つまり、得意先に売って、商品は売ったと帳簿に書くんだけれど、その商品は得意先に渡さずそのまま置いておく。売ったら普通はお客さんに納品するのですが、そうではなく店に置いておくのです。すると売上が増えて、在庫も増えるのです。こんな良い方法はないですよね！（笑）。

よく会計士の方と話しますが、こんなことが話題になります。会社が在庫を調べるときに会計士が立会いをします。会計士が実査をすることもあります。現場の倉庫は棚の上まで箱が積まれている状態で、その箱の中に何が入っているかシールなどが貼ってあります。棚に箱がぎっしり積まれているものだから、すべてをチェックすることができない。「一番上の棚にある箱の中が見たいから、はしごを掛けて見せてください」とか「次は一番下の箱を見せて下さい」とすべてチェックをしていたら、終わりませんね。いっぱい箱のある倉庫でそういうことは会計士でもなかなか言えません。箱には青酸カリと書いてあっても、本物かどうか確かめるために舐《な》めてみる……というわけにはいかないですから（笑）、会社の担当者が言うことを信じるしかない、というのです。本当に書かれているとおりのものが入っているかどうかが怪しいのです。

11　在庫評価いかんで利益は変わる

京セラの稲盛さんの話をよく聞くのですが、あそこはセラミックの会社です。注文を受けて大量に作るときに、セラミックだからヒビが入ったり割れたりする可能性がある。一〇〇万個の注文が入っても、少し多めの一〇三万個とか作ったりします。そしてとりあえず一〇〇万個を納品します。納品したところ、発注先の検収が無事に済んだとします。すると手元に三万個の商品が残ります。

この三万個が、棚卸しのときに棚に詰まっていたとします。もうこのセラミックは売るところがないです。特定の仕様で注文を受けているものですから、同じ企業でないと同じ仕様での注文は絶対にこない商品です。セラミックはそういう商品なのです。すると、この残った三万個はただの石ころに過ぎません。しかし、ただの石ころを箱に入れておいても「これは在庫だ」と会社が主張すれば在庫になるのです。稲盛さんは「こんなものは石ころだから」と言っていて、このセラミックを処分させたそうです。しかし、そういうことをやっていない、在庫に計上している会社はいっぱいあると思います。

在庫がまともなものであるかどうか、公認会計士の先生方もこれを調べるのはものすごく難しいものです。また、「あの在庫は今、船に載せて運んでいる最中だから確認できません」とか言われてしまうのです（笑）。「船で持ってきている最中だから無理」とか「今その在庫は海外支店にあります」とかですね。公認会計士が監査をやるにしても普通は海外までは行かせてもらえないでしょう。結局、会計士たちは会社側の言うことを信じるほかないのです。

もう一つ、東芝が使った手口があります。すごく簡略化してお話しします。細かいことを話すと本質が分からなくなってしまうからです。調査報告書には非常に詳しく経緯が載っています。詳しすぎて、かえって問題の本質が分からない（笑）。

Buy-Sell（バイセル）取引というものが東芝にはありました。不正なことやるという認識があったと思うのですが、その不正な処理に自分たちで愛称をつけていたのですね（笑）。面白いなと思いました。いや、不謹慎というべきでしょうか。

そういえば、カネボウのときも、自分たちの不正処理を「宇宙遊泳」とか「空飛ぶ絨毯《じゅうたん》」と呼んでいました（笑）。あの会社は毛布をいっぱい作っていました。でも、毛布なんかは一年を通して売れるものではなく、カネボウの毛布も高級品ではなかったのであまり売れませんでした。ところが、毛布が突然売れるときがあるのです。冬とは限りません。

毛布が売れるときがいつか分かりますか。大量に作った毛布が一瞬にして売れるときがあります。それは近くで戦争や大震災があったときです。そういうときはバーッと毛布が売れるのです。実はこの話を経済倶楽部の講演会でしたところ、関西の有名銀行の方から、もっといい方法があると教えてもらいました。火事だそうです（笑）。関西では有名な話らしく、在庫が増えてくると業者の倉庫が火事になるそうです。保険会社はそのことを分かっているから、倉庫の保険料を高くしてあるそうです。なんだ、持ちつ持たれつじゃないかと思いましたね（笑）。

12　東芝のBuy-Sell取引

東芝の場合はBuy-Sell取引と言って、「買って売る」のですから、表面的には通常の取引ですが、中身が少し巧妙な手口なのです。

Ａというパソコンの部品メーカーがあります。この部品メーカーから部品を一セット一万円で買ったとします。代金は支払い済みです。これは普通の取引です。他にも部品メーカーがずらっとあります。パソコンを一台作るのには何十社からも部品を集めてくる必要があります。部品の購入は、普通の取引ですし、購入した部品は「仕入」で処理します。

車だったらトヨタなどは部品を購入して、自社で組み立てるのですが、東芝はそうはせず、パソコンの部品をたくさんのメーカーから買いそろえて、組み立て業者Ｂへ渡します。そのとき部品をＢ社に売る形で引き渡して、パソコンが組み立てられたら、そのパソコンをＢ社から引き取る、つまり買い戻します。

では東芝は何をしたか。部品メーカーから買ったものを五倍の値段をつけてＢに売っていました。例えば、部品メーカーから一万円で買ったものを、組み立て会社のＢに五万円で販売したことにしました。「売ったこと」にするのです。本当は売ったのではなく、「組み立てを依頼した」

だけなのに「売った」ことにしているのです。しかし、依頼したという行為を販売ということにして、一万円のものを五万円で売っているのですから、一セットにつき四万円の利益が計上されます。パソコン組み立てに工賃が二万円かかったとしたら、この組み立て業者Bから七万円で買い取るのです。実質は「買い戻す」ことになりますね。東芝がやったのはこれだけです。

七万円で買い戻したパソコンが、その後実際に消費者に売れたのであれば、ここででっち上げた架空の四万円の儲けが、架空ではなく実現した四万円になります。本物の儲けになるのです。組み立て工場はあくまでも「組み立て加工を依頼され、その加工が終わったら納品する」。そして東芝の処理は「五倍で売って、加工賃を加えて買い戻す」のです。買い戻して、この商品が売れたらハッピーエンドになるのです。つまり、AからBまで商品が移動するたびに四万円の利益が出るのです。

問題は七万円で買い戻した製品が売れ残った場合です。七万円の中には四万円の架空利益が含まれていることです。ところが、うまいことに売れ残ったら、バランスシートに「商品」という項目で計上して「終わり」です（笑）。「商品七万円」としてバランスシートに書かれるわけです。パソコンという商品を七万円で仕入れたのですから、通常の在庫として処理するのです。

最初に「在庫の水増し」についてお話しました。この東芝の場合も在庫を水増ししていることになるのです。右の数字例では製品を七万円で買い戻していますから、東芝には四万円の架空利益が計上されます。この分だけ資産が水ぶくれしています。

13　加卜吉の循環取引

似たような話では、循環取引というものがありますね。これは非常に有名な取引で、商品の転売を繰り返して架空の売上高を計上することです。最近は、加卜吉（現：テーブルマーク）がやった手口です。

例えば、加卜吉が仕入れた一〇〇万円の商品をA社に二〇〇万円で「買ってもらった」とします。これで加卜吉は、売上高二〇〇万円と利益一〇〇万円を計上することができます。加卜吉の狙いは、この売上高と純利益の粉飾でした。加卜吉が一〇〇万円で仕入れたことをA社は知っています。そしてこの商品が二〇〇万円では売れないこともA社は知っています。しかし、A社が加卜吉に言われたのは「商品を二〇〇万円で買ってくれたら、次のB社が三〇〇万円で買ってくれることになっている」ということです。商品を加卜吉から買って、B社に引き渡すだけで売上げが三〇〇万円増え、一〇〇万円の儲けになるのです。B社は、三〇〇万円の商品を買えばC社が四〇〇万円で買ってくれることになっているのです。B社もA社から加卜吉の商品を受け取ってC社に引き渡すだけで売上げが四〇〇万円増え、一〇〇万円の利益を計上できるのです。

最後に、C社がこの商品を加ト吉に五〇〇万円で売ります。これでC社も一〇〇万円の儲けです。

加ト吉が最初に仕入れたのは一〇〇万円の商品でした。これをA社に売ったときは二〇〇万円で、ここで加ト吉は利益を一〇〇万円計上しました。A、B、C社もそれぞれ一〇〇万円の利益を出しています。さて加ト吉がC社からこれを五〇〇万円で買い戻すとしたら大損になってしまいます。しかし加ト吉は損しないのです。

というのは、加ト吉はこれをバランスシートに「商品」という科目で処理するからです。「売ったものが戻ってきた」のではなく、新たに五〇〇万円で「仕入れたもの」として処理するのです。そうするとバランスシートには「商品五〇〇万円」と記入されます。この商品を売ったら、四〇〇万円の損失が表に出てきます。ですから、決して売らずに持ち続けるのです。倉庫の一番上の方に、絶対に降ろせないようなところに積んでおくのです。そうすればこの「不良在庫」は見つからない（笑）。

ところが「東芝の利益水増し」では、買い手がいなくてもいいのです。最初に「付加価値というものは買い手と売り手がミートして付加価値になる、そしてGDPを構成する」と説明しました。しかし、東芝のような資産の水増しの方法を使えば、買い手がいなくても利益が膨らむし、利益が膨らんだ分だけGDPは膨らみます。

安倍さんがこのことに気づいたら、ちょっと問題だなと思います（笑）。気づかないでいてくれることを祈っております。「なんだそんなことか！　東芝があと一〇社くらい現れれば済む話じゃないか」と言われても困りますからね（笑）。

もう一つの事件についてお話しします。三菱自動車の燃費データの改ざんの話です。あれはこんな架空の水増し方法を使ったわけではありません。しかし三菱自動車が、もし燃費データの不正をやっていなかったら、あんなに自動車は売れなかったでしょう。他の競争メーカーの方が燃費がいいのですから、正直に燃費を公開したらあんなに売れなかったはずです。不正をやったおかげで売上高が増えて、利益が増えたのです。「不正による付加価値」ですね（笑）。不正をすると、純利益が増え、ＧＤＰは増えるのです。ＧＤＰも純利益もどうも悪徳で栄えるようです（笑）。悪徳で栄えることを東芝と三菱自動車が証明してくれたと思います。

14　ビッグマックは一個二万円？

次は、「社会的に貢献する事業」といいますけれど、その計算では、「本当はかかっているはずの費用を計上していないのではないか」という問題です。

例えば、マクドナルドのビッグマックは、本当は一つ二〇〇ドルで、日本円にして一つ二万円近くするのだそうです。なぜそんな価格になってしまうのでしょうか。というか、これはむしろ「なぜビッグマックを一つ二〇〇円で売っているのか」という方が問題なのです。

要するに、マクドナルドはドライブスルーを設置するかたわらで二酸化炭素の問題はほったらかしです。また、ビッグマックばかり食べていて太り過ぎたり糖尿病になってしまった人もいますが、これもほったらかしです。アメリカでこれは裁判沙汰になっている問題ですね（笑）。マクドナルドは環境を破壊したり、人の健康を破壊しているけれども、そういう負担の責任をマクドナルドは取っていないということです。

この破壊の負担は誰がしているのか？　マクドナルドは負担していません。しかし、社会的な損失は確実に発生しています。誰が負担するか、それは結局、社会が負担するほかないのです。

これが「同じ社会」「同じ国の中だけの話」ならばまだいいのです。日本でマクドナルドの商品を安く売って、マクドナルドの原料を作っているどこかの国で環境汚染が起こっている場合、損失を負担する国が別の国になってしまいます。負担すべき国が負担しないで、負担しなくてもいいはずの国が負担をしているのです。

私は、こうした現象を「利益は私有化され、費用・損失は社会化（つまり社会負担）される」と言ってきました。企業が生んだ損失を社会が負担するしかなくなっているのではないでしょうか。「受益者負担」という経済原則に立ち返って、私たちが二〇〇円のマックを食べるとき、残りのコスト一万九、八〇〇円を誰が負担しているのかに、思いを致すべきではないでしょうか。

そう考えますと、私たちは当期純利益や付加価値の中身を再検討した方がいいのではないかと思います。個別企業にとって「利益」と考えるものが、合計して「社会の利益」とならないかもしれないのです。これは、社会的な観点から会計の利益を見直す必要があるかもしれない、ということではないでしょうか。

今の会計は「生産者にとって都合のいい会計である」と思います。コトラーという経営学者でマーケティングの専門家が話していました。「大気汚染や水質汚染は、それを生み出した当事者とは別の誰かが払わなければならない社会的費用である。その誰かとは、汚染に苦しむ住民かもしれないし、汚染を除去して犠牲者の医療費を負担する政府かもしれない」と。つまり、ものを作っている生産者の企業はちゃんと費用を負担していないということを指摘しているのです。

15　では、どうしたらいいのか

ではどうしたらいいのでしょうか。改めて当期純利益の中身を見てみますと、付加価値とキャピタル・ゲインです。付加価値には二つの種類があります。一つは社会貢献、世の中に貢献する部分です。もう一つは反社会的取引の成果、これも付加価値の中に入っているのです。先ほどの麻薬や兵器がそうです。兵器を売って得た儲けも、当期純利益の付加価値の中に入ってしまっているのです。

もう一つは、ギャンブルの儲けの成果です。株式を買っても投資にならないとすれば、投機と呼ぶしかありません。ですから私は、当期純利益の中にギャンブルの儲けも含まれると言ってきました。

さらに本当は払わなければならない社会的な費用を負担していないのだから、当期純利益の計算においては本来払うべきものを払っていないために生じた利益の増加分がありそうです。これは言葉を換えて言いますと、未払費用の未計上といってもいいでしょう。

以上の四つが当期純利益の中身になると思っています。第一は社会に貢献するもの。第二は反社会的な付加価値。第三はギャンブルの成果。第四は本来負担しなければならなかったものを、負担しなかったために生まれた利益。水増しされた利益ですね。これら四つが当期純利益の中身ではないかと思います。現在の損益計算書にはこのようなことが書かれていません。損益計算書に書いていないとなれば、何か工夫をしなければならないのではないでしょうか。

16　反社会的な取引と情報公開

まず反社会的な取引をやっている企業か、そうではない企業か、それを選別するような情報が必要なのではないか。日本でも有名なある会社グループは自衛隊の……兵器産業と言ってもよいくらい兵器販売によって成績を伸ばしています。安倍さんは日本の兵器は優秀だから、どんどん外国に売り込んでいけと言っていますね。兵器輸出を推奨しています。兵器の輸出で儲けている会社を何らかの形でマークしておきたい。マークをつけて投資の対象から外しておくにはどうしたらいいか。

それには反社会的な取引を抑制するような情報の公開が必要だと考えています。「うちの企業はクリーンなイメージを持たれているんだから、こんなことをやっちゃダメだよ」と思ってもらえるような抑止力を持った情報を公開させてはどうか、と思います。

そうは言っても、個人が「あの会社はクリーンだ、この会社はちょっと危ないぞ」ということが分かったとしても、個人は会社に直接投資ができないのです。「あなたたちはクリーンな企業だから、このおカネを使ってください！」と言って持っていくわけにもいかないので、誰かにやってもらうしかないのではないでしょうか。

いろいろ調べてみましたが、一つは先ほどの銀行や保険会社におカネを預けること。預金してそのカネを融資の形で投資してもらう方法ですね。

最近、グリーンボンド（環境配慮型事業向け債券）の記事が日経新聞に載っていました。環境配慮型の事業を行っている企業向けの債券というものが出ているのです。アメリカのスターバックスやアップルはクリーンな会社で、環境に配慮をしている事業を広げている、だからこういう会社に資金が集まるように、グリーンボンドというものがあるのです。

日本生命はすでに六〇〇億円をこのグリーンボンドに投資していて、年内に一、〇〇〇億円までこれを伸ばそうとしているそうです。日本生命にしてみれば、自社にもクリーンなイメージが欲しいのです。「うちはこういうクリーンな事業に投資をしているのだ」というメッセージを送る必要がある。今年（二〇一六年）一～五月で世界の発行額が二兆五、〇〇〇億円に達したそうです。ある程度これが認知されてくると、一気に増えるときがくると思います。

それからフェア・ファイナンス・ガイド・ジャパンという格付けをしているところがあります。自分が預金したおカネがどこに向けられているかを、点数で評価することができるものです。これは銀行を評価しているようなものですね。金融機関に対して「この銀行はこういう企業へ貸付をしている。こういう株を持っている」ということを評価することができる。私たち個人ではA社とB社を並べてクリーン度を見ることは難しいです。しかし、金融機関ならばこの尺度を持つことができます。

金融機関の調査能力をもって、この会社はどうでこの会社はどうか、と金融機関の目で選んで、私たちはそこへ投資している銀行を選ぶことができる。あるいは逆で、反社会的なことをしている企業へおカネを貸している銀行へは評価を点数化して低い点が付けられる。こういう事業も展開していくようです。フェア・ファイナンス・ガイド・ジャパンはインターネットでそのまま検索すれば公式サイトが出てきます（http://fairfinance.jp/）。

社会的インパクト投資（impact investment）というものもあります。これが結構人気でして、社会貢献に取り組む国際組織が発行する債券や株式を購入することができます。社会的インパクト投資というのは、そういう形で広まっているようです。

それから国連関連ではＥＳＧ（環境・社会・ガバナンス）投資とＳＲＩ（社会的責任投資）があります。国連が働きかけているものです。社会的課題に対する責任を果たすことや、社会の持続可能性を高めることに貢献する投資におカネを集めようとするものです。これのスタートはタバコやアルコール、ギャンブル、武器などを扱う企業を投資対象から外すことでした。アメリカの宗教的な発想が始まりです。

タバコやアルコールを売っている会社やギャンブルをやっている会社や武器を売っている会社を投資対象から外そう、そしてクリーンな会社にだけ投資していこうという運動です。これが今はかなり大きな力を持ってきたようです。

ただ、社会的インパクト投資もESG投資もSRIも「個人ではなかなかできない」という問題を抱えています。個人で個々にやると言っても、そういう窓口がないのです。どうしたらそのようなところへ自分のおカネが回っていくようになるでしょうか。

やはり、金融機関を頼るほかありません。その金融機関はどこでもよいわけではなく、国連にPRI（投資責任原則）というものがあるのだそうです。国連が決めている原則があって、この投資責任原則に署名して、この原則を守ろうとしている会社が結構あるのです。

例えば、信託銀行や生命保険会社、資産運用会社です。PRIに署名することで、投資信託をやっている金融機関等が私たちに代わって企業を選別してくれるのです。これは私たち個人では難しかったことを、組織として専門でやっている機関であれば可能なのではないかと思います。

17　売上高はなぜ一行表示なのか

それから損益計算書で言えば、売上高を一行だけで書かれる今の状態はまずいだろうと考えています。損益計算書はどこの国でも売上高は一行だけなのです。最初に書いてあるのが売上高なのですが、これほど重要な情報をなぜ一行だけで済ませてしまうのでしょうか。

売上原価も損益計算書の中では一行で記されています。しかし、その下の項目に行くと、販売費や管理費のなんと詳しいことか（笑）。

販管費を見て投資決定をする人なんていないと思います（笑）。だったら、販管費は一行でい い。最初に売上高を見て、過去数年間の売上原価と売上総利益の傾向を見ることによって、この会社は良い会社かどうかを判断するでしょう。売上総利益までがよければ「ああ、この会社だったら今のところは人件費がかさんでしまっているが、それは従業員にちゃんと給料を払っているからだよな。これから伸びる会社だろう」と思うかもしれない。人件費がかさむのは当然のことで「なんで人件費がこんなにかさんでいるんだ！」と怒るのは経営者と株主だけです（笑）。

売上高の一行は、本来はもっと詳細に書かれて然るべきなのです。「どこへ売ったのか」「いくらで売ったのか」「その売上は現金だったのか掛売りだったのか」「その掛売りは回収が終わっているのか」「いつもの取引先に売ったのか、それとも新規の突発的な取引先に売ったのか……つまり持続性があるのかないのか」などです。

売上原価にしてみても、これも一行で記して終わってしまうものではないはずです。「どこから仕入れたものなのか」「仕入れ値は適正なものだったか」などです。仕入れ値については、価格を叩いて仕入れたものであれば、その仕事は長続きしないものです。つまり「自社の仕入元の取引先にも十分な利益が出るような価格で原料を仕入れているかどうか」です。「いつもの仕入れ量かどうか」、これも重要ですね、在庫の水増しに使われてしまう部分ですから。
「いつもの価格でいつもの仕入れ量なのか」を本来は何らかの形で損益計算書内で表現しなければならないはずです。しかし、現段階では売上高も売上原価も一行で終わってしまっています。
なぜ一行なのでしょうか？　なぜ損益計算書の主要項目は一行なのか。皆さんはなぜだと思いますか？

あれは完全に日本の会計教育が間違えているからなのです。初めから勘違いをしていて、アメリカの公認会計士の試験科目をそのまま大学の科目として並べれば、会計教育ができると考えられていたのです。これはとんでもない誤解です。アメリカの公認会計士の試験科目というものは、あくまでも監査するためのものです。監査する立場の者からしてみたら一いつ、いくらで売ったか」は関係のないことです。「売れたかどうか」だけが大事なのです。「叩いて仕入れたかどうか」「仕入れ値と販売価格が適正であったかどうか」も関係ありません。だから損益計算書の中ではこれらの項目は一行なのです。

ところが、下の方の販管費等に関しては非常に詳しく書かれてあります。これは企業側が、通信費がいくら、光熱費がいくら、給料がいくら、と区分けして書くから、監査する側も区分けして書かなければいけなくなっただけです。本来だったら一番大事な売上高・売上原価のところを一行で書くのは、あくまでも公認会計士側の都合です。きっと、そんなことも会計士は知らずに

郵　便　は　が　き

料金受取人払郵便

落合支店承認

4079

差出有効期間
2017年２月12日
（期限後は切手をおはりください）

161−8780

東京都新宿区下落合2-5-13

㈱ 税務経理協会

社長室行

お名前	フリガナ	性別	男 · 女
		年齢	歳
ご住所	□□□-□□□□ TEL （ ）		
E-mail			
ご職業	1. 会社経営者・役員 2. 会社員 3. 教員 4. 公務員 5. 自営業 6. 自由業 7. 学生 8. 主婦 9. 無職 10. 公認会計士 11. 税理士 12. その他（ ）		
ご勤務先・学校名			
部署		役職	

ご記入の感想等は，匿名で書籍のＰＲ等に使用させていただくことがございます。
使用許可をいただけない場合は，右の□内にレをご記入ください。　□許可しない

ご購入ありがとうございました。ぜひ、ご意見・ご感想などをお聞かせください。
また、正誤表やリコール情報等をお送りさせて頂く場合もございますので、
E-mail アドレスとご購入書名をご記入ください。

この本のタイトル	

Q1　お買い上げ日　　　　年　　　月　　　日
ご購入方法　1．書店･ネット書店で購入（書店名　　　　　　　　　　）
2．当社から直接購入
3．その他（　　　　　　　　　　　　　　　　　　　　　　）

Q2　本書のご購入になった動機はなんですか？（複数回答可）
1．店頭でタイトルにひかれたから　2．店頭で内容にひかれたから
3．店頭で目立っていたから　4．著者のファンだから
5．新聞・雑誌で紹介されていたから（誌名　　　　　　　　　　）
6．人から薦められたから
7．その他（　　　　　　　　　　　　　　　　　　　　　　）

Q3　本書をお読み頂いてのご意見・ご感想をお聞かせください。

Q4　ご興味のある分野をお聞かせください。
1．経営　2．経済・金融　3．財務・会計
4．流通・マーケティング　5．株式・資産運用
6．知的財産・権利ビジネス　7．情報・コンピュータ
8．その他（　　　　　　　　　　　　　　　　　　　　　　）

Q5　カバーやデザイン、値段についてお聞かせください

①タイトル	1良い	2目立つ	3普通	4悪い
②カバーデザイン	1良い	2目立つ	3普通	4悪い
③本文レイアウト	1良い	2目立つ	3普通	4悪い
④値段	1安い	2普通	3高い	

Q6　今後、どのようなテーマ・内容の本をお読みになりたいですか？

監査を担当してきたのではないでしょうか。それも、五〇年間の長きにわたってです。

公認会計士だったらこれが仕事ですから、それでいいのです。しかし、そうした会計教育を受けて来た人たちは損益計算書が読めません。公認会計士になるための勉強を一生懸命やったのですから財務諸表は作れるようになるでしょうが、自分で作った財務諸表は読めないのです。それはちょうど、自動車の教習所に通って、道路交通法や車の構造を学んで卒業するようなものです。車の運転法は学んでないのです。そんな人が、公道で車を運転する……怖いですね(笑)。日本の会計教育は、実は、「車の運転法」を学ばずに公道を走っているようなものです。実務家も「車の運転法」「財務諸表の読み方」を知らず、会計教員も自分が「無免許運転」していることに気が付いていないのではないでしょうか。

18　なぜ学生は会計学が嫌いになるのか

日本の会計教育の中で、経営分析という科目を置いている大学は極めて少ないです。たまにあるくらいです。大学に入ってきて一年生の簿記の授業を取ります。簿記はまあ、いいのです。初級の簿記は面白いですからね。

中には初級の簿記を、何やら哲学か宇宙科学かのように難しく教える先生もいるみたいですが……（笑）。先ほど紹介した在庫の水増しについての話は簿記三級の売上原価の計算です。あの辺のことを教えてあげると学生は面白がってくれます。そういうことをやらないで、書類の作り方ばかりやっています。だから学生がだいたい二年生になったら、どこの大学でも学生は会計学が嫌いになります（笑）。

好きでいられる要因として、先生が面白いという点があります。それは授業の内容が面白いかどうかに関係なく、興味深い授業は私も聞いてきましたし、好きになりました。中身は覚えていないんですがね（笑）。しかし、大学でやっている会計の授業は財務諸表の作り方ばかりで、使い方を教えていないのです。だから使い方を知らないまま卒業してしまいます。

そもそも二年生か三年生になるころにはすでに会計が嫌いになっているんですよ。四年生に開講されている経営分析など、もう誰も取りません。「あの授業も会計かよ！」と取ろうとしないのです。アメリカ式の会計教育をやっている国はみな同じです。財務諸表を作って終わりになっています。財務諸表の作り方教室で終わらず、読み方教室までいってほしいと思っています。

あとは、「反社会的取引報告書」についてです。会社としては、こんなもの書けないですよね。いやあ、書けないのがよいのです。例えば、金融庁がこの反社会的取引報告書を義務付けるとします。もしくは「ギャンブル成果報告書」を書け、と官庁が言ってくる。そうしますと、企業側は「できるだけこういう報告書を作らないように営業をしよう」とするのではないかと思います。

反社会的な取引がなるべく入らないようにしようとするので、これは抑制する力になります。そういう手段にもなるんじゃないかと思っています。

今日は、「常識崩し」みたいな話から、「会計学の再構築」試案みたいな話まで、いろいろお聞きいただきました。最後まで辛抱強くお付き合いくださり、ありがとうございました（拍手）。

第1部

賢者の会計学

第1章　ジョンソン・エンド・ジョンソン社の「我が信条」

1　「我が信条（Our Credo）」
2　第一の責任
3　「顧客第一主義」のエピソード
4　第二の責任
5　第三の責任
6　第四の責任
7　偉大なる損益計算書
8　ROEラッシュ
9　破滅への近道
10　森山弘和氏の「株式価値」
11　人は何のために働くのか

1 「我が信条（Our Credo）」

ジョンソン・エンド・ジョンソン社（Johnson & Johnson）と言えば、日本では「バンドエイド」や コンタクトレンズの「アキュビュー」で有名である。同社は、アメリカのニュージャージー州ニューブランズウィックに本社を置く製薬、医療機器その他のヘルスケア関連製品を取り扱う多国籍企業である。米社は一八八七年創業というから、一三〇年近い歴史を持つ。日本法人（ジョンソン・エンド・ジョンソン株式会社）は、一九七八年の設立である。

ジョンソン・エンド・ジョンソンで有名なのは、同社の「我が信条（Our Credo）」である。「社是」に該当するが、社是が「お題目」に過ぎない企業が多いのに対して、同社の「我が信条」は、「実行・実践される企業理念」として高く評価されてきた。「社是」と「会計」はあまり関係がないように思われるかもしれないが、同社の掲げる理念は、実は、会計学が追求してきた理念とみごとに一致しているのである。本章では、会計と会計学が哲学的な意義と美しさを持っていることを知ってもらいたくて、以下、同社の「我が信条」の会計学的意義を紹介したい。

余談ながら、ここで軽々に「お題目に過ぎない」などと書いたが、ここでは「建前」とか「名目」の意味で使った。しかし、法華経系の宗門にとっては、「南無妙法蓮華経」の「お題目」を唱えることは一番の修業であり、滝に打たれたり断食の業をしたりするよりも大事な修行だという。このことは、龍谷大学の加藤正浩教授から教えていただいた。

私も若いころ、仏教系（曹洞宗系）の愛知学院大学に勤務していたが、曹洞宗では「お題目を唱える」ことはないらしく、もっぱら、座禅を組むことが修行であった（らしい）。そうしたこともあって、加藤教授から教えられるまで、「お題目」の本当の意味を知らなかったのである。まさに、「Ignorance is bliss」としか言いようがない。

2 第一の責任

「我が信条」は、一九四三年、三代目社長ロバート・ウッド・ジョンソンＪｒ．が起草したものである。彼は、大恐慌の苦難を経験して、全米のリーダ的ビジネスマンに「Try Reality」と題するメッセージを送り、彼が提唱する「新企業哲学」を次のように呼びかけた（同社のＨＰによる）。

「過去数年間の苦しみの中で、人々は本物の経済的貢献と社会的価値を生み出す企業のみが成功する権利を持つということを知り、それを確信してしまった。恒常的な成功は、より高尚な企業哲学を遵守していくことによってのみ可能になる。顧客への奉仕が一番に、社員とマネジメントに対する奉仕が次に、株主が最後にくるという事を認識し、社会に対する包括的な責任を受け入れそれを全うすることが、企業のより高度な利益の追求方法なのだ。」

彼はここで掲げた四つの責任―顧客、社員、マネジメントと株主への責任―をもとに、「我が信条」をまとめたといわれる。A４用紙一枚に収まるほど、簡潔な文書である。なお、ここで「マネジメント」と呼んでいるのは「経営者」ではなく、社員として働く「管理者」を指しているものと思われる。

「我が信条」では、ジョンソン・エンド・ジョンソンの第一の責任は「顧客」（と、取引先）に対するものだとして、次のように述べている（以下、同社のHPの訳文を紹介する。英語の原文もHPに載っている）。

「我々の第一の責任は、我々の製品およびサービスを使用してくれる医師、看護師、患者、そして母親、父親をはじめとする、すべての顧客に対するものであると確信する。

顧客一人一人のニーズに応えるにあたり、我々の行なうすべての活動は質的に高い水準のものでなければならない。

適正な価格を維持するため、我々は常に製品原価を引き下げる努力をしなければならない。

顧客からの注文には、迅速、かつ正確に応えなければならない。

我々の取引先には、適正な利益をあげる機会を提供しなければならない。」


同社は、第一の責任は「顧客に対する責任」だという。企業理念とか社是として「お客様第一主義」とかそれに近い考えを掲げている企業は、日本企業の七割にも上るという。しかし、最近でも企業不正や食品への異物混入などは後を絶たず、そうした事故・事件への企業の対応に関する報道を読んでいると、「お客様第一主義」が「お題目」に過ぎなかったように思える。

3「顧客第一主義」のエピソード

実は、ジョンソン・エンド・ジョンソンには、「顧客第一主義」に関する有名なエピソードがある。一九八二年のことであるが、アメリカで何者かが同社の「タイレノール」（アメリカでトップシェアを誇る解熱鎮痛剤）に毒物を混入し、七名の命を奪うという事件が起こった。事件の場はシカゴであったが、同社は直ちにアメリカ全土からすべてのタイレノールを回収し、異物を混入できない構造に改良したという。回収のコストは一億米ドルを超えたといわれるが、この一件によって同社は「我が信条」でいう「顧客への責任」を実践する企業、費用を度外視して正しいことを自発的に行う企業という高い評価を得ている。

同社が「第一の責任」を負うべきと考えるのは、このように「顧客」であり、第一にお客様に満足していただくことを信条としている。より具体的には、右に紹介した「我が信条」の第一項は、同社の製品とサービスが「質的に高い水準」であるべきことを明記するとともに、「適正な価格を維持するために」、「常に製品原価を引き下げる努力」をしなければならない、としている。

私は、この項の最後の一言に心が打たれた。何と書いてあったか。「我々の取引先には、適正な利益をあげる機会を提供しなければならない」。こんなことを堂々と社是として掲げる企業は他にあるのだろうか。これを読んだとき、私は、「次もバンドエイドを買おう！」と思った。素晴らしい会社ではないか。取引先（仕入先、下請け、さらには地主・家主・金融機関も含まれているのかもしれない）が適正な利益を確保して初めて、自社も永続的に事業を続けることができる。

昨今の日本企業には、取引先の繁栄とか事業継続といったことには目もくれず、わが社の、いやわが経営陣の「自衛」「存続」しか考えていないと思われる企業が少なくない。虚心になってジョンソン・エンド・ジョンソンの歴史に学んでほしいものである。

4　第二の責任

ここで「我々」とは、広い意味では、ジョンソン・エンド・ジョンソンで働くすべての人の意味であると思われるが、ときに、「経営陣」の意味で「我々」を使っていることもある。第二の責任は次のように述べられている。


「我々の第二の責任は全社員　—世界中で共に働く男性も女性も—　に対するものである。

社員一人一人は個人として尊重され、その尊厳と価値が認められなければならない。

社員は安心して仕事に従事できなければならない。

待遇は公正かつ適切でなければならず、働く環境は清潔で、整理整頓され、かつ安全でなければならない。

社員が家族に対する責任を十分果たすことができるよう、配慮しなければならない。

社員の提案、苦情が自由にできる環境でなければならない。

能力ある人々には、雇用、能力開発および昇進の機会が平等に与えられなければならない。

我々は有能な管理者を任命しなければならない。

そして、その行動は公正、かつ道義にかなったものでなければならない。」

ジョンソン・エンド・ジョンソンの経営陣が考える「第一の責任」は、同社の製品・サービスのお客様と、同社の取引先に対するものであった。お客様に「質的に高い水準の製品とサービスを適正な価格で提供」し、同時に取引先には「適正な利益を確保する機会を与える」ことを最優先するというのである。では、その次にくる責任は何か、同社はそれを「従業員（とその家族）に対する責任」だという。

お客様と取引先への責任を果たしたら、次は、従業員（右の文書では「社員」）への責任だというのである。何と日本的な話ではないか。「会社は誰のものか」という問いに対する答えは、日本人の多くは「そこで働く社員（従業員だけではなく経営者も含めて）のもの」と考えてきたと思われるが、「強欲資本主義」の国アメリカの企業が、株主よりも先に従業員に対する責任を果たそうとするのである。私には手遅れであるが、こんな会社で働きたいものである。

5　第三の責任

ジョンソン・エンド・ジョンソンの「第三の責任」を紹介しよう。

「我々の第三の責任は、我々が生活し、働いている地域社会、更には全世界の共同社会に対するものである。

我々は良き市民として、有益な社会事業および福祉に貢献し、適切な租税を負担しなければならない。

我々は社会の発展、健康の増進、教育の改善に寄与する活動に参画しなければならない。

我々が使用する施設を常に良好な状態に保ち、環境と資源の保護に努めなければならない。」


同社が第三の責任と考えてきたのは、今風に言えば「社会的責任」ということであろうか。その中には、「社会事業と福祉」「社会の発展、健康の増進、教育の改善」に寄与する活動に参画し、「環境と資源の保護」に務めるべきことが明示されている。

アメリカの企業らしい（逆に言うと、日本企業なら掲げないであろう）責任として、「適切な租税の負担」を、第三の責任に含めているのは注目してよいであろう。

6 第四の責任

ジョンソン・エンド・ジョンソンの第四の、そして最後の責任は、次のように書かれている。

「我々の第四の、そして最後の責任は、会社の株主に対するものである。事業は健全な利益を生まなければならない。我々は新しい考えを試みなければならない。研究開発は継続され、革新的な企画は開発され、失敗は償わなければならない。新しい設備を購入し、新しい施設を整備し、新しい製品を市場に導入しなければならない。逆境の時に備えて蓄積を行なわなければならない。これらすべての原則が実行されてはじめて、株主は正当な報酬を享受することができるものと確信する。」

ジョンソン・エンド・ジョンソンが責任を負うべきと考える最後の責任は、株主に対する責任だというのである。それも、会社が「健全な利益」を生み、新しい試みに挑戦し、研究開発を継続し、革新的な企画を開発し、失敗を償い、新しい設備を購入し、新しい製品を市場に導入し、さらに逆境の時に備えて蓄積をするという、すべての（経営の）原則を実行した上で、さらに余裕があれば、株主は正当な報酬を享受することができるというのである。

言い換えれば、同社では、企業としての、それも継続企業としての社会的責任をすべて果たした後でなければ株主への報酬は支払わないというのである。顧客にも取引先にも十分な満足を与え、従業員にも地域社会と全世界の共同社会にも十分な責任を果たし、さらに国家などに適切な租税を納めたうえで、それで初めて、企業としての最後の責任として株主への報酬を支払うのである。

同社の関係者によれば、この責任の順番が、ステークホルダーの優先順位であり、同社が満足させるべきと考える順番だという。お客様が最優先だということはわかる（実行しているかどうかは別にして、日本企業の多くも顧客満足度を高めることを社是としている）。しかし、株主への責任を最後に持ってくる会社は極めて珍しいのではなかろうか。私は不勉強にして聞いたことがない。

7　偉大なる損益計算書

右の話は、「経営」に関する話であって、「会計」には関係がないと受け取られるかもしれないが、今世界中で使っている損益計算書を想起していただきたい。

損益計算書については、しばしば「ボトムライン」つまり「当期純利益」が注目される。新聞の決算報道でも、当期純利益の増減を記事にすることが多い。今この損益計算書を、トップラインから順に眺めてみよう。言うまでもないことであるが、トップラインには「売上高」が、その次には「売上原価」が示されている。その次が、「販売費及び一般管理費」であり、最後に「当期純利益」が表示される。

賢明な読者の皆さんなら既にお気づきであろう。ジョンソン・エンド・ジョンソンが「優先順位」としてつけた、「顧客」「仕入先」「従業員」「社会」「株主」という順番は、奇しくも、損益計算書の書き順とまったく同じ順番なのである。改めて損益計算書を上から順に眺めてみていただきたい。

トップラインには、わが社の製品・サービスがどれだけ社会に受け入れてもらったかを売上高として示し、その製品・サービスを作り出す素を提供してくれた取引先に対して適切な対価を支払ったかどうか（売上原価）が示される。企業の外部者である顧客と取引先に対する責任を果たして初めて、企業内部者である従業員に対する責任（給与等）が出番となる。株主に対する責任（当期純利益）は最後の最後にくる。企業が他のすべてのステークホルダーに対する責任を果たした結果、当期純利益がマイナスになるときは株主がその損失を負担する。株主が、他のステークホルダーよりも先に報酬を享受するということはない。損益計算書は、企業経営とは、かくあるものだということを教えてくれる。

損益計算書が、何と偉大な思想を取り込んだものであるかに気が付くであろう。企業としてもっとも大事なものは何か、その大事なことを十分に果たしているか、次に大事なものは何か、その責任を十分に果たしているか、を順番に教えてくれるのである。単なる、儲けの計算書ではない。

昨今、国際会計基準や時価主義の影響によって、損益計算書よりも貸借対照表が重視される傾向がある。時価評価された貸借対照表からは企業価値として「わが社の身売り価格」しか読めないが、損益計算書は、企業が、どれだけ「社会的責任」を果たしているかという、永続企業の「長期的企業価値」が読めるのである。

【損益計算書と社会的責任】

売上高	顧客への責任（適正な価格）
売上原価	取引先への責任（取引先の利益確保）
販売費及び一般管理費 （給与） （福利厚生費）	従業員への責任（給与，福利厚生，労働環境など）
法人税等	国家などの社会への責任（適切な租税負担）
当期純利益	株主への責任と将来への備えの責任

8　ＲＯＥ《アール・オー・イー》ラッシュ

しかし、現実には、最近の投資家（というよりは投機家）はボトムライン（当期純利益）とその分配にしか関心がない。「企業は株主のもの」といったアメリカ流の経営理論が、日本の資本市場や経営の現場にも浸透し始めている。端的なのは、「ＲＯＥ（株主資本利益率）神話」である。

最近の新聞報道には毎日のようにＲＯＥが登場する。最近の報道を見ると、各社は先を争うがごとくＲＯＥ経営を標榜したり、ＲＯＥ目標を掲げたりしている。日立製作所と三菱重工業はいずれも大規模な設備投資が必要なために資本の効率は低くなりがちであるが、資本市場の声に押されて、ＲＯＥを一〇％超にすることを経営計画などに盛り込むという（日本経済新聞、二〇一五年三月一七日。三月二七日には、日立製作所の中村豊明副社長が「来期ＲＯＥ一二％以上」に高めるという方針を表明したことが報道されている）。

ＴＤＫも中期計画の主要指標にＲＯＥ一〇％以上を掲げ（同、三月二一日）、アステラスは一五％以上に（同、五月二七日）、ドコモはコスト削減と自社株買などで一〇％以上に（同、六月二日）することを表明している。「ＲＯＥラッシュ」である。

ROEを上げるには、研究開発を進め、社会が求める新製品を作り、売上げを伸ばすのが王道である。経営者も労働者も、知と労働の汗を流して達成できるのである。しかし、アメリカでは一九八〇年代以降、分子（つまり利益）を大きくするよりも分母（株主資本）を小さくすることによってROEを大きくするようになった。いわゆる、ダウンサイジングである。

9 破滅への近道

在ニューヨークの投資銀行家である神谷《みたに》秀樹氏は、「行きすぎた株主中心の利己的な『ボトムライン中心の考え方』」を次のように表現している。少し長い引用であるが、じっくりと、ゆっくりと読んでいただきたい。アメリカ企業のみならず日本企業も同じ「破滅への近道」を走り出していることに気付くはずである。

「『ROIを上げろ！』『ROEを上げろ！』そのためには、仕入先はもっと叩け！従業員はできるだけクビを切り、また給与を下げよ！正社員は減らして固定費を下げ、非正規雇用でいつでもクビにできる変動費に換えよ！年金制度は廃止せよ！経営者の給与はストック・オプション中心にし、株価を上げることに集中させよ！研究開発など不要だ！規模の拡大は買収でやれ！買収したら買った先の大規模人員整理をせよ！退職金は放棄させろ！できれば軽課税国に本社を移し、節税せよ！借金してでも自社株買いで流通株式数を減らし、一株当たり利益を増やして株価を上げよ！踏み倒せる借金は踏み倒せ！そして株価が上がったら、会社まるごと売って大儲けしよう！」（神谷秀樹「投資の目的と果実の評価――『綺麗なお金』と『きたないお金』――」『金融財政ビジネス』二〇一四年一〇月二七日号）

今、こうした考えの経営がアメリカの（そして、それを真似ている日本の）ビジネス・スクールで「賢い経営方法」だと教えられているという。わが胸に手を当てて考えてみていただきたい。経営者であれば、ジョンソン・エンド・ジョンソンの経営の逆を走っていることに気付くであろうし、企業で働く人々であれば、いつ放り出されるか、いつ会社が身売りされるか、年金や退職金は払ってもらえるのか、明日はあるのか、仕事が手につかなくなるであろう。

デフタ・パートナーズ・グループ会長の原丈人氏は、株価やＲＯＥを指標とした財務ゲームに違和感を抱く経営者が増えてきたとして、次のように述べている。

「よい製品をつくることよりも、時価総額を上げることに気を使わなければならないような株価偏重の考え方には、すでに中長期の視点に立つ多くの経営者が違和感を抱いています。製造業がすべきことは、優れた製品をつくることであって、見かけの財務指標をよくすることなどではありません。当たり前のことですが、財務は経営の主役ではないのです。」（原丈人『増補二一世紀の国富論』平凡社、二〇一三年、五四頁）

10　森山弘和氏の「株式価値」

少し前になるが、著名なコンサルタントである森山弘和氏（森山事務所代表。三〇年ほど昔から機会あるたびに教えをいただいてきた）から長いメールを頂戴した。その中で、森山氏は、企業の価値というのは、本来こういうものだとして、次のような算式を見せてくれた。森山氏は、ここで「株式価値」という言葉を使っているが、言っていることは、市場における企業評価としての株価そのものではなく、本来株価に反映されるべき企業の価値である。

株式価値＝資本合計（ＯＢたちを含めた過去の頑張り）
　＋現役たちの今期の頑張り
　＋中長期の頑張り（経営者の頑張り）

実に含蓄のある、日本の企業経営者も従業員も納得する計算式である。森山氏は言う。日本企業は、株主の満足といった部分最適を追及するわけではなく、「良質で比較的低廉な商品やサービスの提供を通じた経済貢献まで含めた全体最適」を追及してきた、と。さらに、日本企業のＲＯＥがアメリカ企業に比べて低いのは、こうした全体最適を追及するからだ、と。

ＲＯＥは「率」であって「量」を語らない。ＲＯＥがどれだけ高率であっても、従業員の満足や社会への貢献、経営者と従業員が流した知と労働の汗の量は知ることができない。その他有価証券や不動産の再評価による損失、繰延ヘッジの損失などが出れば、純資産の部から差し引かれ、ＲＯＥが上昇する。損失が大きければ大きいほど、自己資本が小さくなりＲＯＥは上昇する。このパラドックスをどう説明したらいいのであろうか。

日本企業の配当性向が低いことも批判されるが、日本企業の経営者がケチでため込んでいるわけではない。配当に回さずにため込んでも、経営者のサイフに入るわけではない。日本企業が内部留保を高めるのは、一つには研究開発のための資金を用意することにあり、また不測の事態に備えるためである。どちらも、中長期的な観点から見れば、株主にとってもプラスになることである。

11　人は何のために働くのか

今、東芝の「不適切会計」と東洋ゴム工業の免震ゴム性能の偽装（データ改ざん）問題が新聞をにぎわしている。東芝は、二〇〇八年のリーマン・ショックの後、三、四三五億円の最終赤字に落ち込んだ。そのリカバリーのためもあって全社的に高い目標が掲げられ、事業の現場に過度なプレッシャーがかかっていたと言われる。上層部が気に入るように利益の数値が作られたのである。

東洋ゴムの場合は、免震ゴムの製造・販売子会社がデータの改ざんに手をつけ始めたのが一九九六年で、製品の性能不足を認識したのが二〇一三年であったという。その後、一年半もの間、出荷を続け、性能不足の製品を使った物件は一五四棟に上るという。一棟につき一〇〇世帯、四〇〇人が住んでいるとすれば、六万人余の人々が不安の日々を過ごしていることになる。お客様の「安全」と「安心」を犠牲にして、わが身の「安全」を手に入れたとしか言いようがない。

どちらの事例も、損益計算書のボトムラインを着飾ることに夢中で、トップラインの顧客を無視した話である。先に紹介した神谷秀樹氏は、右の引用に続けて次のように述べている。

「我々は皆、何のために仕事するのか。何のために事業を営むのか。それは良き社会を創るという、人類の『共通善』に関する価値観を担保したものとならなければいけないのではないだろうか。『利益』というものが、その結果生まれたものとして評価されるのであれば、それは大きい方が好ましいし、高く評価されるべきだ。しかし、もし、その利益が、他者の犠牲や排除（例えば環境汚染、労働者の搾取、商品の不当表示、借金の踏み倒しなど）の上に生み出されたものならば、その利益は全く評価するに値しない。」

利益を目標とした経営（ROE経営も同根）は、トップラインの顧客や取引先に対する責任も従業員に対する責任も放棄して、ボトムラインの株主（と経営者）を満足させることが自己目的化しかねない。企業は、従業員が悪に手を染めなければならないような環境を作ってはならない。二〇一六年六月には企業統治（コーポレートガバナンス）コードとスチュワードシップ・コードという二つのコード（規範）が出そろったが、ここで紹介した二つの事例は、それ以前の問題であるように思われる。

第2章　ロバート・ケネディ氏の遺訓
——利益には色がある！

1　ロバート・ケネディ司法長官来日
2　麻薬もナパーム弾も国民総生産（GNP）
3　付加価値は「実現したもの」
4　クリスティアン・マクフィラミー君の夢
5　GNPは「クソミソ」
6　当期純利益に騙されるな！
7　ROE経営は、クソミソの経営
8　お金に色はないか？

1　ロバート・ケネディ司法長官来日

アメリカのケネディ大統領が暗殺されたのは、一九六三年一一月二二日、私が大学二年生のときであった。その前年の二月に、実弟のロバート・ケネディ司法長官が来日し、「一番議論を活発に行える大学」として早稲田大学を選び、二月六日に講演を行った。

講演の会場となった大隈講堂は超満員で、入れなかった学生たちで講堂の前の広場（というよりは、道路）も人があふれかえっていた。私もその群衆の中にいた。二月なので、私はまだ受験中で、たまたま大学に願書を出しにきたときであった。

会場は、訪日に反対する学生のヤジや怒号でケネディ氏の声がかき消されるほどであったが、混乱の中、壇上に上がった応援部の学生が指揮を執って「都の西北」を唄い出した。会場は、それまでの混乱と打って変わって、「都の西北」の大合唱になり、講演会は無事に終了した。講堂の様子は、大きなスピーカーで外にいる私たちにも流されていたが、講演が終わった後、ケネディ氏と夫人が笑顔で大隈講堂の前に姿を現し、割れんばかりの拍手で歓迎された。

私は、幸運にもご夫妻を近くで見ることができたが、再び広場で繰り広げられた「都の西北」の大合唱にお二人が重唱する姿は、「若きアメリカ」「希望の国アメリカ」を象徴しているように感じた。その一年ほど前まで、日米の安保条約改定に反対して北大生と一緒に札幌の街をシュプレヒコールで声をからしていた自分とは、別人の私がそこにいた。半世紀も昔の話である。

本章では、そのケネディ氏の話から始めたい。なお、少し前まではGNP（国民総生産）とGDP（国内総生産）が国の富を測るものさしとして使われてきたが、最近では、GNPよりもGDPが国富のものさしとされることが多くなった。ケネディ氏はGNPを取り上げているが、GDPと読み替えても差し支えない。

2 麻薬もナパーム弾も国民総生産（GNP）

ロバート・ケネディ氏も、兄のジョン・F・ケネディ元大統領と同じく、暗殺者の銃弾に倒れるのであるが、その三か月前の一九六八年三月一八日、カンザス大学で講演を行い、次のような強烈なメッセージを残した。当時、氏は上院議員であった。

「これまで私たちは物質的な蓄積を求めるなかで、個人の美徳やコミュニティの価値を蔑《ないがし》ろにしてきたのではないだろうか。いまやわが国のGNP（国民総生産）は八、〇〇〇億ドルを超えている。しかし、アメリカをGNPで評価するということは、大気汚染、タバコの広告、交通事故の犠牲者を運ぶ救急車をその勘定に含めることを意味する。

それだけではない。ドアにつける頑丈な鍵、そしてそれを破る者を収容する刑務所。アカスギの伐採、無秩序に広がる開発によって失われるすばらしい自然。ナパーム弾や核弾頭に、暴動を鎮圧する警察の装甲車。ホイットマン（テキサス大学に立てこもり、ライフル銃で一五人を殺害した）のライフルやスペック（看護師寮に押し入り八人の女性を殺害した）のナイフ、それに子どもたちに玩具を売るために暴力を称えるテレビ番組。こういったものがすべて含まれてしまうのだ。

その一方で、子どもたちの健康や質の高い教育、遊びの楽しさは考慮されない。詩の美しさや結婚のすばらしさ、開かれた議論の価値、公務員の誠実さも無視される。私たちの機知も学習も、思いやりの心も国への忠誠心も含まれない。つまり、GNPは人生を豊かにするものを除外して国を評価しているのである。」（ジェーン・グリーソン・ホワイト（川添節子訳）『バランスシートで読みとく世界経済史』二〇一四年、日経BP社、五―六頁より引用）。


悲運にして逝《い》った若きケネディ氏の残した言葉は、現在の経済学、経済政策、国民所得計算、国富論、国別経済力のランキングなどの在り方を根底からひっくり返すほどの指摘であったが、五〇年近い年月を経た今、GNPの矛盾・弊害、GNPを根拠とした政策の誤りなどは、学者の間でも話題になることは稀である。改めて読み直すと、光り輝いていた「近代経済学」が何の根拠もない、「猫だまし」と変わらないような気がするのである。

学生時代に、ＧＤＰ（gross domestic product）とかＧＮＰ（gross national product）のことを聞いた記憶はあるが、両者のちがいもあやふやなので、この機会に調べ直してみた。教科書的な話で申し訳ないが、お付き合いいただきたい。

ＧＤＰは「国内」総生産の意味で、一定期間に「国内で」生産されたモノやサービスの付加価値の合計額で、「国内」ということから、日本企業が海外支店等で生産したモノやサービスの付加価値は含まない。一方、ＧＮＰは「国民」総生産の意味で、国内に限らず、日本企業の海外支店等の所得も含まれる（内閣府ホームページによる）。

要は、ある期間に日本人が生み出した付加価値は、国内であるか海外であるかを問わずに国民総生産（ＧＮＰ）とし、同じ期間に日本国内で生み出した付加価値は、日本人であるかどうかを問わずに国内総生産（ＧＤＰ）とする。日産のゴーン氏の所得は、ＧＮＰには入らない（日本人ではないから）が、ＧＤＰには含まれる（日本での所得だから）ことになる。

3 付加価値は「実現したもの」

ここで「モノやサービスの生産高」と言わずに「付加価値の合計額」と言っているのは、会計的な表現を使うと、「実現しているか否か」を問題にしている。モノやサービスを生産することは難しいことではない。多少の資金は必要であろうが、誰でもできる。しかし、その生産したモノやサービスを売ること、誰かに買ってもらうことは簡単ではない。

付加価値とは、自分（自社）が企業活動によって新たに創造した価値という意味ではない。もしもそうなら、売れなくても構わずに生産を続けて在庫の山を築いても、新たに価値を創造したことになる。一個作るのに一〇〇万円もかかる「高性能マウス」、一〇年がかりで三、〇〇〇頁を費やして書いた「一週間でマスターできる簿記入門」、服用すると一〇〇年後に効果が出る「若返り薬」……豊かなアイデアをもとに新製品を「生産」しても、売れなければ「付加価値」にはならない。会計的な表現を使うと、それらは「未実現」「非実現」「実現不能」なのだ。

付加価値は、新しい価値を生産することではなく、生産した価値が実現したものをいうのだ。「実現した」というのを、一般的な言葉で言い換えると、「売れた」ということであり、「他人によって価値が認められ、対価が支払われた」ということである。少し格好をつけて言うと、「新しい価値の創造が社会的に認知された」ということである。どれだけいいアイデアの商品であっても、売れないなら「付加価値」を生まない、「社会に貢献しない」と考えるのである。それが、いいかどうかは、後で一緒に考えることにしたい。

4　クリスティアン・マクフィラミー君の夢

最近、弁護士の鳥飼重和氏のメールマガジン（メルマガ。「鳥飼サンタの人生の種まき」、torikai-santa@torikai.gr.jp）にこんな話が紹介された（二〇一五年七月一四日）。題して「六歳の少年の夢」。今ではネットで詳しく紹介されている。

「八歳の少年の行動が、世界の人々の感動を呼んでいる。その行動の決意をしたのは、六歳の時だった。テレビで小児がんについてのＣＭが流れた。それは、がん治療で髪の毛が抜けてしまった子供たちにかつらを作るため、髪の毛の寄付を募るＣＭだった。それを見て、六歳の少年は大きな決意を固めた。自分の髪を小児がんの子供たちのために寄付しようと。

この少年は、クリスティアン・マクフィラミー君。オーストラリアのメルボルンに住む少年である。少年の短い髪では、髪の毛の寄付はできない。そこで、クリスティアン君は髪を伸ばし始めた。髪の毛を寄付するには、必要な長さや決まりがある。その決まりを達成するまで、クリスティアン君は事情を知らない周りの子供たちにいじめられても、大人たちにからかわれても、髪を伸ばし続けた。

寄付できる髪の長さになるまでには長い時間が必要だった。その期間は二年半。クリスティアン君は八歳になっていた。『どうしても僕の髪の毛でかつらを作ってあげたかったんだ』〝自分の髪が小児がんの子供たちの役にたてる！〟それがクリスティアン君の夢であり、その夢を実現する過程は冒険だったであろう。辛くてもその夢を叶えたことで、世界に感動を与えた。我々は、そこから何を学ぶか？それが問われている。」

どうしてこうした素晴らしい行為が国民の富であるGNP（あるいはGDP。以下、GNPと書く）に反映されないのか。それは、その行為に対して対価が支払われないからである。GNPの計算では、企業活動によって破壊された自然を回復しようとして社員がボランティアで（つまり、手弁当で）行った植林のような行為は、それがいかに国民の生活に「善」であっても、国や地方公共団体などから「社会的に大きな貢献をした」として表彰されようとも、国民の富の増加とはみなさない。そうであるから、主婦の家事労働、子どもたちの熱心な勉強、退職者のボランティア活動、学生の部活、どれもこれも国民生活を豊かにする活動であるが、GNPの計算では無視される。

5　GNPは「クソミソ」

汚い表現を使って申し訳ないが、GNPが「中身が何であるかを問わずに、社会に貢献するものも社会を破壊するものも一緒くたにして計算する」ものだということを表現するにはこれほどぴったりの言葉はない。何せ、私たちが愛用している「パソコン」「携帯電話」「めがね」「スーツ」「ゴルフクラブ」などのプロダクツや夕食のテーブルに載る「フード」や「スイーツ」「ビール」も、「原発の建設費用や事故後の費用」、「中国から飛来する黄砂やpm二・五への対策費用」「どう考えても、知性とは無関係なテレビ番組の制作費や放送のコスト」も、クソミソに合算して、GNPとされるのである。

GNPは、未成年者の吸うタバコ代や往復四時間もかかる「痛勤費」や「オレオレ対策費」を国富とするのである。これなら、犯罪国家や戦時国家のGNPは相当高いに違いない。麻薬の売買も銃器の売買も、発病者や傷病者のための治療や病院建設もGNPとなる。

しかし、国民の幸福度や満足度を考えると、GNPが高いことがいいとは言い切れないのではないだろうか。何せ、GNPやGDPという「ものさし」で国富を計算するというのは、「タバコの広告のほうが子どもの健康より価値があることになってしまう」（グリーソン・ホワイト、同右書、六頁）のである。

国民の富は「お金」でしか測れないのだろうか。いや、国民の富とは、お金が増えることだけなんだろうか。一〇〇%自給自足している社会は、GNPは限りなくゼロに近いが、果たして、そこの住民は「貧民」なのだろうか。他方で、人を殺すための鉄砲やナイフを作って売れば、それはれっきとしたGNPの構成要素になり、儲けは当期純利益となり付加価値を構成することになる。

これを会計的に言えば前者は「実現し（てい）ない」から利益を構成せず、後者は実現しているから利益とするのである。ちょっと考えてみていただきたい。もしもそうだとすれば、GNPも会計も、「クソミソ」としか言いようがないのではなかろうか。こんな計算にどれほどの意義があるのか。

国の富ということであれば、ケネディ氏の言うように泥棒よけの塀や柵、値の張る電子錠、泥棒を収容する刑務所などは、GNPとするのはおかしい。むしろこうしたことに使われるコストは、負のGNPとするのが正しいのではなかろうか。

6　当期純利益に騙《だま》されるな！

そこで、会計の話である。ＧＮＰと同じく、人の善行も悪意を持った行為も、社会に豊かさをもたらす商品も国民の健康を害する危険のある商品も、これまでの会計では「クソミソ」に扱ってきた。

他人が対価を支払えば（つまり実現すれば）それが何であるかを問わず、売上高に、そして純利益に含める。社会的に極めて意義のある商製品の開発と販売による利益も、口の端に上らせることをはばかるような汚い行為の対価も、当期純利益に含める。

他方で、マクフィラミー君のような、極めて社会貢献度の高い行為はＧＮＰからも当期純利益からも無視される（マクフィラミー君が、自分の髪を売って対価を得たというのであれば、ＧＮＰも当期純利益も構成することになるのであるが、彼は決してそうしたことを望まなかったであろう）。

どれだけ社会に貢献する価値のあるものを作っても、それを無償で他人に譲渡したり自家消費（自分で使ったり食べてしまう）したりすれば、企業会計上は売上高に計上されない。また、その価値は付加価値とされず、ＧＮＰに合算されない。世の中に貢献しなかった、国の富を増やさなかったとされる。逆に、社会に多大な被害をもたらすものや反社会的な製品であっても、それを買う人（組織）がいれば、社会的な認知を受けたとして付加価値やＧＮＰの計算に含められる。会計的には実現したとして、収益（売上高）に計上され、コストとの差額は純利益とされる。

自分が五〇年の長きにわたって学び・教えてきた「会計」は包丁と同じで、多様な使い方ができる。使う人が悪用しようと思えば、粉飾決算にでも人殺しにでも使える。要は、会計も包丁も使う人次第なのだということが分かっていても、どこか釈然としない。

7　ＲＯＥ経営は、クソミソの経営

ＲＯＥを高めることを指標とする経営では、「何を作って得た利益か」とか「何を売って得た利益か」といったことは、問題にならない。問題とされるのは、「ＲＯＥが高まるかどうか」であり、ＲＯＥの計算に使われる分子の当期純利益がいかなる筋合いのものかは問わない。

在ニューヨークの投資銀行家・神谷《みたに》秀樹氏は言う。

「新規事業を始め、投資する際に審議される事業計画書には、一言『これだけ儲けます』と書いてあるわけではないはずだ。どのような事業で、どのような財またはサービスを世に提供し、世にどのようなインパクトを与えるのか、またなぜその事業はその会社が採り上げるにふさわしいのかなどが、情熱を込めて書かれているはずだ。」（神谷秀樹「投資の目的と果実の評価『綺麗なお金』と『きたないお金』」『金融財政ビジネス』二〇一四年一〇月二七日号）

つまり、事業を始めるときや投資を行うときの事業計画は、損益計算書で言えばトップライン（売上高）がスタート地点である。「何を作るのか」「誰に買ってもらうのか」「世の中の何に役立てようというのか」「なぜ当社がこの事業を行うのか」を構想し、それが社会にとって有意義だと考えられて初めて、いくらの投資が必要か、この投資からどれほどのリターンが期待できるかという話になるはずだ。

ところが、である。神谷秀樹氏は言う。

「株主は『いくら儲かったのか』（リターン・オン・インベストメント、ROI）、『利回りはどうなのか』（リターン・オン・エクイティ、ROE）、といった数字ばかりに注意が行き、経営陣も株主も『株価』にばかり気をとられるようになる。一方、『事業の目的をどのようにして、どれほど達成したのか』を吟味する質的な議論はお座なりにされがちだ。」（神谷秀樹、同右）

前に書いたように、損益計算書のボトムライン（末尾の数値、つまり当期純利益）だけを見たり、この数値を最重視するのではなく、一番上の数字、つまり、売上高から順に読み、その価値を評価することが大切である。

一行で書かれている「売上高」の中身を吟味したい。「何をいくらで作り、誰に、いくらで売ったのか」、「その売価でお客は満足しているか」、「掛けで売ったのか現金売りか」「これまでの売掛金は回収されているか」「常連のお客か新規の得意先か」「得意先が地理的に集中していないか」「売れ筋の商品が複数あるか」「売上げが減少傾向（増加傾向）にある商品はないか」……こうした情報は簿記の記録を見ればすぐにわかる。

特定の顧客に売上げが集中していたり、特定の商品だけが売れていたり、これまで以上に掛売りが増えていたり、逆に、現金売りのお客が大幅な値引きを要求してきたり、バッタ屋（安く仕入れた商品をたたき売りするような業者。資金繰りに使うことが多い）らしいお客の取引が増えたり、製品の大部分を一か所の上得意先に販売しているといった状況であれば、商品市場の変化や得意先の経営環境の変化によってわが社の経営上のリスクが高まることがある。普段から帳簿記録を観察・分析していれば、そうしたリスクに備えることができるであろう。

それが、ボトムラインだけに価値を置く経営となれば、売上高にも売上原価にも給与にも関心が払われない。関心が払われないどころか、売上げが多ければよいとばかりに押し付け販売が横行したり、売上原価や人件費は少なければよいとばかりに仕入先に無理な値引きを要求したり従業員の給与をカットしたりして利益をひねり出そうとする。

8　お金に色はないか？

ボトムラインは経営の結果であるにもかかわらず、それが目的化してしまい、その数字を飾るために経営を歪《ゆが》めてしまう。歪んだ経営から吐き出された利益とまっとうな経営から生み出された利益は、同じ「利益」として一緒くたにしていいものであろうか。

神谷秀樹氏は、「お金には色はない」とか「何で稼いでも、儲けは儲け」という風潮に異を唱えて、次のように言う。最後の一文は、何人をも納得させるであろう。例え、泥棒稼業でも、賄賂で財布を膨らました御仁でも。

「『お金には色はない』、そうだろうか？　筆者はお金には色があると考える。まっとうな仕事をして稼いだお金は『綺麗なお金（浄財）』であり、不当な仕事で稼いだお金は『きたない（不浄な）お金』だ。人類に幸福を招くのは『綺麗なお金』に限られる。あなたの家族や愛する人に何かプレゼントをするとき、あなたは不浄なお金でそのプレゼントを買おうとは、お考えにならな

いではないか。」（神谷秀樹、同右）

神谷氏の言葉を借りれば、「利益にも色がある」。「綺麗な利益」と「きたない利益」である。果たして、タネを蒔《ま》いて、水や肥料を与えて、雑草を刈って、大きく成長したところで収穫した果実を売って得た利益は、「綺麗な利益」なんだろうか、それとも「きたない利益」なんだろうか。そんなことはまどろっこしいとばかり、もっと安直に、コンピューターのキーボードを叩くだけではじき出した利益は「綺麗な利益」なんだろうか、それとも「きたない利益」なんだろうか。戦車やナパーム弾を売って稼いだ利益や麻薬の取引から得た利益は、どっちなんだろうか。

第3章　あなたのお金はどこへ行くのか

——株を買っても「投資家」にはなれない！

1　「貯蓄から投資へ」のウソ

自分のお金の行方《ゆくえ》について考えたことがあるだろうか。お店で商品を買ったり、レストランで食事をしたり、電車やバスに乗ったりしたときのお金は、その行方まで心配することもない。その行方は誰にでも簡単に想像がつく。しかし、ボーナスを銀行に預けたり、宝くじを買ったり、株を買ったりしたときのお金は、いったいどこへ行くのであろうか。

「貯蓄から投資へ」という、国を挙げてのキャンペーンに踊らされて株を買った方も多いと思う。銀行の預金を引き出して、どこかの証券会社が勧める株を買った方々は、ご自分では「投資家」になったような気がしているかもしれないが、実は、「株を買っても投資家にはなれない」のだ。むしろ、銀行にお金を預けておいた方が投資家になれる。どうしてか。

本章では、世に蔓延する「投資家の実像（いや虚像か）」を紹介したい。その虚像をもとに、最近の会計基準（国際会計基準も）が作られてきた。そうだとすると、その基準に従って作成した財務諸表も虚像になりかねない。

2 Democracy is a joke！

ジョン・グリシャム（John Grisham）というアメリカの売れっ子作家が書いた本に、“*The Brethren*”という作品がある。brethrenは、辞書によれば「brotherの複数形の一つ」で、「同士」「同胞」「信仰仲間」「同業者」などをおごそかに呼びかけるときに使うという（『ジーニアス英和&和英辞典』電子辞書版）。本書の邦訳では、『裏稼業』（天馬龍行訳、アカデミー出版、二〇〇二年）と訳されている。原書の書名を尊重すれば『裏稼業仲間』ということであろうか。

私がこの本を手にしたのは、一七年ほど前、二度目の在外研究（一般的には「留学」という）でロンドンに滞在したときであった。在外研究といっても、日がな一日、研究しているわけではない。それは日本にいても同じであるし、在外研究の期間は「充電」のときでもある（ときには「漏電」「放電」と皮肉られることもあるが）。

私はもともと雑読で、特に小説が大好きである。グリシャムの作品は弁護士を主人公にしたものが多く、アメリカ社会の一面を活写していて読みごたえがある。日本にいたころはグリシャムの作品を邦訳で読んだが、アメリカ人の書く小説は、グリシャムにしろ、クライブ・カッスラーにしろ、シドニー・シェルダンにしろ、比較的読みやすい英語で書かれているので、海外に出たときは英語版で読むことが多い。何せ、本が安い（イギリス人の書く小説は、私の英語力では歯が立たない。いい例が、ジェフリー・アーチャーである）。

前置きが長くなって申し訳ないが、読者の方々から頂くメールに、「余談」「雑談」「放談！」「寄り道」の話が楽しいと書いてくださる方が少なくない。学者は、昔の「お殿様」と一緒で、世間に本当の姿など見せられないのであろう。なかなか普段の姿を書こうとしないようである。その点、私は、ずいぶん昔に学者を廃業！しているので、一人の大学教員の素顔と生活を、惜しげもなく！見ていただきたいと思っている。

実は、いま、浅田次郎さんの『一路』（中央公論新社、中公文庫）を読んでいる途中であるが、学者の皆さんは、「お殿様と同様、対面を重んじる、弱音などは吐けない、つらい職業」と感じるのであろうか。学者もお殿様も「ヨロイ」を捨て「裃《かみしも》」を脱げば、ずいぶんと気楽になるのではないかと思うのであるが。

本題に戻る（いえ、実はまだ本題に入るほど気合が入っていないので、前書きが続くことをお許しいただきたい）。海外にいると、日本語に飢える、日本語で書かれた本を読みたい、しかし、日本の本は手に入りにくいし、手に入るとしても値が高いし、原書から二年くらいは遅れる。ならば、時間もあることだし、原書で小説を読むのも悪くない。私が *The Brethren* を手にした理由である。

読み始めて目を引いたのは、二一頁の次の文言《もんごん》である。アメリカのＣＩＡ（中央情報局。つまり、アメリカのスパイの心臓部）の長官の言葉として、

「Democracy is a joke！」

とあった。

Democracy は、辞典的には「民衆（demo）の統治（cracy）」、「民主主義」「民主主義国家」「社会的・政治的平等」といった意味（『ジーニアス英和&和英辞典』同右）であるそうだが、アメリカの諜報《ちょうほう》機関の長にしてみれば、そんなことはあり得ない話であろうし、「民主主義なんてものは、ジョークに過ぎない。誰もそんなものを信じているわけないだろう！」「権力を握った者が民衆を支配する体制を democracy と言うのだ。」とでも言いたいのであろうか。昨今の日本における政治の動向を観察すれば、日本の政治家も腹の中では〝Democracy is a joke！〟と信じているのではないかと思う。

3 Capitalism is a nightmare！

グリシャムは、このショッキングな言葉に続けて、ＣＩＡの長官に、

“Capitalism is a nightmare！”

と言わせるのである。

「Capitalism なんか糞くらえ！」でもなく、「Capitalism は信用できない！」というのでもなく、「Capitalism は悪夢だ！」と言うのである。小説の中のいかなる状況からこうした言葉が出てきたのか、今は記憶にない。しかし、一〇数年後の今でも、しばしばこの言葉を思い出す。時価主義批判の原稿を書いていても、国際会計基準を批判する論文を書いていても、いつも頭の片隅にグリシャムの言葉がちらついていた。言葉にして書くことはなかったが、「時価主義は nightmare だ！」「国際会計基準なんて nightmare だ！」という思いがあった。

nightmare は、自分ではコントロールが難しい。時価会計もＩＦＲＳも、「夢を見ている」のは支持者であり推進派である。彼らにとっては、「Capitalism is a dream！」なのかもしれない。

何の夢か、お金の夢であろう。会計士の団体、証券取引所、証券会社、コンサル会社、監査法人、天下り先を確保したい官僚などはすさまじいエネルギーで「変化」を起こそうとしている。ことの是非とか当否に関係なく、「変えること」がお金になる人たちである。

悪夢を見せられ、うなされているのは、無辜《むこ》の経営者、投資者、消費者、つまり、お金を「盗まれる」人たちである。こちらに立つ人たちには、残念ながら、エネルギーが乏しい。受け身にならざるを得ない立場か、物言えぬ立場か、事情を知らされない人たちであるから、IFRSや時価会計の推進で大金を盗み取ろうという人たちの餌食《えじき》である。「それは言い過ぎであろう」とか「誤解だ」というのであれば、ぜひとも批判・反論していただきたい。私は、そうした議論ができることを期待して、少し過激なことを書いてきた。一〇年以上も続けてきたが、いまだに、表立って議論を挑んできた方はいないのが残念である。

4　会計と資本主義―鶏か卵か

「資本主義」という言葉が初めて登場したのは一八五〇年、フランスの政治家ルイ・ブランの著作『労働の組織』の中だと言われるが、そこでは「資本主義とは一部の人間だけが資本を手にしている状態」を指しているとされる（ジェーン・グリーソン・ホワイト『バランスシートで読みとく世界経済史―ヴェニスの商人はいかにして資本主義を発明したのか?』日経BP社、二〇一四年、一六〇頁)。当時すでに「資本の有用性」と「資本主義の利己主義性」という対立点が意識されていたのは驚きである。私は、この名著を日本語訳で読んだ。そのとき、著者の名前を、ジェーンがファースト・ネームで、グリーソンがミドルネーム(クリスチャン・ネーム)、ホワイトがファミリー・ネームだと思った。ところが、原著をよく見ると、ファミリー・ネームがGleeson-Whiteとなっているではないか。これまで『税経通信』誌などの原稿では、「ホワイト」と紹介してきたが、正しくは「グリーソン・ホワイト」であった。ここで、訂正しておきたい。

「資本」というものの存在を認識させたのは、どうやら、産業界というよりは「複式簿記」にあるらしい。グリーソン・ホワイトによれば、「資本(capital)」という言葉は、後期ラテン語の「capitale」に由来しており、さらにさかのぼると、「長」や「頭」、「財産」を意味する「caput」に行きつくという。一三世紀の終わりには企業が所有している生産的な資産(資本的資産)を示す用語として、帳簿上で使われていたという(グリーソン・ホワイト、同上、一六〇頁)。

このグリーソン・ホワイトの記述には、ちょっとした誤解が含まれていそうである。簿記の話なので、関心のない方は次の節に飛んでいただいて構わない。彼が会計学者ならすぐに気が付くことであろうが、彼はジャーナリストということなので、「借方の資本」と「貸方の資本」がうまく区別できていなかったのではなかろうか。ここでグリーソン・ホワイトが「生産的な資産（資本的資産）」と言っているのは、借方に記載される「固定資産」「長期的資産」、経済学などで「固定資本財」と呼ぶものであろう。簿記や会計では、バランスシートの借方を「総資本」と呼ぶこともあるので、「借方の資本（総資本や固定的資本財）」と「貸方の資本（総資本から負債を差し引いて計算されるもので、資本家の持ち分を金額表示したもの）」を同じものと理解したのであろう。

その点、ドイツの経済学者ゾンバルトは、簿記と資本主義の関係を正しく理解していたようである。彼によれば、資本主義の起源は、資本（利益を生み出すために使われる財産の額であり、生み出された利益を組み入れる勘定）というものを区分した複式簿記にある（グリーソン・ホワイト、一六三頁）による。

グリーソン・ホワイトは、「ゾンバルトの意見を総合すると」と断って、次のように言う。

「複式簿記が現代の科学的な資本主義を生み出したということになる。特に、利益を貨幣という数字で計算できるようになったという点で、複式簿記は、商業活動を利益獲得のプロセス、すなわち、終わりのない利益追求のしくみとしてとらえるための基礎をつくった。」（グリーソン・ホワイト、一六四頁）

複式簿記のおかげで商人は、それまで個人の肌感覚としてとらえていた（したがって、社会が共有する感覚ではなかった）「利益」なるものを計算・記録するシステムを手にし、利益を追求することができるようになった。経済の発展、資本主義の発達にとって、何よりも力があったのが複式簿記の発明であった。

それまでは、自分の事業が儲けているのか、いくら儲けているのかが判然としないまま、「勘」を頼りに商売を行ってきたのが、複式簿記によって利益が「見える化」されたのである。事業を営む者にとって、これは大きい。利益が「見える化」された結果、富を蓄積することができるようになり、余剰な資本を次の投資に充《あ》てることができるようになる。

しかし、複式簿記を生んだ一四―一五世紀のイタリア諸都市では当時、労働力が安かった上に商売に携わる人たちが裕福で、技術改良にカネを投資することはなかった。工業化（産業革命）という形で資本主義が広まったのはイングランドという欧州の田舎の、それまで羊が草を食《は》んでいただけの北西部の片田舎であったが、それは、当時、イギリス人の賃金が世界で一番高く、そのために人間の労働力を機械で代用することで初めて利潤があがったからだと言われる（ウルリケ・ヘルマン『資本の世界史―資本主義はなぜ危機に陥ってばかりいるのか』猪股和夫訳、太田出版、二〇一五年、一〇頁）。高い賃金を払う以上は、生産性を高める必要があったのである。

ヘルマンは、「グローバルな競争に勝ち抜くためには賃金を下げる（低賃金の国に移る）べきだ」という常識は誤解だとして、次のように言う。

「資本主義を駆動するのは低い賃金ではなく、高い賃金なのです。労働力が高いときこそ、生産性を上げ、それによって成長を生み出そうとする技術的イノベーションの出番なのです。」（四八頁）

日本に限らず、アメリカでも、低賃金を求めて海外に工場を移転した企業は数えきれないが、何のことはない、生産性を上げて成長を促す技術的イノベーションを放棄したということであろう。それが更なる国内の衰退をもたらしてしまっている。

ルイ・ブランの言うように、「資本主義とは一部の人間だけが資本を手にしている状態」だというのであれば、社会は「資本を手にしている人」と「資本を手にしていない人」に分かれる。工業化が進むにつれて、事業に必要な資金は「資本を手にしている人」（資本家と呼ばれる金持ち）のものだけでは足りず、資金を小口化し一般大衆からも集めるようになってきた。「株主」「投資家」の登場である。しばらく株主と投資家の話を書く。

私たちが、それこそナイーブに「投資家とは誰を言うのか」を考えると、生損保・信託銀行などや年金基金（運用しているのは生損保・信託銀行などの機関投資家である場合が多い）のような機関投資家、一般の事業会社（余裕資金の運用と政策投資のような持ち合い）、そしてナイーブな個人投資家であろう。しかし、多くの場合、こうした「投資家」が株に「投資」しても、本当の意味での「投資」にはならない。

5　株の売却益は会社のサイフに入るか

直接金融の世界では、資金を必要とする企業は自社の経営成績や財政（財務）状態を公開して、一般の資金所有者（投資家）から資金を提供してもらう。自分でいくら大声を出して「わが社は成長株です」とか「わが社は財務的に安全です」などと喧伝しても投資家はその言葉をにわかに信用することができない。そこで公認会計士や監査法人などの第三者がチェックして、企業の財務報告にお墨付きを与えるのである。東芝やカネボウ、オリンパスなどの「事件」を考えると、第三者たる監査法人が何をチェックしているのか、何のためのお墨付きだったのか、疑心暗鬼になるが、ここでは、とりあえず、教科書的な話と考えておいていただきたい（東芝の不正会計については、第2部で詳しく取り上げる）。

資金を必要とする企業と資金を提供する者（投資家と呼んでおく）とを仲立ちするのが、証券市場（取引所）である。以下、話を簡単にするために、株式について述べる。

企業が必要な資金を調達するために「新株を発行」するとしよう。発行価格は、一株一万円、総額で一〇〇億円とする。この場合、投資家が新株を購入したお金（一〇〇億円）は、その発行した会社に入る。つまり、投資の資金は産業界に流入する。投資家の資金一〇〇億円は、かくして事業に回される。これが、証券取引所の「資金調達市場としての機能」である。これまた教科書的な話を書いて申し訳ないが、次の話をするための枕詞《まくらことば》だと思ってほしい。

こうしていったん取引所を通して販売（流通）した株式は、多くの場合、その後、同じ市場で売買され、最初の所有者（購入者・投資家）の手から離れる。最初の購入者は、期待したような値上がり（株価の上昇。キャピタル・ゲイン）があったか、その逆であったか、インカム・ゲイン（配当）に満足したか（満足しなかったか）、何かの都合でお金が必要になったか、などの理由はあろうが、売却によって投資を回収する。

売却によって回収した資金が最初の投資額（一株一万円）を上回ることもあれば下回ることもある。しかし、所有株をいくらで売却しようとも、この株式を発行した会社のサイフには一円も入らない。仮に一株一万二千円で売却しても、差額の二千円が発行した会社のサイフに入るわけではないし、八千円でしか売れなかったとしても会社が差額の二千円を負担するわけでもない。発行してしまった後は、法律上、株主の損失を会社が補てんする義務はない（経営者には、株価を下げてしまったという負い目はあろうが)。

同じことは、市場に流通している株を買った人のお金についても言える。この株を最初に購入した人の資金(一株一万円)は、この会社のサイフに入り、事業に回されている。しかし、後にこの株を市場で購入した人が最初の株主に一株一万二千円を払っても、株式を発行した会社には一円も入らない(株を売却した最初の購入者には二千円のキャピタル・ゲインが手に入るが)。

証券市場には、このように「新株発行による資金調達機能」と「発行済み株式の流通機能」があるが、誰でも知っているように、証券市場・証券取引所といえばすでに公開(上場)されている株式・社債を売買するところであって、たまに新規に上場する会社が登場したとしても極めて例外的であり、前者の取引が九九%以上で、後者の取引は一%未満だという(ビル・トッテン『アングロサクソン資本主義の正体』東洋経済新報社、二〇一〇年、三七頁)。

つまり、証券取引所における取引は、その九九%以上が「新規の資金を生まない」「企業の資金を増やさない」「資金が事業に回らない」取引なのである。証券取引所がいくら活発になっても、株を売った人と買った人の間でお金(と株券)が移動するだけである。産業界にも企業にもお金が入るわけではない。小泉さんも安倍さんも、これが分かっていないのではなかろうか。

では残り一%の取引の資金は、「事業」に回っているのであろうか。一%の取引は、「新規に上場する会社が発行する株式の販売」と「既上場の会社が新株を発行」する取引である。ＩＰＯ （initial public offering：新規公開株）の場合、公開前の株主が所有する株を上場するのであれば、上場する会社にはお金は一円も入らない。元から株を持っている株主のサイフに全額入るだけである。

最近話題のケースで言うと、日本郵政・ゆうちょ銀行・かんぽ生命の親子同時上場がある（子会社を上場するというのも世界の資本市場では異常であるが、その子会社の株を買う投資家がいるというのも不思議である）。日本郵政は政府が全額出資しており、ゆうちょ銀行とかんぽ生命は日本郵政の完全子会社である。では、この三社の株式を購入すれば、「投資家」になれるのであろうか。政府は、保有する日本郵政株の売却収入のうち四兆円を東日本大震災の復興財源に充てる予定であるという。つまり、三社の株式を売却した収入は株主である国のサイフに入り、国の施策に使われ、一般の事業には回らないのだ。そうなると、証券取引所の「資金調達機能」が働くのは、会社が資金調達のために「新株発行」する場合だけということになる。

6　「投資家」は何を買ったのか？

株を買っても、その株（株券）は紙切れに過ぎない。いや、現在では株券は電子化されているので紙切れにもならないし、株を売買しても証券保管振替機構（ほふり）が管理している。つまり、金庫の奥にしまい込まれているのである。株の所有者が変わっても、「ほふり」という金庫の中で名義が変更されるだけで、株は何も生まない、世の中で何も仕事をしないのだ。

株を売ったり買ったりするのは、「（事業への）投資」とはまるで違う行為で、株価という「数字」を売り買いしているにすぎず、社会をトータルで見ると、富を生むことも職を創ることも、ない。賭場《とば》のルーレットと何も変わらない。

「事業へ資金を回す」ということが「投資」だとすれば、株を買うよりは、銀行にお金を預けた方がいい。これまで、「貯蓄は悪、投資は善」のように吹聴されてきたが、実は、逆なのだ。私たちが株を買って投資した気になっていても、そのお金は事業には回らない。しかし、そのお金を銀行や保険会社などの金融機関に預ければ、銀行や保険会社は、預金の一部を企業への貸し付けという形で事業に回してくれる。これであなたは「投資家」になれるのだ。間接的ではあるが（どんな銀行や保険会社を選んだらよいかについては、第7章で詳しく述べる）。

7 「金《きん》」は何も仕事をしない

株の話に納得できないという方には、次の神谷《みたに》秀樹氏の話を紹介しよう。これなら否応なく認めるのではなかろうか。神谷英樹氏は、「金（gold）」を買って所有することは「投資」ではないとして、次のように言う。

「ブレトンウッズ体制構築時、1トロイオンスの金は三五ドルと交換可能だった。その後金は値上がりし、現在一三〇〇ドルだ。しかし、この値上がりの間も、金庫の奥にしまわれた一つの金塊は、一切の果実を生んでいない。まったく同じ重さと体積の金塊にすぎなかった。例え儲けた人がいても、それは単に『投機』にすぎない。」

「砂漠に植えられた木は、栄養価の高い果実を人々の食料として毎年供給し、職を創り、給料を支払い、利益は投資家に配当される。だが、金は何も生まない。単に価格が上下するだけだ。しかも現物は金庫の奥にあり、帳簿上の所有者の名前が転々と移り変わるだけで、『世の中で何も仕事しない』』。人類にとって、いったいどちらにお金を使う方が賢明なのだろうか。」(神谷秀樹「似て非なる『投資』と『投機』 多くの中央銀行は両者を混同」『金融財政ビジネス』時事通信社、二〇一四年七月二四日)

「金」を買っても、どこかの金庫の奥にしまい込まれるだけで何も生まないし、所有者が変わっても帳簿上の名義が変わるだけで「世の中で何も仕事をしない」。それなら株も同じではないか。

8　国を挙げてのマージャン大会

「金は買ったことがない」という方も多いと思う。それなら、若いころ、マージャンを楽しんだことがある方も多いであろう。私も学生時代は、気の合った四人で卓を囲んで「千点棒一本一〇円」などといった小銭を賭けて、朝まで「てつまん（徹夜でマージャン）」したことも珍しくなかった（あくまでも娯楽の域を出ない範囲の賭けであったことをお断りしておく）。

そのマージャンであるが、何夜「てつまん」を繰り返しても、何ら新しい価値を生まない。誰かが多少勝っても、それと同じだけ誰かが負けて（損して）いるのだ。マージャンは、いわゆる「ゼロサムゲーム」なのだ。

そのことは、株式市場も同じではなかろうか。株を売買して儲けた人がいても、もう一方で同じだけ損した人がいるはずである。世の中に新しい価値は一円も生まない。株式市場は、いわば、国を挙げてのマージャン大会かもしれない（そう考えると、楽しそうだ。老後を心配しないで済むなら、私も卓を囲みたいところである。残念無念！）。

トマ・ピケティ氏（パリ経済学校教授）は、現在の金融界が機能不全に陥っているとして、次のように言う。

「金融の機能は貯蓄を最も収益性の高い生産的なビジネスに向けること。教科書にはそう書いてあるが、現実は違う。金融規制の緩和を進めた結果、金融部門の投資と実体経済に直接の結びつきがなくなってしまった。」（日本経済新聞、二〇一五年二月一八日「資本主義を生かすために」（談））

金融の世界が本来の機能を果たしていないというが、右に見たように、資本市場はもっと機能不全に陥っているのではないだろうか。

9　会計基準の前提が崩れる！

これまで、会計基準と言えば、どこの国でも、証券市場の二つの機能を満たすように設定されてきた。そこでは、企業が新株発行するときの株式に投資する（この資金は企業のサイフに入る：資金調達機能）人たちと、発行済みの株式を売買する（企業の人気投票みたいなもので、いくら高値で売買されようとも、その企業には新たな資金は入らない）人たちを区別せず、株式を通した企業投資が想定され、その投資の意思決定に必要と考えられる会計情報（つまり、中長期の経営による収益力、成長性、財務安全性などを判断するための情報）を伝達するための会計基準が設定されてきた。

ところが、最近の会計基準は、ほぼ例外なく、企業をコモディティーのように見て、売買の対象とすることを想定して設定されている。その最たるものは、時価会計の基準であり、減損会計の基準、退職給付の基準、資産除去債務の基準である。どれもこれも、企業を買収して、資産負債をバラバラに切り売りするときの儲けを計算・表示するものだ。中長期の経営や事業の継続を前提とした会計基準は時代遅れ・国際化に合わないとして退けられ、短期に投資を回収する企業売買のための情報を作る基準がとってかわってきた。

神谷氏は言う。

「このような解体業が合併・買収（M&A）も『投資』と呼ばれ、『先が見極めにくい先行投資』に比べ回収が確実なので、多くの銀行は喜んで貸す。新しいものを創造することに比べ、解体業の方がはるかにお金は集めやすいのである。」（神谷秀樹、同右）。

投資家を自任する方に考えていただきたい。「自分のお金がどこへ行くのか」「自分のお金が事業で活用されているのかどうか」。株主総会で経営陣に物申すのはいいが、あなたのお金が会社のサイフに入っているとは限らないのだ。

また、企業を経営する皆さん、皆さんの会社の「株主」様の多くは、「あなたの会社の事業へ投資した人」ではなくて、「あなたの会社の株価という数字に賭けた投機家」に過ぎないことを知ってほしい。何も、会社の事業内容や経営方針に共感して株主になったとは限らないし、株主総会の日には株を手放しているかもしれないのだ。そんな株主様を喜ばせようとして「ＲＯＥ経営」に走るというのは、まっとうな経営者のすることではないのではなかろうか。

第4章　二一世紀の経営と会計の原点

――「愚者の自覚を」

Episode 12 「株主価値」

Episode 13 ROEの呪縛

Episode 14 内部統制

Episode 15 「背信の階段」

Episode 16 社外取締役

Episode 17 利益の色

Episode 18 「会計が地球を救う」

Episode 1 「いいとこどり」

日本経済新聞の「歌壇」に、こんな歌が載った（二〇一五年九月一三日）。

「タップリと重油を焚《た》いて運ばれし水をわれらは百円で買う」（東京　野上　卓氏）

その一〇〇円には、輸送コストという名の原価とともに、大型トラックの排気による空気汚染、渋滞による時間のロスといったコストも含まれているのであろうか。輸送コストは、かければかけるだけGDPに貢献する。しかし、空気汚染や渋滞による時間のロスは、会社の損益計算書には出てこない。今の損益計算書は「いいとこどり」をしているのだろうか。

Episode 2 二〇〇ドルのビッグマック

ある試算によれば、ビッグマックの本当の値段は一個二〇〇ドルになるという（一ドル一〇〇円としたら、二万円！）。一個二〇〇ドルもするなら誰もビッグマックを食べないだろうが、からくりがあって、一個二ドルで販売されている（日本では、原稿執筆時、通常価格が三六〇円、キャンペーンのときは二〇〇円というから、ほぼ二ドルか三ドル）。

『バランスシートで読みとく世界経済史』を書いたジェーン・グリーソン・ホワイトは言う。

「（二〇〇ドルのビッグマックが）その一〇〇分の一の値段で売られている理由は、ドライブスルーの二酸化炭素排出のコスト、水や土壌の汚染など環境への影響、糖尿病や心臓病といった健康への多大な影響が考慮されていないからだ。これまでの会計手法では、これらは費用として認識されてこなかった。しかし、誰かが負担しなければならない。マクドナルドが払わないのであれば誰が払うのか。私たちだ。環境破壊、気候変動、健康関連費用の増加など、社会全体で負担しているのである。」

「最近の試算によれば、破壊された地球の生態系の損害額は四七兆ドル（四、七〇〇兆円！）にものぼるという。この損害から生まれる利益は、企業の生産品―コンピュータ、Tシャツ、トイレットペーパーなど―を購入する私たちが享受する一方で、コストは均一には分散されず、主に製品を購入する余裕のない国が負担している（ボリビアの砂漠化、パキスタンの泥流、アマゾンの森林破壊など）。」（日経BP社、二〇一四年、二一七頁）

グリーソン・ホワイトが言うように、「消費者がレジで払う価格にすべてのコストが含まれているわけではない。」（二一八頁）「たとえ合法的な事業を営んでいたとしても、世界を評価する現在の方法では、企業は知らず知らずのうちに各方面に損害を与えている。利益をあげるために、企業はコストをできるだけ下げようとするが、実際のコストは企業が公表するコストよりずっと高い。」（二一六頁）

Episode 3 「個人の経済」と「社会の経済」

鎌倉に滑川《なめりがわ》という細流がある。鎌倉幕府があった雪の下から市中を通り、由比《ゆい》ガ浜に流れ落ちる。鎌倉幕府の高官であった青砥藤綱《あおとふじつな》の故事で知られる。その話を司馬遼太郎氏の『街道をゆく四二　三浦半島記』から紹介する。

「藤綱は、名吏《めいり》として知られた。財政家もしくは訴訟の公正な裁き手としてである。『太平記』の巻三五「北野通夜物語事」に、「青砥左衛門《さえもん》、夜に入《いり》て出仕しけるに」

とある。夜中ながら、役所へゆく用があって、その谷《やと》の屋敷を出たのであろう。滑川に橋がかかっていて、おそらく土橋だったはずである。いまもそのあたりに橋があって、青砥橋という。藤綱は、橋上で燧袋《ひうち》をゆるめたところ、そのなかにいれてあった銭十文を川におとした。たかが十文である。ところが藤綱は、

「以外《もってのほか》に周章《あわ》て」

と、『太平記』は描写する。そのあたりの町屋《まちや》に人を走らせ、銭五十文をもって松明《たいまつ》を十把《ぱ》買わせ、川を照らして十文をさがし獲たという。

この話をきき、役所のひとびとが笑った。つまりは青砥さん、四十文の損じゃありませんか。

水戸徳川家編纂《へんさん》の『大日本史』では、藤綱は、

「あなたたちには、経世のことがわからない」

と、いったという。四十文の損は個人の経済である。川に銭十文を失うのは永久に天下の貨をうしなうことになる。さらにいえば銭五十文を松明の代として散じたのは、そのぶんだけ世を賑わすことになる、といった。」（『街道をゆく四二　三浦半島記』、朝日文庫、一九九八年、一二五―一二六頁）

ここで考えたい。「個人の経済」と「社会の経済」は、このエピソードにあるように、違うのであろうか。「個人の利益」にはならなくても「社会の利益」になることやその逆のこともある

とすれば、「利益」はどのように計算したらよいのか。もっと言うと、「個人の利益」を集計しても「社会の利益」と一致しないとすれば、今の会計が計算する利益はいかなる内容のものなのであろうか。

Episode 4 「愚者の自覚を」

京セラ名誉会長・稲盛和夫氏は、「今後の企業経営はどうあるべきでしょう」という問いに答えて、「これまで資本主義は欲望をエンジンとして発展してきたが、それが行き過ぎるとリーマン・ショックのように欲の塊が経済破綻につながるということにもなる。自分を横に置いて、他人に尽くすという『利他の心』で生きていく転換がいまこそ必要だと思う。」と答えている。（日本経済新聞、「インタビュー　戦後七〇年　これからの世界3」二〇一五年八月九日号）

稲盛さんだから語る言葉に力がある。しかし、経営者でなくても、官僚でも学者でも、多くの社会人でも、持つべき心意気は同じであろう。私としても言いたいこと、やりたいことは山ほどある。しかし、少し考えてみると、言いたいことややりたいと考えることの中身のほとんどは、悲しいことに、「利他であろう」という慢心に過ぎないことに気が付く。「自分を横に置く」ことができないのである。「誰かのためになるように」と考えること自体、「利他」ではなく、「利己」から出たものであることに気が付き、自分がいかに小人《しょうにん》であることか、納得させられる。

こう書いていて、浄土宗という教団が二一世紀を迎えるにあたって出した宣言「愚者の自覚を」が頭をよぎる。この宣言は、「愚者の自覚を　家庭にみ仏の光を　社会に慈しみを　世界に共生を」とあり、第一句が自利（私利）を、残りの三句が「利他」を促しているという。私の携帯には、一〇年近く前に京都の知恩院で写した「愚者の自覚を」という掲示の写真が保存されている。気に入った言葉でありときどき見るようにしているが、まさしく愚者には煩悩のひとつを消すこともままならない。

Episode　5　額に汗せず

読者の皆さんにお聞きしたい。ご自分のお子様（あるいはお孫さん）が、成人して社会にデビューするとき、「働かないで金を稼ぐ道」を勧めるであろうか、それとも、「汗水流して、労働の成果としての生活の糧《かて》を手にする仕事」を勧めるであろうか。

先ごろから、証券会社が子供向けに「投資」の授業などをやっている。これなどは、「働かないで稼ぐ方法」を教えるものではなかろうか。これまで書いてきたように株式売買の実態は、「投資」ではなく「投機」なのだ。こうした「投機教育」を受けた子供たちは大人になったとき、仕事で汗を流すことを嫌い、働かずに金を手にすることばかり熱心になるのではなかろうか。「百害あって一利なし」とは、このことを言うように思う。

さて、読者諸賢は、ジュニアＮＩＳＡをどのようにお考えであろうか。

Episode 6 大原学園の「子ども簿記教室」

簿記・会計教育の大原学園が、小中学校の生徒を対象とした「子供簿記教室」を開いている。私も大原学園にお願いして、わが地元の横須賀で教室を開いていただいたことがある。そのとき私は小学生のクラスを参観させていただいたが、そこでは、いくばくかのお金を元手に、パン屋さんを営業するというストーリーであった。

いくらの小麦粉を何キロ仕入れ、どの等級のバターを使い、何個のパンを焼いたらいいのか。それをいくらで買ってもらうのか、いくらで何個売れば小麦粉やバターを買ったときのお金を取り戻せるのか。子どもたちは、何を仕入れたらいいのか、使う材料の値段と品質、売価はどう設定したらいいのか、夕方になっても売れ残りが出そうなときはどうするか、重要なことは、そうしたときのお金の出し入れをきちんと記録することである。ノートの端に自分流で書くメモではなく、簿記の技術を使えば、他の人が見ても「何があったか」「何をやろうとしていたか」「結果はどうなったか」が分かるような記録になることを学ぶのである。

子供たちを対象にやるべきとすれば、こうした「他の人に役立つ事業を行う」「汗水流して糧を得る」ということを学ぶ教育であろう。決して、「金《きん》を買って、値上がりするのを寝て待つ」とか「株価という数字に賭ける」といったことではないはずである。

Episode 7 「会計の誕生」と「会計からの解放」

「会計の基本は、五〇〇年以上前にパチョーリが『スムマ』を執筆して以来、さほど変わっていない。『スムマ』には何か新しいことが書かれているわけではないが、それまで存在しなかった「秩序正しく計算し記録する」ための体系的な指針が明確に説明されている。」（ジェイコブ・ソール（村井章子訳）『帳簿の世界史』文藝春秋、二〇一五年、九八頁）

「……会計士が行うような利益計算から解放されれば、私たちの文明は変化し始める。」（ジョン・メイナード・ケインズの言葉として、グリーソン・ホワイトが紹介）

「価値を測る従来の方法は、すでに時代遅れになっている。」（アル・ゴアの言葉としてグリー

ソン・ホワイトが紹介）

Episode 8 天秤《てんびん》にかける「人命」と「コスト」

「複式簿記は、企業や国家などによるさまざまな事業活動を測定するためのグローバルな指標として定着したが、それはときとして人命を軽視するような決断を生み出す根拠となった。一九七七年、フォード・モーターはピントという車に安全装置をつけるかどうかを検討し、安全装置のコストと失われる人命のコストを比較した。失われる人命のコストとは、安全装置をつけていない車で事故にあって亡くなるかもしれない男性、女性、子どもの命をドルで評価したものである。内部資料では次のように見積もられていた。『一一ドルの安全装置をつけないピントを販売した場合、年間二、一〇〇件の事故が発生し、一八〇人が負傷、一八〇人が死亡するだろう』。その上で次のような分析が行われた。

安全装置をつける費用が効果を上回ることは明らかだった。こうしてフォードは、単純な二つの数式の比較をもとに、安全装置をつけないという判断をくだした。これが会計による費用対効果分析の典型的な例である。」（グリーソン・ホワイト、同右、二四六頁）

ここでフォードが費用対効果分析に使った二つの数式とは、グリーソン・ホワイトによれば、次の通りである。

「安全装置をつけることで節約できる金額
（一八〇人の死亡者×二〇万ドル）＋（一八〇人の負傷者×六万七千ドル）＋（二、一〇〇台の車両×七〇〇ドル）＝四、九五〇万ドル

安全装置をつけるために要する金額
（一、一〇〇万台の乗用車×一一ドル）＋（一五〇万台のトラック×一一ドル）
＝一億三、七五〇万ドル」

Episode 9 何を測るか、測らざるか

「会計とは、好むと好まざるとにかかわらず、私たちがこの地球上の貴重な資源をどのように使っているかを測る方法であり、二一世紀の社会が機能し、発展するために欠かせないものだ。資源をどのように測るか—あるいは測らないか—によって、地球のとらえ方が変わり、ひいては私たちの行動に影響が及ぶことになる。ジョゼフ・スティグリッツは言う。『何を測定するかで、

私たちが何をするかが決まる。よりよく測定すれば、より良い決断が下せるようになるだろう。少なくとも異なる結論が得られるはずだ。』」（グリーソン・ホワイト、二四七頁）

Episode 10「権力」と「財布」

「『権力とは財布を握っていることだ』。アメリカ建国の父たちの一人、ハミルトンはこう喝破《かっぱ》した。複式簿記を郵政会計に導入したフランクリン、奴隷も個人帳簿に（資産として）計上したジェファーソン。彼らはみな会計の力を信じた。」（ソール、同上、二四五頁）

書店では、ジェイコブ・ソールの『帳簿の世界史』が平積みにされ、評判である。その半年前に出版されたジェーン・グリーソン・ホワイトの『バランスシートで読みとく世界経済史』は、かなり影が薄い。だが、私の読む限り、両書は甲乙つけがたい。いや、私自身では、『バランスシートで読みとく』に強い共感を覚えている。

たしかに、『帳簿の世界史』の「帯」の文句「権力とは財布を握っていることである」という一文は衝撃的で、このキャッチ・フレーズが「権力」にも「財布」にも縁のない、いや、「権力」と「財布」に苛《いじ》め抜かれている人たちの「共感」を呼んでいるのではなかろうか。

Episode 11　ビジネススクールの反面教育

私が尊敬する実業家の一人、原丈人《じょうじ》氏の言葉を紹介する。原氏自身、スタンフォード大学の経営大学院と工学部大学院を修了して、二九歳で創業、三三歳でベンチャー・キャピタルの「デフタ・パートナーズ」を設立し、シリコンバレーを代表するベンチャー・キャピタリストの一人になったというのだから、出身のビジネススクールを語る資格は十分にある。

「一九八〇年代に入り、ビジネススクール出身の参謀クラスの人たちが社長になりはじめると、企業の目的自体が数字になってしまったのです。この時代、さらにビジネススクールが得意とするM&Aの手法が加わります。企業の売買は活発になってきたものの、やがて経済全体にマネーゲームの様相が広がっていきました。」（原丈人『増補二一世紀の国富論』平凡社、二〇一三年、七一頁）

「ビジネススクールの失敗は、あらゆるものをすべて数字に置き換えたことにあります。人の動機づけ、幸せといった本来は定性的なものまで、何もかも定量的な数字で分析しようとしたた

めに、手段と目的が反対になる現象が起きるのです。」(原、同右、七一―七二頁)

そうか、手段と目的をはき違えるのは、これが原因だったのか。

「これからビジネススクールに入る人は、ここで教えられることに染まるのではなく、いかにくだらないかを知るくらいのつもりで入ったほうがいいかもしれません。」(原、同右、七二頁)

私も長年にわたってビジネススクール(イギリスの国立ウェールズ大学MBAコース東京校など)で会計学を担当してきたが、学生諸君からは一部の科目について「内容が詐欺的だ」とか「あんな手で金儲けはしたくない」といった声が聞こえている。日本の学生は「健康な心」を持っているようだ。

Episode 12 「株主価値」

続けて原氏の言葉を紹介する。

「アメリカには、大株主となったヘッジファンドが会社を清算してしまう、というもっと荒っぽいやり方もあります。配当として資産を分配しようとすると（所得税と）法人税との二重課税になるため、それを避けるべく、会社の持つすべての資産を売り払い、解散した上で残りの資産を株主で分配するという考え方です。……それが株主にとっての利益になるのであれば、何万人の従業員が解雇されようと『株主価値』が最大の時点で会社を解散するのがベストであると理解するのが、現在の資本主義であるといえるでしょう。」（原、同右、九三—九四頁）

ごく最近でも、わが親友が社長を務める会社の法人株主たちが、株主利益を最優先して（つまりは、これまでのお客様も、取引先も、従業員も、すべて放り投げて）、自分の財布を膨らませることだけしか考えずに、会社を解散・清算しようとした。こうした株主たちは、会社が「社会の公器」であることを忘れたのである。「会社は自分のもの」という狭隘《きょうあい》な考えと私利私欲で、企業を起こした社会的な責任などは考えにも及ばず、自分にとって不都合なことがあれば、自分の利益が最大の時点で会社を解散・清算しようとする。

会社がなくなった後のことをちょっとでも考えたことがあるのであろうか。これまでのお客様への商品やサービスの提供をやめたらお客様はどうなるのか、これまでいろいろ無理をいいながら安価に原材料を提供してもらってきた取引先にどれだけの迷惑をかけるのであろうか。社内に目を向ければ、入社したばかりの新入社員もいれば、結婚ほやほやの社員もいる。最近になって、自宅やマンションを買った社員もいる。どの社員も、自分の会社が存続することを当然のこととして入社し、結婚し、自宅を購入したはずである。

会社の経営者は、そうした社員の期待に応えなければならないのだ。この声が、株主に理解できないわけはない。株主といえ、個人であれば、家庭があり、親族がいる。「愛する人」もいるであろうし、「守るべき人」がいる。いや、機関投資家といえ、しょせんは個人の集団である。愛する人が路頭に迷うことと自分の財布の厚みを天秤《てんびん》にかけるであろうか。

「株主」には、企業をもつことの、事業を行うことの社会的責任（例えば、雇用、取引先、顧客、事業の継続……）というものはないのであろうか。経営者なら第一に考えるべき「事業の存続」と「雇用の確保」が、「株主」の場合は、「自分の財布」だけというのでは寂しい。

Episode 13　ROE《アール・オー・イー》の呪縛

「ROEという呪縛にかかると、新しいものを生むことはできなくなってしまいます。」

「ROE経営は『すでにあるもの』の効率化を図ることはできても、『今はないが、将来つくるもの』の価値を最大化することはできません。反対に、そういうものを積極的に切り捨てたほうが、ＲＯＥは上がる。」（原、同右、七四―七五頁）

Episode 14　内部統制

原氏の言葉が続く。

「アメリカ型のコンプライアンスを導入すべくつくられた『日本版ＳＯＸ法《ソックス》』は廃止すべきです。……高いコストを払って内部統制の仕組みを整備しても、企業の新しい事業への投資意欲を削《そ》ぐ結果になるだけです。……どんなに厳しい内部統制の制度をつくっても、逆にほとんどそんなものはなくても、社内で起きる犯罪発生率は同じです。大部分の社員は、コンプライアンスに対して辟易《へきえき》しており、信じるより疑うことで、社員の一体感を損ねます。悪いことをする輩《やから》は、どんなにきびしくしても、一定数いるのです。」（原、同右、三一三頁）

日本版内部統制は、すこぶる評判が悪い。経営者の間でも、働く人たちの間でも。評判がいいのは、これで稼いでいる監査法人、コンサル会社くらいか。

もともと日本企業には、「ソフトな内部統制」がビルトインされている。定期的な配置転換、転勤、人事異動、大部屋勤務、集団作業、協働、ベルトコンベアー作業、仕事の上での助け合い、職場の懇親会などなど。最近では、フリーアドレス（個人個人のデスクを置かず、出勤したら空いている席で仕事をするスタイル）や、クリアデスク（退社するときにはデスクの上のものを片付けて何も置かないようにする）が広まってきたこともあって、お互いの仕事が丸見えで、英米流のハードな相互牽制や上からの統制はむしろ仕事の障害になることが多い。

Episode 15 「背信の階段」

最近の話題の主である二人の発言・記事を紹介する。大学改革に関する急進的提言で話題の主となった冨山和彦氏（経営共創基盤ＣＥＯ）は、東芝の「事件」を評して次のように言う。

「東芝の問題は『ガバナンス粉飾』。ガバナンスは権力メカニズムが健全に作用するための担保。」（冨山和彦、朝日新聞、「どう考える？東芝問題①」、二〇一五年九月一八日号）

読売巨人軍の専務取締役球団代表を解任！された、清武英利氏（元読売新聞社会部記者）は、

「働きやすい会社こそ、潰れやすい」として、次のように言う（以下の記事は、『プレジデント』二〇一五年一〇月五日号による）。

「優しいということは、つまり自分にも他人にも甘いということなんです。そういえば、不適切会計が明るみになった東芝も〝働きやすい会社〟の代表のように言われていましたよね。」

「上司が不正を行ったとき、衝突を恐れ、出世コースからはじかれることを恐れれば、部下はかならず〝見て見ぬふり〟をします。私たちは〝背信の階段〟と呼んでいますが、そうやって企業内には不正に目をつぶる人たちの長い階段がつながっていくのです。かつての山一證券がそうだったし、きっと東芝も同じだったのでしょう。」

清武氏は、さらに、ソニーは、東芝とは「別の病気」に罹《かか》っていたと診断する。

「出井伸之社長の時代から、ソニーでは〝プロ経営者〟とでも呼ぶべき社外取締役が圧倒的に増えたのです。ものづくりの会社の経営陣がものづくりを経験したことがない、というのがそもそもの間違いですが、アラートシステムの機能を考えれば、社外取締役が圧倒的多数なのも大間ら社外の人間にさせようとしても無理でしょう。」

違い。その必要性はわかりますが、社内の人間でさえチェックしきれないようなことを、もっぱ

Episode 16　社外取締役

丹羽宇一郎さんといえば、伊藤忠商事の社長・会長として、また、中華人民共和国への特命全権大使として活躍された方である。氏が『中国の大問題』（ＰＨＰ新書、二〇一四年）を出版された後、私が顧問として勤めている辻・本郷税理士法人が主催する「辻・本郷クラブ」（現在は、「本郷クラブ」という）で講演していただき、私も末席でお話をお聞きした。

丹羽氏は、歯に衣《きぬ》着せぬことで有名である。新聞・雑誌などで「日本経済界の救世主」のごとく言われている社外取締役についても、一刀両断、次のとおりである。

「コーポレートガバナンスのためには、社外取締役が不可欠であるかのように随分ともてはやされましたが、果たして本当にそうでしょうか。……社外取締役だから立派で、社内の取締役がアホなのか。社外取締役なら、社長や会社の人間に騙《だま》されることはないけれど、社内の取締役なら騙されるのか。おかしな話です。……ただ一つ、社外取締役を置いたほうがいい点があります。

それは緊張感です。」（丹羽宇一郎『汗出せ、知恵出せ、もっと働け！』文藝春秋、二〇〇七年、七五―七八頁）

私も最近になって、ある会社の社外取締役を拝命したが、すでにこの会社とは四年ほどの間、敵対的買収に対する「独立委員会」の委員や委員長を務めたこともあって、各地の工場も視察したり経営陣との情報交換も頻繁に行って、ある程度まではこの会社のことを「知っていた」つもりであった。

二〇一五年六月の株主総会で社外取締役に選任され、その日から、取締役会や特別経営会議などに出席することになったが、気が付いたことは、私はこの会社について「何も知らない！」ということであった。会社の製品や競争企業のこと、業界とそれを取り巻く状況などについては、多少の知識があった。しかし、この会社の子会社が、どこのアジア地区に工場を展開しているのか、その工場への投資はいつ、いくら行われ、これまでどれだけ回収されているのか、残りの投資額は後何年で回収できるのか、……こうした話は、今まで聞いたことがなかった。「社外」取締役というのは、ただ「会社に利害関係が薄い」というだけではなく、「社内の事情を知らない」ということでもあるのだ。私は、まさにその一人である。丹羽氏の言にあるように、経営陣に「緊張感」を与えることが私の存在意義だとしてとりあえず納得している。

Episode 17 利益の色

丹羽氏は、「お金の色」についても、こんな話を紹介している。

「最近、イギリスでこんな話がありました。ＩＴで大儲けして、大変な高給取りになったある会社の社員数人が、レストランで二〇〇万円の食事をしました。自腹であったにもかかわらず、どこからか話がもれて、相当の批判が出てきました。彼らのうち一人が、自慢したかったのでしょうか、誰かに話したのかもしれません。

彼らは言いました。『自分たちが儲けた金だ。それを使って何が悪い。』

イギリスの新聞では猛烈な批判の嵐となりました。結局、この社員たちは解雇され、理由はわかりませんがレストランも閉鎖されました。これは実話です。

この話を聞く限り、イギリスの社会は健全だ、と私は思いました。果たして日本はどうなるでしょう。わかりません。

このエピソードに対する結論は、皆、自分で考えてほしい。これに類する話はたくさんあります。自分で稼いだ金は、いったい誰のお金か？ということです。」（丹羽、同右、二〇三―二〇四

頁)

前に私は「利益には色がある」という話を書いた(第2章)。右のエピソードに出てくる社員たちが稼いだ利益(あるいは給料)が何色であるかは分からない。しかし、このエピソードが暗示するのは、いくら自分が稼いだお金だといっても、遣《つか》い方に品がないと、「人格」が疑われることになりかねないということである。自分が勤めていた会社が「阿漕《あこぎ》な仕事で稼いだお金」「理不尽な稼ぎで手にしたお金」だとすれば、言葉は悪いが、「脱税で残したお金」と似て、おおっぴらには使えないし自慢にもできないのではなかろうか。

一部のＩＴ企業のように、汗も流さず、冷暖房の効いたオフィスで、スタバのコーヒーでも飲みながらコンピューターのキーボードをちょっと叩くだけで、普通のサラリーマンの何十年分のサラリーを稼ぎ出す、そんな「阿漕な」稼ぎ方に対する「九九%の側にいる人々」の反感と嫌悪感は並のものではないであろう。

Episode 18 「会計が地球を救う」

グリーソン・ホワイトが、終章の末尾で言う。長い引用になるが、私が強く共感を覚えた一文である。ぜひ、じっくりと読んでいただきたい。

「会計とは、好むと好まざるとにかかわらず、私たちがこの地球上の貴重な資源をどのように使っているかを測る方法であり、二一世紀の社会が機能し、発展するために欠かせないものだ。資源をどのように測るか―あるいは測らないか―によって、地球のとらえ方が変わり、ひいては私たちの行動に影響が及ぶことになる。」

「豊かさが富なしで語れなくなり、企業や政府、金融機関の欠陥がグローバルな規模で明らかになったいま、私たちは会計の規則に恣意性《しい》があるということをはっきりと認識する必要がある。地球の限りある資源と、私たちの消費文明を共存させたければ、海、大気、森林、川、荒野に貨幣価値をつけ、地球の価値を市場が認識できる形で明示しなければならない。……今世紀中に、なんとしてでも地球を会計で表現する方法を見つけださなければならない。地球との取引を会計によって把握できるようにしなければ、未来の人類からこの地球を奪うことになるだろう。」(グリーソン・ホワイト、同右、二四七―二四八頁)

「なぜ、会計なのか?」、「なぜ、政治ではないのか?」、「なぜ、経済学ではないのか?」、疑問に思う方もいよう。答えは、グリーソン・ホワイトの「会計とは、私たちがこの地球上の貴重な資源をどのように使っているかを測る方法」という文言にありそうである。「地球の限りある資源」と「消費文化」を共存させるには、資源の総量とその消費の量を測りバランスをとらなければならない。まさに、資源の総量はバランス・シートであり、消費の量を測るには損益計算書の知恵を借りなければならない。

会計を生業《なりわい》としてきた私にとって、これ以上にきびしい注文はない。会計学を学び教えて、五〇年余になるが、正直に言って、「時価会計の壁」とか「国際会計基準ののろい」などは大した問題ではないのかもしれない。確かに、時価会計も国際会計基準も世界中の企業決算や経済界を混乱させてきたが、ここで提起された問題に比べれば「井の中の蛙《かわず》」が飛び跳ねたくらいのものであろう。

グリーソン・ホワイトは、「会計は地球を救えるか」と問うのである。問われた会計サイドの者は、この問いに真剣に立ち向かわなければならない。経済学者や経営学者をあてにしてはいけないのだ。

第5章 「牛」はいつから「食料品」になるのか

——「稼ぐ」とは、どういうことなのか

1 愚者の自覚
2 「牛」はいつから「食料品」になるのか
3 「不適切会計」と呼ぶのは「不適切」
4 IFRSの命綱——発生主義
5 発生主義会計は「裁量会計」
6 「どびん」の会計と「ガラス細工」の会計
7 複式簿記による「利益の誕生」
8 利益の「見える化」

1 愚者の自覚

前章は、私としては珍しく、引用だらけ、引用主体の原稿になった（「書いた」とは言いにくい）。私は、原稿や本を書くとき、できるだけ引用を避けている。なぜなら、私自身が他の方が書いた本を読むとき、引用があると、失礼ながら「引用を飛ばして読む」、つまり、「引用を読まない」ことが多いからである。

なぜ、引用を飛ばして読むのか。誰かの書いたものを引用するという場合、著者・筆者が気にいって引用している場合もあれば、自分で言うことに自信がなくて大先生・権威者の「虎の威」を借りるつもりのときもあれば、先学に対する敬意を込めて引用することもあろう。「盗作」と言われたくないために、しぶしぶ引用の形にするケースもある。

しかし、私の狭い経験でしかないが、ほとんどの引用は、「権威づけ」といった格好のいいものではなく、「私はこれほどたくさんの（外国の）文献を読んで研究しているのだ」という、自己宣伝に近い。意地悪く言えば、「私は自分の主張はないが、たくさん（外国）文献を読んでいるのだ」と言っているようなものである。

情けない話ではないか。それがわが国を代表する国立大学の教授の論文であったら、皆さんは

「ありがたがって拝読する」であろうか、私は、そういう大教授たちから何本もの論文を送っていただいた。いつも、お礼の手紙を書いたが、それが災いの素なのか、原稿を書くたびにコピーを送っていただく。

私は、自分が書いた論文はこの大先生たちにはお送りしたことがない。なぜか、どうせ大先生は「受け取ったら即、ゴミ箱」、という行動をとることは間違いないからである。自分以外の日本人が書くものは読む価値がないと思っているらしい。こういう人は、外国人、特に英米人であれば、小学生でも「自分よりは賢い」らしく、外国人の書くものに対して批判するというはしないことはしない。

とまれ、前章の原稿は、私が乱読した本や記事の中で強い共感を覚えたものを、もしかしてお読みになっていない方のために紹介したものである。タイトルのとおり、「愚者の自覚」をもって、わが主張は小さく、賢者の含蓄ある言葉を紹介した。私が回りくどく書くよりも、「わが意」が伝わったのではなかろうか。

2 「牛」はいつから「食料品」になるのか

最近、消費税の軽減税率のことが話題になっているが、軽減税率が適用されるのは主に食料品などの生活必需品である。例としてしばしば、牛肉が紹介される。では、「牛」はいつから「牛肉」「食料品」になるのであろうか。

牧場にいる牛は「動物」であり、「食料品」ではない。牛には乳牛と食用の牛の区別があるというが、乳牛を食肉用にすることもあるらしいので、モーと鳴いている段階では「食料品」になるかならないか不明である。したがって、モーと鳴いている牛には軽減税率は適用されない。牛を解体して「肉」になったら食料品として、軽減税率の適用対象になる（まだはっきりとは決まっていないが）。

モーと鳴いているうちは食料品にならないというのは、何となく分かる。では、居酒屋の生け簀《す》で泳いでいるアジや真鯛は、動物なのだろうか、それとも食料品なのだろうか。生きているのが「動物」で、動かなくなったのが「食料品」だとすると（こんなことが消費税で問題になっているかどうかは知らないが）、「タイの活き作り」はどっちなのだろうか。

ずいぶん昔であるが金沢で白魚（シロウオ）の「踊り食い」というのを経験した（その後、研究会で訪れた福岡でも）。生きたままのシロウオが小皿の中で泳いでいて、それをポン酢か何かで味をつけて、噛まずに飲み込むのである。のど越しに、シロウオがぴくぴくと動く食感が堪らない（らしい）。このシロウオは、いつまで動物で、いつから食料品に変わるのであろうか。

禅問答をしたいわけではない。こうした疑問には「正解」があるわけでもなく、「自明のこと」でもないということを言いたいだけである。本章のテーマは、「利益は、いつから利益になるのか」という、会計学を学んだ方々にとっては、あまりにも当たり前な、答えのわかっていることを取り上げる。多くの方は「愚問」だと思われるかもしれない。

3 「不適切会計」と呼ぶのは「不適切」

しかしである、「モーと鳴いている牛」や「生け簀《す》で泳いでいる真鯛やアジ」が動物なのか食料品なのかは「決めごと」でしかないのと同様に、「何を利益とするか」「いつから利益とするか」「利益の額をいくらとするか」は、自明のことでもあらかじめ決まっていることでもなく、みんなで相談して決める「決めごと」に過ぎない。そのあたりのことが経済界・産業界・会計界で理解されていないために、「東芝の事件」が起きた。東芝事件の底流にうごめく会計観は「発生主義会計」という「誤解」である。「決めごと」が「ゆるい」ことに乗じた不正としか言いようがない。

東芝の事件に関する報道を見ていると、実に不思議な現象に直面する。報道では、東芝の事件を「不適切会計」と呼んだり「不正会計」と呼んだり「粉飾経理」と呼んだりして、グレーなのか黒なのか判然としない。報道や広告の世界に詳しい友人が言うには、「新聞や雑誌の口を封じるのは難しくない。報道前に大きな広告を出せばよい」そうだ。巨額の広告収入の前には、大新聞も沈黙するそうである。東芝と新聞社の、どちらが「不適切」なのかわかったものではない。

もともと「不適切会計」なんていうものが、これまであったのであろうか。オリンパス、カネボウ、ライブドア……規模は違うが似たような会計事件は繰り返し発生している。しかし、「不適切会計」などという「甘い」、「厳しさを感じさせない」言葉を選ぶことによって、東芝を庇《かば》っているように感じるのは私だけであろうか。金融庁の公認会計士・監査審査会会長である千代田邦夫氏は東芝の事件を「広い範囲で不正があり、明らかな粉飾決算にあたる」と話しているという（日本経済新聞、二〇一五年九月一八日）。きわめて歯切れがいいが、東芝の監査における「不正の見逃し」については「金融庁と（監査を担当した監査法人の）新日本と共犯関係にある」とまで言われており（大鹿靖明、朝日新聞DIGITAL,WEBRONZA、二〇一五年八月二一日）、勇み足の感がないではない。それとも、金融庁が入手した独自の情報を元に下した判断を表明したのであろうか。それならそれで、別の問題が生じそうである。

4　IFRSの命綱―発生主義

東芝事件の「会計的問題」（道義的、倫理的、法律的……などの諸問題は脇へ置いておくとして）は、右に書いたとおり「発生主義会計」という誤解である。何が「発生主義会計」なのか、なぜそれが誤解なのか、会計学の教科書を何冊読んでも書いてない話である。会計学の専門書といえども、この「問題」を取り上げているのはめったにない。なぜなのか。簡単に言うと、会計の世界では「発生主義会計」が正しいとする誤解が蔓延しているからだ。

発生主義会計を説明する前に、「発生主義」と「実現主義」を説明しなければならない。そう書くと、「何だ、発生主義と実現主義なら知っている」という読者諸賢も多いと思う。おおざっぱに言うと、(1)「費用は発生主義で」計上し、「収益は実現主義で」計上するという会計処理、あるいは(2)収益・費用を現金の収支のタイミングで計上するのではなく、その発生・実現に即して計上するとする会計観、あたりであろうか。会計の常識！と言ってもよい。

ところが、国際会計基準（ＩＦＲＳ）では、このうち「実現」という概念や用語を使わない。使わないというよりは、「毛嫌い」している感がある。ＩＦＲＳでは、「基礎となる前提」として「継続企業」と「発生主義」を掲げている。事業売買の会計であるＩＦＲＳが「継続企業」を基礎となる前提として掲げているのも妙であるが、現代会計の基礎・常識ともいうべき「実現」「実現主義」については、ＩＦＲＳの二、五〇〇頁のどこにも書いていない。収益・利益は「発生した段階で計上」するのであって、それが「実現」しているかどうかは問わないのである。

「実現」の概念は、「対価を受け取っている」「財・サービスを提供済み」を条件として収益の計上を認めるもので、そこで計算される利益は「キャッシュ・フローの裏付けのある」「分配しても資本を棄損しない」「公平な課税の基礎としての利益」、さらには「経営者の実感と一致した利益概念」といった非常に優れた特長を持っている。しかも、その測定・計上には、「現金収入」という上限のリミッターが付いている。収入額以上の収益を計上することができないのである。予測や見積もりが入り込む期間損益計算に対する安全弁と言ってもよい。

他方、「発生」という概念は、抽象的・主観的なものであり、例えば、保有する資産の時価（フェア・バリュー）が上昇した（つまり、利益が発生した）として評価益を計上することが認められる。そこには、実現主義のときの「収入額」のような上限（リミッター）は用意されていないから、資産価値を主観的に計測して無制限に評価益を計上することが可能となる。

5　発生主義会計は「裁量会計」

「発生」概念、「発生主義」、「発生主義会計」を収益に適用することにすれば、たちまちにして企業会計に主観性・恣意性・裁量が入り込み、ときには「粉飾決算」の誘惑に負ける企業が現れる。東芝がそうである。石川純治教授は言う。「発生主義会計に固有の会計的裁量（会計処理による決算操作）といういわば宿命的問題がある」（石川純治『キャッシュ・フロー簿記会計論

（三訂版）』森山書店、二〇〇五年）。「東芝の不正決算は、まさにそこにいう『発生主義会計に固有の会計的裁量』そのものである。」（石川純治「アクルーアルと『利益の質』―東芝不正決算によせて―」『週刊経営財務』二〇一五年八月三一日）。

「アクルーアル（accrual）」とは「発生」「発生主義」のことである。上述したように、この「アクルーアル」「発生（主義）」がIFRSの命綱なのだ。IFRSでは「実現」を全否定して、すべて「発生」概念で構築しようとしている。そこでは石川教授が指摘されるように、会計的裁量が不可避である。極端なことを言うと、決算は企業の思いどおりにできる。そんなバカな……と言わないでいただきたい。そんなことを言っているのは、石川教授と私だけではないし、そんなことをしているのは、何も日本企業だけではない。

ＩＡＳＢ（国際会計基準審議会）・ＩＦＲＳにとっては、この裁量性が好都合だったのではなかろうか。「時価」という「世間受けする」概念と、「発生」という「しろうと分かりする」概念を組み合わせて、要するに飴細工のごとくどうにでもなる決算ができる基準ができるのである。「時価」は、「公正価値」と名前を変えて「自由金額」とされ、「発生」は「期待」と同義語化されると、何とでも言いくるめられる会計になってしまう。その点、原価主義会計は、「原価」も「実現」も、しろうと分かりしないから、分が悪い。

6 「どびん」の会計と「ガラス細工」の会計

「原価」と「実現」を組み合わせた原価主義会計は、いわば「どびん」の会計である。一見してぶざまで傷だらけであるが、堅牢なので多目的に使うことができる。他方、「時価」と「発生」を組み合わせた発生主義会計は、いわば「ガラス細工」の会計で、一見して透明性が高そうで、また誰にでも理解できそうな印象を与える。ただし、ガラス細工は自由に加工できるし壊れやすく実用的ではないともいえる。もちろんこれはたとえの話であり、原価主義会計と発生主義会計に対する私のイメージでしかない。それが東芝の不正や国際会計基準（と、それに合わせようとしている日本の新しい会計基準群）の動向を見ていると、私が描くイメージのとおりに企業会計が「細工」されているような気がしてならない。

なぜ、こんなことになってしまったのか。一〇年ほど前に、『不思議の国の会計学—アメリカと日本』（税務経理協会、二〇〇四年）という本を書いた。ちょうど、エンロン、ワールドコムが粉飾決算のあげくに破綻した時期である。本書の「はしがき（読者へのメッセージ）」で、こんなことを書いた。

「（今では）ソ連という、アメリカにとっての脅威は消え、アメリカは日本という同盟国を必要としなくなり、アメリカが欲しいのは、日本の防衛力でも防波堤としての国土でもなくなり、欲しいのは日本の経済力、日本人が持っている『財布の中身』だけになったのです。」

うーん、一〇年以上も昔に書いたことながら、今のＴＰＰ問題にあてはまる。さらに続けて、書いた。

「アメリカン・エリート達がアメリカの富を収奪し、さらに強欲にも日本の富に手を伸ばしてきています。アメリカ通商代表部の『外国貿易障壁報告書』二〇〇二年版には、『国際会計基準を日本に導入させる狙いのひとつには、外資による日本企業の買収を妨げる系列や株式持ち合いの解消を促進し、外資が株を取得するチャンスを増やすことも含まれている。』といったことが書いてあるそうです（関岡英之『拒否できない日本―アメリカの日本改造が進んでいる―』文春新書、二〇〇四年）」。

そういえば、アメリカは自国企業がＩＦＲＳを使うのを禁止し、外国企業が使うのを認めている。アメリカは諸外国の企業を「買収」するためにＩＦＲＳを使わせるのであって、自国の企業を「買収」させる気はないのだ。

今から考えると、生損保のすみわけ（生保と損保は兼業禁止）↓子会社による兼業、銀行・保険・証券の兼業禁止↓銀行の保険窓販解禁、銀行の子会社による証券事業解禁……そして、郵政民営化↓上場……という流れも、要するに、日本をアメリカ化することと、日本のリッチな企業を買収しやすくする、日本の個人が所有する巨万の金融資産を頂戴するという、アメリカの施策であったのではないか、と思われる。現在進行中である。

7　複式簿記による「利益の誕生」

話が逸《そ》れた。本題に戻りたい。テーマは、「利益は、いつから利益になるのか」である。私たちが生活の中で「儲けた」「損した」と感じる場面は多いが、多くの場合、感じ方は「ひとそれぞれ」であり、「公共財」にまでなっていない。市民感覚の域を出ていないといえる。この感覚を数値化できるようになるには、「複式簿記」の誕生を待たねばならない。身近な話から始めよう。

例えば、あるマンションを五千万円で買うことを検討していたところ何かのきっかけで値が四千万円に下がったので買ったとしよう。この場合、マンションを販売する会社からすれば一千万円の損が生じたようでもあり、購入者は一千万円儲けたような気がするであろう。しかし、この一千万円を販売会社が損失として会計処理することはなく、また、購入者が会社であっても利益として会計処理することはない。

では、いつごろ「利益」に関する社会共通の考え方（社会通念といってもよい）が生まれたのであろうか。前に、ドイツの経済学者ゾンバルトのことを紹介した（出典は、グリーソン・ホワイト、同右、一六三頁）。ゾンバルトによれば、資本主義の起源は、資本（利益を生み出すために使われる財産の額であり、生み出された利益を組み入れる勘定）というものを区分した複式簿記にある。「資本勘定」を、正しく「利益の源泉としての資本の『額』を記載した勘定」であり、そこに「生み出された利益」を組み入れると理解している。

グリーソン・ホワイトは、「ゾンバルトの意見を総合すると」と断って、次のように言う。

「複式簿記が現代の科学的な資本主義社会を生み出したということになる。とくに、利益を貨幣という数字で計算できるようになったという点で、複式簿記は、商業活動を利益獲得のプロセス、すなわち、終わりのない利益追求のしくみとしてとらえるための基礎をつくった。」（一六四頁）

8　利益の「見える化」

複式簿記のおかげで商人は、それまで個人の肌感覚として捉えていた（したがって、社会が共有する感覚ではない）「利益」なるものを計算・記録するシステムを手にし、利益を追求することができるようになった。経済の発展、資本主義の発達にとって、何よりも力があったのが複式簿記の発明であった。それまでは、自分の事業が儲けているのか、いくらくらいの儲けを稼いでいるのかが判然としないまま、「勘」を頼りに商売を行ってきたのが、複式簿記によって「儲け」―「利益」が「見える化」されたのである。事業を営む者にとって、これは大きい。利益が「見える化」された結果、富を蓄積することができるようになり、次の投資に充《あ》てることができるようになった。

社会学者のジョン・H・エヴァンズは、一四九四年にパチョーリが書いた論文を評して、「経済史における重要なイノベーション」だといい、その理由を次のように言う（グリーソン・ホワイトの紹介による。一七〇頁）。

「複式簿記が数字だけを残して判断に不要な情報を取り去ってくれること、さらにその数字が

『利益』という共通の測定基準に変換されることにより、事業活動を正確に評価できる……。複式簿記は、事業の帳簿を単なる記憶の補助から、利益を計算し、各取引と事業全体の成績を測るための記録に変えた……。」

世界の経済の歴史を塗り替えるすばらしい技術・思考の誕生である。その、五〇〇年以上も昔に形作られた複式簿記は、いまだに当時の原理・原則のままに世界中で使われているのだ。ここ五〇〇年にわたって最前線で使われてきた知識・技法は、複式簿記以外にはない。

その燦然《さんぜん》と輝く歴史を持つ複式簿記であるが、「利益を見える化」する一方で、企業倫理とか経営の健全性、個人の幸福といったことが軽視される一因となった。本書では、この複式簿記の偉大さを正しく評価しつつ、新しい時代の「投資観」「利益観」「企業観」に対応した複式簿記の改革を検討したいと考えている。

そうした意味から、次章では、「企業の稼いだ利益」、つまり、複式簿記が計算した利益は、果たして「社会に貢献しているか」を問題にしている。

第6章　企業の稼いだ利益は社会に貢献しているか

1　「株を買っても投資家にはなれない」
2　株の売却益は誰のものか
3　株は何も生まない
4　付加価値の話
5　付加価値の認知
6　「儲ける」と「稼ぐ」
7　株は「富の奪い合い」
8　原点に帰る

1　「株を買っても投資家にはなれない」

第3章で「あなたのお金はどこへ行くのか—株を買っても『投資家』にはなれない！—」という話を書いた。

「株を買う」といえば、ほとんどの場合、証券会社を通して株式市場に出回っている株を買う。「市場に出回っている株」というのは、その昔上場会社が新株を発行して資金を調達したときの「領収書」みたいなもので、資金の払い戻しを約束するものでもなければ配当を約束するものでもない。確かに法律上は、利益配当請求権とか残余財産分配請求権などの経済的利益を享受することを目的とした権利が認められているが、利益がなければ配当されないし、残余財産がなければ分配を受けられない。まかり間違えば「紙切れ」になりかねない。

そうした株（領収書か紙切れになるかもしれないもの）が証券市場で売買されているのであるが、新株発行という稀な取引の場合を除けば、市場で株を買っても、その資金は元の株式保有者のサイフに入るだけで、株式を発行した事業会社のサイフには入らない。つまり、事業にお金が回ることはないのだ。

事業会社が必要な資金を調達しようとして新株を発行する。このときの株式売却収入は、発行した事業会社のサイフに入り、資金は事業活動に回される。きっと、車を作ったり支店を増設したり、古い設備を更新したり海外に進出したりするための資金として活用されるであろう。この資金は、いずれ発行会社（事業会社）に利益をもたらし、その一部は新株を購入した投資家に配当として分配されるであろう。本当の「投資」とは、こうした資金の流れをいう。

しかし、いったん発行された株式は、ほとんどの場合、発行した事業会社との金銭的結びつきを失う。最初に新株を購入した投資家（ここでは本当の投資家と呼びたい）は、何らかの事情で、この株式を手放す。期待したような配当を受け取れなかったとか、株の価格が下がったとか、現金が必要になったとか、何らかの事情から株を売却し、投資を回収する。

2　株の売却益は誰のものか

新株の購入者が、右のような事情から株を売却するとしよう。新株を購入したときは一株一万円であったが、市場で売却したら、一万二千円であったとしよう。株式の保有者は、一株につき二千円の値上がり益（キャピタル・ゲイン）が手に入る。しかし、この株式を発行した事業会社には一円の資金も入らないのだ。

逆に、この株が八千円でしか売れなかったとしたら、どうなるであろうか。株式を発行した会社は、発行後の価格を保証しているわけではない。だから、差額の二千円を補てんするなどということはしない。この二千円は、新株を購入した後、八千円で売却した人の損失になる。

要するに、株式の売買取引では、ほとんどの場合、株を発行した事業会社から離れて、「領収書」か「紙切れになりかねない書類」を売ったり買ったりしているだけである。実際には、株券は電子化されて証券保管振替機構（ほふり）が管理している。株の所有者が変わっても名義が変更されるだけで、株は何も生まない。株を買っても、その資金は事業には回らないのだ。長くなったが、第3章には、こうしたことを書いた。

こういう話をすると、たまには、「証券市場がなくなったら事業会社は資金調達できなくなる」とか、「貯金・預金するよりは経済社会に貢献しているのではないか」といったご意見も頂戴する。私は、証券市場の存在意義を否定しているわけではない。株式という領収書か紙切れみたいなものが売買されているのが問題だとすれば、お金も一緒であろう。一ドル札や一万円札が、あたかも価値があるように流通・売買されているが、株と同じように、それを発行した中央銀行や国家が価値を保証しているわけではないのだ。

では、なぜドル札や円札が価値（物財を支配する力、購買力といってもよいであろう）を持っているのか。それは、アメリカや日本という国が、ドルや円と交換することができる財やサービスを生産しているからである。交換する財やサービスがなくなれば、ドル札も円札もただの紙切れになる。つまり、紙幣は、発行した国の富・生産力（つまりは、ＧＤＰ）によって裏打ちされているから価値があるのだ。

株券も同じであろう。株券は紙切れであり、価値自体を持たない（今では、上場会社の株は「ほふり」で電子的に管理されているので、紙切れにもならないが）。株券が交換価値を持ち続けられるのは、株を発行した会社の価値に裏付けられているからである。その会社の価値が劣化すれば株の交換価値も低下するし、会社が破たんすれば紙切れのまま役割を終える。

3　株は何も生まない

本章では、まず「株で儲けても社会には何の貢献もしない」という話を書きたい。きつい言い方かもしれないが、株を買っても投資家になれないし、その株で儲けても世の中には一円の価値も生まないということを認識してもらいたいのだ。ジュニアＮＩＳＡが人気らしいが、子供たちには株の売買というものが「社会には何らの価値をもたらさないこと」「富の奪い合いに等しいこと」を教えてほしいものである。

何も「投資家」を目の敵《かたき》にしているわけではないが、「投資家気取り」の方に現実を知ってほしいし、自分のお金を「投資」したいのなら、事業に投資してほしいと考えるのである。

右に「株は何も生まない」と書いた。「ほふり」という金庫に保管されている株は、名義（所有者）が変わるだけで、何かを生み出すわけではない。株だと分かりにくいかもしれないが、「金（gold）」なら納得されると思う。第3章でも紹介したが、神谷《みたに》秀樹氏は「金は何も生まない。単に価格が上下するだけだ。しかも現物は金庫の奥にあり、帳簿上の所有者の名前が転々と移り変わるだけで、「世の中で何も仕事しない。」という。金や株に振り向けたお金は、結局、何かを生み出すこともなく、世の中の役に立つことはないのだ。

ではどうすればお金が仕事をするのであろうか。言葉を代えると、お金をどのように使うと世の中に貢献するのであろうか。第3章では、株を買うよりは銀行や保険会社にお金を預けたほうがいいということを書いた。銀行や保険会社などの金融機関に預ければ、お金の一部を企業への貸し付けという形で事業に回してくれる。

あるところでそんな話をしたら、ある方から、「銀行に預けたお金が事業に回っているかどうか分からない」という指摘をいただいた。たしかに、銀行などの金融機関に預けたお金がどこへ回っているかは分かりにくい。事業会社に回っているといっても、兵器産業や環境破壊産業に回っているかもしれない。銀行に預金したからといって自分のお金が健全な事業に投資されているとは限らないのだ。自分のお金が機関銃の製造に使われたりブラック企業に回されているとすれば、銀行にお金を預けないほうがいいと思う人もいるであろう。

最近、インターネット上で、自分の預貯金がどこに使われているかを点数で評価するサイトが開かれている（フェア・ファイナンス・ガイド・ジャパン：http://fairfinance.jp/）。狙いは、「環境や人、社会に対し悪いカネの流れがなくなるよう金融機関を後押しすること」にあるという（朝日新聞、二〇一五年一二月七日）。自分のお金が健全な事業に使われているかどうか心配な方は、ぜひ、このサイトを覗いてみてほしい。より積極的に、「健全な事業を行っている企業に投資したい」という方は、次の章をお読み頂きたい。

4 付加価値の話

本章では、個人ではなく、事業会社のことを書きたい。「世の中へ貢献」という言葉から連想するのは「付加価値」であろう。付加価値は一般に「一定期間の総算出価値（売上高）マイナス前給付原価（売上原価）」として計算・表示される（減算法または控除法）。当企業が産出した総価値から、他企業が生み出した価値の使用分を差し引いて、純額としての付加価値を計算する。

ところが、当企業が産出した価値なら何でも付加価値になるというわけではない。企業が生み出した価値であっても、付加価値にならないものもある。この話はほかの所でも紹介したことがあるが、だいぶ昔のことなので、多少ともバージョンアップして書くことにする。

私は、大学では簿記・会計学のほかに「経営分析」とか「現代会計学」という科目を担当している。あるとき、講義の中で付加価値の説明をしていたときのことである。黒板にAさんが山で山菜を採ってきた図を描いて、その山菜をBさんに一、〇〇〇円で売った話をした。山菜を買ったBさんがこれを加工（煮たり味をつけたりして、缶詰めに）し自分の店に並べてお客さんに一、五〇〇円で売ったとしよう。このお客さんは、自宅で食べたとする。

学生諸君に、Aさんは、他から何も買わずに山菜を採取してBさんに一、〇〇〇円で売ったのであるから、Aさんが新たにこの世に生み出した価値、つまり付加価値は一、〇〇〇円で、Bさんは一、〇〇〇円で仕入れた山菜を加工して一、五〇〇円で販売したのだから、自分が生み出した価値は五〇〇円だという話をしながら、ふと、この山菜や缶詰が売れなかったらこの付加価値はどうなるのだろうか、どう学生に説明したらよいのか、黒板の前でしばらく考え込んだことがあった。

確かにAさんは、この世に新しい価値をもたらそう（売ろう）として山菜を採ってきた。その山菜を買ったBさんも加工して売ろうとした。その段階では、AさんもBさんも売れることを期待していたであろうし、期待通りに売れたらこの世に付加価値をもたらすことになったはずである。しかし、不幸にして売れなかったら、山菜は腐るだけであり、缶詰は廃棄され、AさんとBさんの努力は無駄になり、この世に貢献しないことになる。

5　付加価値の認知

では、Aさんが採ってきた山菜をAさんが自分で食べてしまった場合はどうなるのであろうか。Aさんは山菜という価値物を世の中にもたらしたのであるから、この世に貢献したはずであるが、実は、付加価値の計算では、自分が消費した分は付加価値に含めない。だから、Aさんから山菜を買ったBさんが、加工したものを店に並べても売れなかったとして自分で食べてしまうと、Bさんは付加価値を生まなかったことにされる。

この話からわかるように、事業によって新たに生み出される価値（付加価値）というのは、あくまでも、「他人によって対価が支払われたもの」、言い換えると、「他人によって価値が認知されたもの」を指すのである。売ることを考えずに作っていいのであれば、そして作れば作るだけ世の中に貢献するというのであれば、こんな楽なことはない。しかし、作っても売れないとなると、逆に世の中の限りある資源を浪費することになり、付加価値を生むどころの話ではない。

永六輔さんが書いた『商人（あきんど）』（岩波新書、一九九八年）という本の中に、「あきんど」の言葉として、「つくるのは、努力すれば誰でもできますが、売るとなると、才覚がありませんとね」というのが紹介されている。メーカーの経営者が「製品を作るのは難しくないが、商品を作るのは難しい！」と言うのも同じ意味であろう。

以上の話からすると、付加価値というのは世の中に何らかの価値をもたらすものと考えてよさそうであるが、それも他者が対価を払う（売れる）という形でその価値が社会的に認知される必要がある。その価値に誰も対価を払わないとすれば、この世に新しい価値（付加価値）をもたらしたことにならないのである。山菜を採取して自分で食べても広い意味ではこの世に何らかの価値をもたらしたと考えてもおかしくはない。この山菜を誰が食べようと世の中に役立ったといえるはずであるが、付加価値の計算では自家消費は計算に入れない（自家消費は価値を金額で表現するのが難しいということもあろう）。要するに、付加価値は、「売れる」ことが第一要件なのである。

ところで、ここでいう「価値」は微妙な側面を持っている。第2章「ロバート・ケネディ氏の遺訓―利益には色がある！」で、こんなことを書いた。

会計では、他人が対価を支払えば、それが何であるかを問わず、売上高に含め、純利益に含める。社会的に極めて意義のある商製品の開発と販売による利益も、口の端に上らせることをはばかるような汚い行為の対価も、売上高に、純利益に含める。どれだけ社会に貢献する価値のあるものを作っても、それを無償で他人に譲渡したり自家消費したりすれば、会計上は売上高に計上しない。また、その価値は付加価値ともされず、ＧＤＰにも合算されない。世の中に貢献しなかった、国の富を増やさなかったとされるのである。

逆に、社会に多大な被害をもたらすものや反社会的な製品であっても、それを買う人（組織）がいれば、社会的な認知を受けたとして付加価値やＧＤＰの計算に含められる。現在の会計では、何を作って得た利益かとか何を売って得た利益かということは問題にしない。経済学でも同じである。ギャンブルの儲けでも大砲や戦車のような戦争の道具を作って儲けた利益でも、律儀にも会計が計算してやるのである。あなたに麻薬の売買で世の中を渡っているような知り合いがいたとして、その麻薬の売買から上がった利益を計算してやる気になるであろうか。今の会計学も経済学も、対象とする企業や経済界の「倫理」とか「行為の妥当性」「社会への貢献」といったことにはかなり無関心である。

6 「儲ける」と「稼ぐ」

私たちは、普段、「稼ぐ」という言葉と「儲ける」という言葉をほぼ同義的に使ってきたのではなかろうか。どちらも会計の用語に直せば「利益」であろう。ところが、国語辞典ではこの二つに違う意味合いを持たせている。

手元にある電子辞書版の『広辞苑（第六版）』（岩波書店）では、「稼ぐ」には「正業に励む。

精出して働く」「働いて金を得る」「努力して、価値あるものや有利な状況を手に入れる」とあり、「儲ける」には、「利益を（思いがけなく）得る」「得をする」とある。同じ電子辞書版の『スーパー大辞林三・〇』（三省堂）には、「稼ぐ」に、「働いて収入を得る」「仕事などにはげむ」とあり、「儲ける」には「（思いがけず）利益を得る。とくをする」と書かれている（いずれもこれ以外の意味も書かれているが、ここでは「利益」に関係する部分を紹介している）。

国語辞典といえば、一〇年ほど前に、小学館の『精選版　日本国語大辞典』（二〇〇六年）を手に入れた。三巻本で、総頁数が六千頁を超えていた。重さはなんと三冊で一〇キロ。この精選版のもとになったのは、『日本国語大辞典（第二版）』で、全一四巻、二〇万円ほどした。学者を生業としている者にとっては、辞書・辞典・事典の類はできるだけ身の回りに置いておきたい。多くの辞書類は電子辞書に収録されるようになって大変便利になったが、収録されていない辞書類も多い。この大辞典が出版された当時、二度目のイギリス在外研究から帰国したばかりで、とても個人で購入する余裕はなかった。その後、「精選版」が出たのを知り、うれしくなって購入した（と言っても、大学の研究費で購入しただけで、私の腹は痛まなかった）。

その「精選版」であるが、何しろ重い。一巻で三キロ以上もある。私の書いた『新財務諸表論（第五版）』も、ときどき読者の方から「重い」というおしかりを受けるが、拙著はたかだか八三〇頁、重さも一キロとちょっと。「精選版」は、一冊が二千頁超、三キロ超である。

何を言いたいのか、読者諸賢にはお分かりいただけるであろう。そんな重い辞書なら頻繁にひも解くことはない。数十グラムの電子辞書で間に合うなら、それで済ませてしまう。ぐうたらで面倒くさいことが嫌いな私なら、よほどのことがない限り、電子辞書派である。

この原稿を書きながら、「稼ぐ」と「儲ける」の辞典的意味が違うことを知って、少し興味がわき、「精選版」を開いてみた。簡単ではない。「稼ぐ」は「か」であるから第一巻、「儲ける」は「も」なので第三巻を引っ張り出さなければならない。その結果を紹介しよう。

「精選版」では、次のように書いてある。

「稼ぐ」―「一所懸命に働く。仕事に励む。努力する。働いて収入を得る。金銭・物、点数などをうまく手に入れる。」

「儲ける」―「思いがけない得をする。利益を得る。」

用語の前後をちらちらと見てみると（書籍版の辞典は、この前後左右をちらちらと見て、思いがけない発見することがいい）、次のように書いてある。

「儲（もうけ）主義」―「もうけることを第一として、誠実さやサービスなどを軽視する考え方ややり方。」

「儲仕事」──「思いがけず利益になる仕事。」

どうやら辞典的な解釈では、「稼ぐ」というのは、「働く」「仕事をする」「努力する」といった意味合いが強く、「儲ける」というのは、「努力せずに手に入れた」「思いがけず手に入った」といった意味合いが強いようである。前者を意味する言葉としては「汗の結晶」があり、後者を意味する表現としては、「濡れ手に粟《あわ》」とか「棚から牡丹餅《ぼたもち》」などがある。私たちは日常において「努力して得たもの」と「労せずして得たもの」をきちっと区別してきたことがわかる。

私が問題にしたいのは、この二つのコンセプト(「稼ぐ」と「儲ける」)を、これまで会計ではどのように扱ってきたのかということである。「稼ぐ」と「儲ける」を同一に扱ってきたのか、それとも、その二つを区分・区別してきたのか、である。

ここで、「区分」といい、「区別」というのは、企業会計原則における用語法を踏襲《とうしゅう》している。企業会計原則では、「区別」を「会計処理」に使い、「区分」を「表示」に使っている。いい例が、資本取引と損益取引の扱いである。本章のテーマでいえば、「稼いだもの」と「儲けたもの」を、会計処理でどのように「区別」してきたのか(それとも区別してこなかったのか)、それを損益計算書ではどのように区分・表示してきたのか、を問題にしたい。

7　株は「富の奪い合い」

以下では、これまでの会計で何を利益とし、何を利益としてこなかったか、そこで利益とされてきたものは果たしてこの世に新しい価値（つまり、付加価値）をもたらしているか、それとも利益とされながら社会には新しい価値を生まないものであるか、これを検討したい。

こうした表現では、何を問題にしているのかわかりにくいかもしれない。私たちが日常の生活の中で「儲けた」とか「得した」と感じているものごと（事実、現象）の中には、会計の世界でも利益として扱っているものもあれば、会計では取り扱わない（帳簿に載せない）ものごと（事実、現象）もある。まずは、これを一般化したい。次に、会計で利益として扱ってきたものごとのうち、世の中に新しい価値をもたらすものとそうでないものを分けてみようというのである。

会計で利益とされながら社会に新しい価値（富といってもよい）をもたらさないものとは、いったいどんなものを指すのであろうか。わかりやすい例は、株の売買による利益である。前にも書いたが、株の取引はマージャンと同じで、誰か儲けた人がいれば、もう一方で同じだけ損した人がいる（証券会社への手数料などは除くとして）。A社が株の売買で一〇〇億円儲けたとすれば、どこかの誰かが一〇〇億円損しているはずである。世の中に新しい価値は一円も生まない。

株の売買もマージャンも「ゼロサムゲーム」なのだ。

これで多少は、わが意が伝わったのではなかろうか。今の会計が報告する利益（当期純利益）は、当該企業にとっては利益（富の増加）になるかもしれないが、社会全体から見れば、必ずしも富を増加させているわけではないのだ。株の売買損益などは、富が敗者から勝者へ移転（富の移転）したに過ぎない。株の売買損益は、社会の富を「奪い合った」結果といってもいい。ミクロ（個別企業）の利益は、必ずしもマクロ（経済全体）の利益になるわけではないのだ。

これを書きながら思うのであるが、これからの会計は「何を測り」「何を測らない」のがいいのか、表現を変えると、財務諸表に何を記載したらいいのか、これまでの通りでいいものもあろうが、変えるべきもの、新しく追加すべきものがないかどうか、大いに検討する必要がある。

それを突き詰めると会計上の取引の範囲をどうするか、その範囲内にある取引を簿記でどのように記帳するか、簿記の原始記録がいかに重要な存在であるかを認識すること、簿記の原始記録にいかに忠実に第一次の集計表（損益計算書、貸借対照表）を作成するか、といった問題に取り組まなければならないことになるが、今日の会計にとって、課題は多いほうがいい。

8　原点に帰る

二〇一三年に、『会計学はどこで道を間違えたのか』（税務経理協会）という一書を出した。日本の会計も世界の会計も、何を狂ったか、財務会計（投資家等への投資勧誘と報告のための会計）の目的を「投資家の投資意思決定に必要な財務情報を提供すること」としてしまった。思い上がりも甚だしい話である。もちろん、財務会計のデータが投資家の意思決定に役立っていることは認める。しかし、それを目的として会計理論や会計基準を組み立てたりすれば、何でもありの会計理論・会計基準ができる。

「投資意思決定に役立つ」とさえ言えば、時価の情報でも、企業の即時解散価値・売却価値でも、どんな情報でも開示を要求できる。企業に開示させたい情報を先に決めて、あとで適当な理由をつければ済む。現行の財務諸表に不満があれば、開示させたい利益、資産、負債その他の情報を先に決めて、こうした情報こそ投資の意思決定に役立つと主張すればよい。そうした情報が、いわゆる一般投資家にとって必要なのかどうかも関係なく、また、一般の投資家が本当に必要としている情報が洩《も》れていないかどうかも検討されず、一方的に決められてきたことは否定できない。会計の目的は何かという原点に帰って、今日の会計理論・会計基準を根本から見直す必要がある。

本章は、寄り道や回り道が多くて、問題提起で終わってしまった。次章では、やっぱり寄り道、回り道をしながら（多くの読者の方から、こっちの話は面白いし、人柄を感じるといった感想をいただいていることもあって、ついつい本筋から離れてしまうことをお許しいただきたい）、「企業の稼いだ利益はどこまで社会の富を増やしているか」を論じたい。

第7章　企業の稼ぐ利益と投資の社会的責任

1　カウボーイ資本主義
2　株主への責任
3「利益」は目的なのか、結果なのか
4　富の創造か、富の移転か
5　生産者にとって都合のいい会計
6　売春も麻薬もGDP
7　経済システムに埋め込まれる社会
8　社会的インパクト投資
9　ESG投資と社会的責任投資（SRI）

1　カウボーイ資本主義

前章で「企業の稼いだ利益は社会に貢献しているか」ということをテーマとして掲げた。そこでは、株（の売買）は、社会的にみると「富の奪い合い」であり、この世に何らの新しい富をもたらすものではない、ということを書いた。個としての企業の富は増加しても、別のところ（個人かも知れないし、企業かも知れないが）で同じだけの富が減少しているのである。

Aさんのポケットに入っていた一万円札がBさんのポケットに移っただけのことである。社会全体（マクロ）で見ると、何らの価値も生み出さない。誰かが得して、誰かが同じだけ損するゼロサム・ゲームで、紙切れをやり取りして「儲けた」「損した」と言っているに過ぎない。まさに儲けは「不労所得」である。

ジュニアNISAなど、働きもせず、汗も流さずに、他人の財布を当てにすることを教えるようなものではないか。読者諸賢の皆さんは、わが子、わが孫が、不労所得を当てにする人生を歩んでもらいたいと考えるであろうか。

企業が稼ぐにはいろいろな手がある。打つべき杭を短くして浮かした利益もあれば、VWや東芝、三菱自動車のように社会と環境を欺いて稼いだ企業もある。マーケティングの大家・コトラーは言う。「人はもはや利益追求のためならどんなことをしても許される『カウボーイ資本主義』(注)にうんざりしている。多くの市民が資本主義によって権利を奪われ、資本主義に幻滅している。」と（フィリップ・コトラー『資本主義に希望はある』ダイヤモンド社、二〇一五年、一三頁)。

コトラーは言う。

「資本主義とは、その中で企業が潜在的ニーズや満たされないニーズを探し出し、それを満たすことで利潤を得るシステムだ。」（二二頁）

では、そこでの利潤とは、何か。

「利潤とは、顧客を満足させた報酬である。」（同）

実に納得のいく一言である。

（注）「カウボーイ資本主義」という表現は、二〇〇三年にOlaf Gersemannが書いた、*Amerikanishe*

Verhältnisse: Die falsche Angst der Deutschen vor dem Cowboy-Kapitalismus, Finanz Buch Verlag（英語版：*Cowboy Capitalism: European Myths, American Reality*, Cato Institute, 2004.）で使われたものである。

2　株主への責任

第1章で、ジョンソン・エンド・ジョンソン社の「わが信条（Our Credo）」を紹介した。「わが信条」では、同社の第一の責任は「顧客」に対するものだとして、第一にお客様に満足していただくこと、さらに取引先には適正な利益を上げる機会を提供することを謳《うた》っている。「わが信条」が掲げる第二の責任は全社員（とその家族）に対するものであり、第三の責任は、地域社会・共同社会に対するもので、この中には「適切な租税の負担」が含まれている。

「わが信条」が考える「株主への責任」は、右のすべての責任を果たした後で初めて「正当な報酬」を支払うというものである。少し付け加えて言えば、会社が「健全な利益」を生み、新しい試みに挑戦し、研究開発を継続し、革新的な企画を開発し、失敗を償い、新しい設備を購入し、新しい製品を市場に導入し、さらに逆境の時に備えて蓄積をするという、すべての経営原則を実行したうえで、さらに残りがあれば株主への報酬を支払うというのである。なんと素晴らしい

「信条」ではないか。こうした信条のもとに企業を経営する人が増えれば、その国の経済の豊かさに厚みが出るであろう。

ところが多くの場合、現実の資本主義（経営）は、経済学者のケインズが指摘するように、「最も卑《いや》しい人の最も卑しい動機でさえも何らかのかたちで万人の役にたつはずだ、という非常に良くできた信念」でできている（コトラー、同右、二三頁に紹介されている）。

3 「利益」は目的なのか、結果なのか

資本主義、あるいは企業経営と言ってもよいが、利益は「目的」なのであろうか、「結果」なのであろうか。利益を出すことを目的とした経営が行われるべきなのか、それとも、結果として利益が残る経営が行われるべきなのか。似て非なる話である。

たしかに利益を生まないような事業には資本も集まらない。かといって、利益を（唯一の、あるいは、第一の）目的にするような事業なら、経営者はボトムラインを着飾ることに夢中になり、ほかの何かを犠牲にすることになりかねない。

犠牲にされるのは、従業員（人件費）であり、品質であり、安全性や環境であり、ときには税金であろう。利益を目標とした経営（ROE経営も同根である）は、トップラインの顧客や取引

先に対する責任も、従業員や社会に対する責任も放棄して、ひたすらボトムラインの株主や経営者を満足させることに知恵を絞る。

そうなると、一部の経営者は、「最も卑しい人の最も卑しい動機でさえも何らかのかたちで万人の役にたつはずだ、という非常に良くできた信念」（ケインズ）の下で、口の端に上らせることをはばかるような汚い行為の対価も、海外で戦争に使う兵器の対価も、社会に豊かさをもたらす商品の対価も、何らの区別なく、売上高に含め、純利益に含める。

企業に倫理観がなければ、会計の側から倫理を求めてもおかしくはない。企業が稼いだ利益のうち、「社会に貢献する利益はいくら」で、「他人と財産を奪い合った成果はこれだけ」、「環境を破壊して儲けたのはこれこれ」、「打つべき杭を短くして浮かした費用で得た利益はいくら」「戦争に使う兵器を売って得た利益はこれだけ」……会計はこうした計算ができるだけの機能が備わっている。しかし、非常に残念であるが、会計はこうしたことに無頓着であった。

会計が、いや経営者の多くがそうしたことに無頓着であったために、経営者の行う財務報告をチェックしてきた「監査」の世界でも、企業の倫理観とか事業の社会性については無関心であった。しかし，経営者による判断とは別に、監査という、より高い次元から企業活動の社会性や経営者の倫理観について意見の開陳があってしかるべきではなかろうか。単なるルールへの準拠性とか法的適合性をチェックするだけなら、弁護士のほうが適任であろう。

4　富の創造か、富の移転か

小理屈をこねているようで申し訳ないが、会計が純粋な「稼ぎ」だけを計算・表示してきたのであれば、会計上の利益はシンプルで、だれにでも理解し納得できるものになっていたと思う。そこで計算される利益は、社会の富を増加させるもので、多くの人たちがその富（パイ）の分配に与《あずか》れる。

ところが、会計が、というよりは、簿記が、その誕生時代から、何が原因・要因であれ、結果として自分の財布が膨らむものをすべて「利益」として計算・表示してきた。他人の富を奪ったものであれ、単なる富の移転であれ、わが財布の重さだけで利益を計算してきたのである。「稼ぎ」だけではなく「儲け」も同じ「利益」と呼んできた。

そのために、その計算のプロセスが複雑になり、会計上の利益が「不純」なものになってしまっている。ＩＦＲＳ（国際会計基準）などは、それをいいことに、「包括利益」などという、富の増加という視点からも、分配可能性という視点からも、経営の成果という視点からも、なんとも合理的に説明できそうもない概念を持ち込んでいる。

会計の仕事は、「利益を計算すること」である。それも、「期間に区切った利益を計算すること」である。企業活動とその資源が全国・全世界に広がり、資金を提供する者や取引先も全国・全世界に広がってくると、企業活動とその成果を組織的に記録・計算するシステムが必要になるが、いまのところ、そのシステムとして使われているのは複式簿記とそれを法制度化した会計しかない。

その複式簿記と会計が、本来の仕事である「利益の計算」をしてきたことはいいとしても、その「利益」の中身については、会計サイドからの反省や検討は希薄であったように思える。ところが、会計の外からは、ときとして疑問の声が上がっている。例えば、経済学者のケインズは「……会計士が行うような利益計算から解放されれば、私たちの文明は変化し始める。」と言い、政治家のアル・ゴアは「価値を測る従来の方法は、すでに時代遅れになっている。」と言う（いずれも、ジェーン・グリーソン・ホワイト『バランスシートで読みとく世界経済史』（日経BP社、二〇一四年、二四四頁による）。

5　生産者にとって都合のいい会計

簿記や会計が時代遅れになっているという話は、会計界（学界、実務界を含めて）からはあまり聞かない。ほとんどは会計以外の世界の声である。例えば、コトラーは、「企業は社会的費用を負担していない」として次のように言う。

「何かを生産する企業は、その生産活動にかかるすべての費用をみずから負担していると思っている人もいるだろう。たとえば鉄鋼会社なら、鉄鉱石の代金や電気代、設備の減価償却費、社員への給料など。ところが、この鉄鋼会社が引き起こした大気汚染や、同社の化学物質が河川に流出して起きた水質汚染については、そのコスト負担を強いられない可能性が高い。大気汚染や水質汚染は、それを生み出した当事者とは別の誰かが払わなければならない社会的費用である。その誰かとは、汚染に苦しむ住民かもしれないし、汚染を除去して犠牲者の医療費を負担する政府かもしれない。」(コトラー、同右、一四六―一四七頁)

今の会計は、企業が使った費用は記録・報告するが、頬かむりした費用は記録も報告もしない。生産者にとって非常に都合のいい会計なのだ。

6　売春も麻薬もGDP

The Wall Street Journal(電子版、二〇一四年六月九日)によれば、イギリス、アイルランド、

イタリアが、国家の経済力を示すGDP（国内総生産）に売春や麻薬などの違法取引も含めることにしたという。イタリアは密輸も含めるという。EU（欧州連合）は、加盟諸国に対して地下経済をGDPに含めるように呼び掛けており、他のEU諸国も追随する構えだという。そうすることで、イタリアならGDPが一―二％増加し、イギリスなら三―四％、スウェーデンやフィンランドは四―五％も増加するという。

教科書的な話をして申し訳ないが、GDPは「国内」総生産の意味で、一年間に「国内で」生産されたモノやサービスの「付加価値」の合計額をいう。日本企業が海外支店・工場等で生産したモノやサービスは含まない。かつてはGNP（国民総生産）が計算されていたが、こちらは、国内であるか海外であるかを問わず、日本人が生み出した付加価値を集計したものであった。日産のゴーンさんの所得は、GNPには入らない（日本人ではないから）が、GDPには含まれる（日本での所得だから）ことになる。

GDPは、付加価値を集計したものである。付加価値は、会計的な表現を使えば、「生産した価値が実現したもの」をいう。つまり、企業が作ったモノやサービスに対して、他の誰かが「対価を払った」、「売れた」ということである。「他人によって価値が認められ、対価が支払われた」ものをいう。売春も麻薬も密輸も、ある人・企業が提供したモノ・サービスに対して「対価が支払われた」。だから、GDPの計算に含めるということであろう。

売春も麻薬も密輸もＧＤＰに含めるということは、企業（売春婦、麻薬密売人、密輸業者）が損益計算書を作成するとすれば、その対価は「売上高」となり、かかったコストを差し引けば「利益」になるということである。企業活動に倫理が求められず、その活動を記録する会計にも倫理が求められないとすれば、会計監査に倫理を求めるのは「ないものねだり」に等しい。「倫理なき経営者」に倫理を説くのは素晴らしいことであろうが、昨今の会計不祥事を見ると、果たして、監査人に、「他人に倫理を説く」だけの倫理観があるかどうか疑わしいし、さらに倫理観や社会的責任感を喪《うしな》った経営者の中にその説教に耳を貸す者がどれだけいるか、さらに疑わしい。

人の倫理観は、かなり先天的なところがあり、後天的には、経済力や教育レベル、交友関係などに影響を受けている。いわゆる「育ちの良さ」加減が大きく左右しているといってよい。「貧すれば鈍する」という言葉があるように、人の「倫理観」は「生まれ」「育ち」「環境」に左右される。専門家・経営者だからといって高い倫理観を求めるには限界がある。

そのことでいえば、教員も同じであろう。教員だからと言って、高い倫理観を持っているわけではない。高い教育を受けたノブレス・オブリージュ（noblesse oblige）の矜持《きょうじ》とプライドに期待するしかないのだ。

7　経済システムに埋め込まれる社会

倫理観の乏しい経営者が営む事業には、いかがわしかったり、反道徳的であったり、環境破壊的なものも含まれているかもしれない。そうした事業からの利益であっても、今の会計は、「純利益」として報告する。事業を営む経営者にも倫理観がなければ、その事業を記録・計算する会計にも倫理観がない。会計を専門にしてきたわが身にとっては、非常に寂しい話である。

今日の会計は、いかがわしいビジネスや反社会的な行為による「儲け」でも「純利益」「事業所得」として計算してきた。そうすることに、何らのためらいも批判もない。思えば、会計は、「社会の痛み」も「環境の傷み」も、さらには「顧客満足度」も「従業員の幸福度」も映し出していない。今の会計が計測・表示できないものをどうやって計測するか、新しい時代の課題であろう。

鷲田清一氏の「折々のことば」（朝日新聞）に、カール・ポランニーの、こんな言葉が紹介されている（二〇一六年三月二一日）。

「社会関係のなかに埋めこまれていた経済システムにかわって、今度は社会関係が経済システ

ムのなかに埋めこまれてしまったのである。」（『経済の文明史』玉野井芳郎・平野健一郎編訳）

鷲田氏は、こう解説する。「身も蓋《ふた》もない言い方をすれば、あらゆるものが貨幣価値で測られるようになったということ。」複式簿記の誕生によって、それまでは個人の肌感覚で捉えていた（したがって、まだ社会が共有するに至っていない）「利益」なるものを「見える化」した結果、富を蓄積することができるようになり、さらに次の投資に充てることができるようになった。簿記の功績は偉大である。しかし、今、あらゆるものが「利益数値化」され、本来、見るべき姿が見えにくくなっている。

鷲田氏は次のように続ける。「何ごとも利潤を動機として動く人は未熟であり、『経済的人間』を本来の人間と見る人は哀れなばかりに単純だ。」

8　社会的インパクト投資

前章ではまた、「株を買っても投資家にはなれない」という話と、「投資家になるには、銀行に預金する」ほうがいいという話を書いた。その銀行も、どこでもいいのではなく、自分のお金が健全な事業に使われているかどうか心配な方や、環境への配慮などの社会的責任を果たしている企業に投融資している金融機関に預けたいと考える方のために、自分の預貯金がどこに使われているかを点数で評価するサイト（フェア・ファイナンス・ガイド・ジャパン：http://fairfinance.jp/）があることを紹介した。

連載時の原稿を読んでくださった読者の方から、うれしいメールをいただいた。より直接に気に入った事業に投資する方法として「社会的インパクト投資（あるいは単にインパクト投資）」という投資の仕方があることや、ＥＳＧ投資や社会的責任投資（ＳＲＩ）というものがあることを教えていただいた。読者の方からこうした知見を頂戴するのは、大変、ありがたい。以下、私が調べたことなどを少し紹介したい。

コトバンク（朝日新聞社）によれば、「インパクト投資（impact investing/impact investment）」とは、「慈善活動と利益獲得の二つを目標とする投資手法」とされ、「経済的利益を追求すると同時に、貧困や飢餓、乳幼児死亡、男女差別、環境破壊といったおもに開発途上国の社会的問題の解決を目ざすところに特徴がある。……インパクト投資は社会的な問題を解決するだけでなく、株式や債券投資を通じて投資家へ利益をもたらすため、持続的な支援が可能な仕組み」とされる。

インパクト投資は、アメリカのロックフェラー財団などの慈善団体が資金の提供者となって二〇〇〇年代初頭に始まったとされ、社会貢献に取り組む国際組織が発行する債券や株式を購入する直接投資が代表的な手法である（コトバンク）。

日本でも、二〇一一年の東日本大震災を機に、三菱商事復興支援財団や東北共益投資基金など、被災地復興のための基金が誕生した。またアフリカにおける社会貢献型ベンチャー育成を目的とした豊田通商アフリカファンドや、ベネッセ・ソーシャル・インベストメント・ファシリティーズのように途上国における社会的企業への投資を行うファンドなどがある（http://impactinvestment.jp/impactinvestment/）。

9 ＥＳＧ投資と社会的責任投資（ＳＲＩ）

この二つは、似たような投資行動であるが、歴史的にはＳＲＩのほうが先に誕生した。ＳＲＩ（Socially Responsible Investment：社会的責任投資）は、アメリカのキリスト教教会が資産運用を行うときに、タバコ、アルコール、ギャンブル、武器など、教義や宗教的価値観に反する事業を行う企業を投資対象から除外したことが始まりとされている。その後、大学の基金や公務員年金組合などが、ベトナム戦争に反対するために軍需産業の企業を排除したり、消費者運動を反映するなど、欧米を中心に発展した。

現在では、より広く、社会的課題に対する責任を果たすことや社会の持続可能性（サステナビリティ）を高めることに貢献しようとする投資のことをいうようになっている。責任投資やサステナブル投資とも呼ばれる。このＳＲＩの中でも、投資判断にＥＳＧ要因を考慮する投資のことをＥＳＧ投資と呼んでいる。現在の運用機規模は、二〇一四年で約二一兆ドル（一ドル一〇〇円として、約二、一〇〇兆円）で、わが国では二〇一五年末で二、二〇〇億ドル程度という（日本経済新聞、二〇一六年三月一二日）。

ＥＳＧとは、環境（Environmental）、社会（Social）、コーポレート・ガバナンス（Corporate Governance）の三つの分野を総称する言葉である。二〇〇六年に、国連が発表した責任投資原則（PRI：Principles for Responsible Investment）の中で、「ＥＳＧに配慮した責任投資を行うこと」が宣言されている。以下、簡単に責任投資原則（ＰＲＩ）を紹介する（出所：責任投資原則―日本語版」http://www.unepfi.org/fileadmin/documents/pri_jpn.pdf）。

「私たちは投資分析と意志決定のプロセスにＥＳＧの課題を組み込みます。

私たちは活動的な（株式）所有者になり、（株式の）所有方針と（株式の）所有慣習にＥＳＧ問題を組み入れます。

私たちは、投資対象の主体に対してＥＳＧの課題について適切な開示を求めます。

私たちは、資産運用業界において本原則が受け入れられ、実行に移されるように働きかけを行います。
私たちは、本原則を実行する際の効果を高めるために、協働します。
私たちは、本原則の実行に関する活動状況や進捗状況に関して報告します。」

フェア・ファイナンスやインパクト投資のことを知るにつれて、これまでの資本主義や企業経営が、「利益至上主義」「ROE経営」などの弊害に対する反省から、健全な資本主義、健全な企業経営、社会の持続可能性の向上、その下での利益追求へと変化してきたことがうかがえるのではなかろうか。そこでは、利益は、「目的」としてはやや弱く、どちらかというと「結果」といったほうが適切なような気がする。

また、ESG投資やそのプラットフォームとしてのPRI（責任投資原則）が広がってきたことからは、短期利益の追求を排し、環境や社会（地域社会や従業員）への取組みを重視する企業への投資が勧奨され、そうした投資に積極的な機関投資家が高く評価されてきたことがうかがえる。ESG投資は、主に機関投資家の取組みであり、個別企業へ投資する手段を持たない個人投資家の場合は、投資責任原則（PRI）に署名している金融機関（信託銀行、保険会社）や資産運用会社の投資信託を購入するという手がありそうである。

第8章 「理論」と「実務」の融合を目指して

1　種蒔《ま》き

本章では、「私の遠い目標」みたいなことを紹介したい。「私の目標」ということでは個人的な話であるが、内容は、「新しい時代の会計はどうあるべきか」、「会計専門職は、今何をすべきか」という、会計界・産業界への小さな提言でもある。「遠い目標」と書いたのは、私一人では何もできない（遠い）ので、多くの方のお力をお借りしたいという願いを込めたものである。この話は、拙著『「書斎の会計学」は通用するか』（税務経理協会、二〇一五年）で、いくつか種を蒔いたことでもある。

2　会計人会

いつも「言《ゆ》う」ばかりでいると、「お風呂屋か」と皮肉られそうであるが、実は、数年前から思うところあって、実務界、特に税理士の皆さんと交流を深めてきた。

発端は、神奈川大学を卒業して税理士や公認会計士の事務所を開いている皆さんと、神奈川大学経済学部の会計学教員との交流にあった。私が神奈川大学に赴任したのは一九九三年で、その翌年であったと記憶しているが、卒業生で税理士事務所を営業している方が中心となって「神奈川大学会計人会」という組織を作った。現在の名称は「神奈川大学会計人宮陵会《きゅうりょう》」である。「会計人会」という名前は、一般の方にはなじみがないかもしれない。大学単位で、OBの税理士・会計士が親睦と相互研鑽などを目的に作る会である。駿台会計人倶楽部、日本大学桜門会計人会、中央大学会計人会、税理士稲門会、税理士三田会、駒澤大学会計人会などなど、大きな大学には決まって会計実務家の組織がある。中には、六〇年もの長い歴史を誇るところもある。

神奈川大学の会計人会は、狩野七郎先生（現会長）が尽力されて設立されたもので、現在、二五〇名ほどの会員を抱えている。税理士・会計士の仕事をしているが会員になっていないOBが同数くらいはいるのではないかと思われる。加入が任意の職業団体としては非常に高率の加入率である。私が神奈川大学の教員であった二〇年間に、税理士や会計士になった学部ゼミ生・大学院生は、五〇名を超えている。そのうち二〇名ほどが加入している。いずれ、会の主力になってもらいたいものである。

その会計人会と経済学部の会計学担当教員がしばしば懇親の会を持つことになった。結びつきを作ってくれたのは、狩野先生と経済学部の西川登教授である。その西川教授の発案によって、神奈川大学経済学部の「税務会計論」という科目と大学院の「税務会計論特論」という科目の担当者として、会計人会のメンバーに教壇に立ってもらうことになった。実務家だけの講義にすると教授会で問題にされる恐れがあったので、最初の講義と最後の講義は会計学の専任教員が担当することにした。

二〇年も昔の話である。今なら、アカウンティング・スクールやロー・スクールにたくさんの実務家教員がいるので問題になることはなかろうが、当時はまだ「大学の教育は大学院で研究した者が担当するもの」という雰囲気が強く、いかに実践的・実学的な講義であっても、いや、実践的・実学的な講義であるからこそ、「そんなことは大学で教えることではない」という声が強かった。そうした扱いは、マーケティング、広告論、貿易論、流通論などに対しても同じであった。今でもその雰囲気は残っている。

そうした扱いを主張するのは、ほぼ決まって、経済学や法律学を教える教員であるが、今も昔も世の中で「実学」の代表とされるのは、何と、経済学であり法律学である。法学や経済学を教える教員がどこか勘違いしたのか、自分が教えているのが「実学」つまり、「世間で使えること」であることを忘れて、いや、そうした実利に結びついた学問であることを嫌って、もっともっと「哲学」的な、あるいは、世界の動きを支配する、高尚なことを教えているのだと勘違いしてきたらしい。

いろいろな文献を見てみると、「実学」でないものは「虚学」だそうである。何だ、彼らは「虚学」を教えているんだ！そう考えると納得することが多々ある。

3 「ライセンス・ルーム」

二〇数年前に神奈川大学に赴任したとき、二つのことがあった。一つは、学内に受験者の集まる場所として「ライセンス・ルーム」を開設したこと、もう一つは、私が公認会計士の二次試験委員に任命されたことである。

赴任した当時、私は勝手に、「この大学からは会計士試験の合格者がたくさんいる」と思っていた。何せ、関東の大学であり、入学する学生は全国から集まる「全国区」大学であり、入試の偏差値も、青山学院あたりと同レベルであった。入学する学生の過半は、いわゆる「浪人生」で、早慶あたりを目指して受験勉強した人たちであった。優秀であった。だから、国家試験の合格者も、きっと、多いと思ったのである。

ところが、あちこち（教員、教務課、学生課、卒業生の組織など）に訊いても、公認会計士試験の合格者がいるのかどうかさえ分からない。教務課の責任者に訊いたところ、「会計士って、簿記の二級に受かれば取れるんでしょ」という返事が返ってきた。私は、あまりの認識の低さに答えようがなかった。思い余って、日本公認会計士協会に問い合わせてみた。当時はまだ個人情報保護法が制定されていなかったこともあって、大学別の合格者・登録者のリストを貰うことができた。

かなりショックだったのは、合格者・登録者はほぼ例外なく中高年で、若い人がいないのである。では、会計士試験の受験者はいないのであろうか。大学はそうした情報を持っていなかった。私は当時まだ、大原学園やＴＡＣとのつながりがなかったので、専門学校に問い合わせることもできなかった。

そうしたなか、大学院の棟をうろうろしていて、ある部屋が物品倉庫になっているのに気が付いた。大学院の棟であるから、管理責任者は大学院の委員長（研究科長ともいう）である。早速、委員長に「部屋を貸してほしい」と申し込んだ。もともとその部屋は汚いばかりか、しばしば心ない院生が酒盛りを開いたり騒音をまき散らして評判が悪かったこともあって、簡単に了解を取った。

それから、部屋の雑品を整理し、学内のあちこちから机・いす・書棚などを調達して、最初は、「資格取得準備室」という名前で（後で「ライセンス・ルーム」と名称を変更）一部屋、受験者の集まる場所を確保した。幸いに、私のゼミ生に税理士志願者と会計士志願者がいて、彼らに部屋のカギを預け、私の蔵書（もどき）から試験に関係がありそうなものを引越し、私の担当する教室で広報！し、簿記検定の受験者に「わからないことがあったら、訊きにおいで」というメッセージを送り、少しずつ、部屋を訪れる学生を増やした。

4　会計士試験委員

そんなことをしているとき、思いがけず、当時の大蔵省証券局から電話があり、公認会計士試験二次試験委員を委嘱したいという、「ありがたい」お話を頂いた。当時私は、同じ大蔵省の銀行局で保険経理の委員会（保険経理フォローアップ研究会）の座長を務めていた（実情は、ただのお飾り座長であったが）。銀行局と証券局は、同じ建物の四階にあり、大手銀行の頭取や証券会社の社長たちが、同じ四階の廊下！で、担当の官僚（せいぜい課長クラス）から呼ばれる順番を待っていたのが印象的であった。

そんな折に、大学の生協前で、専門学校のパンフレットを学生に配っている方がいるのに気が付いて声をかけた（名前もかけた（掛田）さんであった）。資格取得準備室（ライセンス・ルーム）の存在を知ってもらいたかったし、神奈川大学の受験者に関する情報が欲しかったからである。それ以来、今日まで、大原学園からは、簿記検定の予想問題、試験が終わってからの模範解答、過去問集などを頂戴して、学生に配布したり、検定の申し込み窓口になっていただいたり、検定直前には「直前対策講座」を開いていただいたり、大変お世話になってきた。

5　課外講座

そのころは、各大学が学生に対する「講義以外の」サービスに目覚めた時代であった。いや、もう少し正確に言うと、会計士試験や司法試験などの国家試験を受験する学生・ＯＢに対して、いわゆる名門・一流大学はどこでも、受験者に対して徹底したサポートをしていた。受験サークルもたくさんあって、そのサークルに入る試験まであり、そこに入ることができると、既合格者や実務家から論文指導や予想問題、答案の添削、進路相談……すべて無料のサービスを受けることができるのである。

神奈川大学では、当時はまだ、英会話の課外講座が開かれていた程度であったが、他大学の動きもあって、簿記検定用の課外講座を開設する企画が持ちあがった。そうはいっても、ことは簡単ではない。経済学部や経営学部には、正規の講座として簿記の科目がある。両者の役割分担をどうするか、簿記検定に合格した学生に対して正規科目の単位を認定するか、そのときの成績を「優」とするか「合格」「(単位）認定」とするか、誰が課外講座を教えるか（講師の問題)、合格率が低かったらどうするか、開講するのは横浜校だけか、大学の事務系統としてどこが担当するか、課外講座の存在をどのように学生にＰＲするか、どうやって学生に受講を促すか、受講料をいくらとするか、損益分岐点（最少の受講者数を何人とするか）……問題は数えきれない。

多くの問題は、大原学園が解決してくれた。すばらしい講師を派遣してくれたし、不幸にも一度試験に失敗した学生に対するフォローもしてくれた。課外講座の受講者は必ずしも経済学部・経営学部で入門の簿記を勉強しているわけではない。したがって、受講者の中には、ある程度の知識がある者とまったく知識がない者が混在している。前者に合わせて講義すれば後者は付いていけない。かといって、後者（全くの初学者）に合わせて講義すれば、前者にとってつまらないし、時間の無駄になる。そのあたりに十分配慮していただいて、毎回、多数の受講者が三級、二級の試験に合格してきた。少し前になるが、二級に八〇名を超える学生が合格したことがあった。大変嬉しいことであったが、後に書くように、簿記検定の合格者には日税連の寄付からお祝い金を出してきた。八〇人ともなれば、二級のお祝いだけでも四〇万円かかった。

こんな話を長々と書くのは、きっと、他の多くの大学でも似たような経験をしているのではないかと危惧するからである。

6　日税連寄付講座

ある年、またまた狩野先生のご尽力で、神奈川大学経済学部が日本税理士会連合会（日税連。

全国に一五ある税理士会を構成員とする団体）から寄付講座を開設していただいた。この寄付講座は、「大学における租税法に関する教育・研究活動を助成する」ことを目的としたもので、平成七年に早稲田大学法学部に開設したのを皮切りに、平成二七年までに三〇大学で開設されている。神奈川大学は、九番目に、三年間で一、〇〇〇万円という多額の寄付を頂戴した。

神奈川大学経済学部の会計グループが受け皿となって資金の使い道などを相談した結果、教員の研究資金として使うのではなく、簿記検定を受験する学生はじめ、税理士試験や公認会計士試験を受験する学生・卒業生、税理士・会計士を目指す大学院生のために使うことにした。教員は、もともと大学から研究費（図書費や個人研究費）が配分されているのだから、日税連の寄付は、「租税法や税務会計を学ぶ者の助成とその底辺を広げること」に使おうと決めたのである。簿記検定合格者への合格お祝い、税理士試験・会計士試験合格者の祝賀会、税務会計論・大学院税務会計論特講の講師派遣料、受験者が勉強や情報交換のために使う「ライセンス・ルーム」の図書費・運営費などである。

7　会計人会寄付講座

日税連からの寄付金による講座（寄付講座）は三年で終了したが、神奈川大学会計人会から、せっかくの税務会計論（経済学部）・税務会計論特講（大学院）を寄付講座として継続したいというお話を頂いた。会計人会が会員の税理士・会計士に声をかけて寄付を募り、それを大学に寄付するというのである。これも狩野会長の発案であった。

果たしてどれほどの資金が集まるのか不安もあったようであるが、いざ募金を始めてみると、趣旨に賛同された多くの会員から、毎年、一〇〇万円から二〇〇万円もの浄財が寄せられている。その資金を元に、寄付講座だけではなく、検定試験や国家試験合格者へのお祝い金や合格祝賀会の開催も続けることができた。

8　現役税理士五名、大学院へ進学

会計人会の皆さんと経済学部会計学教員の交流は、研究会や親睦会だけではなく、多面的である。私のゼミでは、ゼミ総会、クリスマス会、お花見会、ＢＢＱなど、いろいろな催しをするときに、会計人会の方々にも声をかけて、ゼミ生との親睦・交流を図ってきた。そのつながりから、何人ものゼミ生が、会計人会メンバーの会計事務所に就職している。ありがたい話である。

あるとき、ある税理士の先生が大学院の私のゼミに入ってきた。実は、この方は、年齢は私より少し上であるが、何と還暦を迎えてから大学院に入ってこられたのである。資格を取るためではない。すでに税理士として三〇年ほど事務所を運営されてきたのである。もう一度、会計学を学びたいということと、税制について、ぜひとも書いておきたいことがある、というのである。

このときは、他にも二名、合計三名の税理士の方が大学院に入ってこられ、さらにその後、狩野会長ともう一人の税理士の方が大学院に入ってこられた。現役の税理士が五名もそろって、会計学を学び直そうというのである。若い院生にとっても、学部のゼミ生にとっても大きな刺激であった。

9 「死ぬまでに本を書いてみたい」

五名の方が院を修了されてから何年か経った頃であった。会計人会の賀詞交歓会を終えた後の二次会の席上、ある税理士が、こう漏らした。「死ぬまでに、一冊、本を書いてみたいね─」。別の税理士も、「やさしく・楽しく学べる税の本はないかな─」、「なかったら、自分たちで書けたらいいね」、お酒が入っていたことも手伝って、「そうだ、みんなで書こう！」と盛り上がった。

「鉄は熱いうちに打て」とばかり、三月の確定申告を終えてほっとする間もなく第一回の編集会議を開いた。執筆陣は、大学の税務会計論を担当していた八名と私であった。熱気だけは残っていたが、企画は真っ白で、このときは、「必ず本にする」「来年の大学の講義に間に合うように出版する」ことを決めて、あとはいつものように「乾杯！」。

それからが大変であった。章立てから執筆者の分担、原稿提出日の確定、相互チェック、文体の統一、内容の重複や過不足のチェック、毎月の編集会議（という名のお酒の会）、多くの方にとっては初めてのことばかりであり、誰かの原稿が遅れれば、すぐに翌年の確定申告の季節を迎えてしまう。そうなると、出版は一年遅れる。一年遅れるということは、もしかしたら永遠に出版できないかもしれない。そんな危機感もあって、一二月までに原稿が出そろった。

税務経理協会の協力を得て出版したのが『税務会計入門』（二〇〇九年）であった。「死ぬまでに本を書きたい」と言われた先生は、「これを棺《ひつぎ》に入れて、あの世へのみやげとします」と喜んだものである。

10　神奈川大学プロジェクト研究所

神奈川大学に「プロジェクト研究所」という制度がある。専任教員が主体となって、三年程度の期間限定の研究所を設立するものである。大学からは資金はでないが、大学の名前を冠した研究所であることから外部資金を取りやすい。学外の研究者・実務家も参加できる。「研究所客員教授」「客員研究員」などの肩書を付与することもできる（学長からの辞令も出る）。

定年を三年後に控えた年に、私が企画・提案して「神奈川大学中小企業経営経理研究所」を設立した。研究所は、主として、中小企業の税務顧問を担当してきた税理士・公認会計士が、「税務顧問」という仕事から「経営指導（コンサルティング）」に軸足を移すには何をするべきか、何を学ぶべきか、どのように指導（コンサル）したらよいか、などをテーマに議論・研究・実践と反省をすることを目的としたものであった。

表現を換えると、現在のような不況期における中小企業の存続と発展を理論的・実践的に調査研究して、その成果をできるだけ実践可能かつ汎用性の高いモデルとして形成し、これを広く紹介しようという企画であった。

この研究所の会合でしばしば議題になったのは、二つある。一つは、中小企業の経営者が会計や税に関して無関心なことである。企業を健全に、かつ、永続的に経営していくには、「会計」という羅針盤が不可欠である。しかし、多くの経営者は、自社の決算書すら見ようとしない。決算書（月次であれ年次であれ）は、「過去のもの」「過ぎ去った時期のものだから、将来の経営に役立たない」と考えているのだ。税に関しても、関心を持つのは、納税期の一か月だけで、後の一一か月は税を意識することはない。

もう一つ、しばしば話題になったことがある。中小企業の「顧問」である税理士が、実は、会計に関する知識が乏しいうえに、それを中小企業に活用することがほとんどない、ということである。多くの税理士に訊いてみると、資格を取るときは「簿記論」「財務諸表論」を勉強したが、資格を取得後は会計の本すら読んだことがないという（急いで付け加えるが、「会計」を重要な武器として活用している税理士も少なくない）。

こうした現状認識から、この研究所では、税理士自身が会計を学び直しコンサルに活かすと同時に、遠巻きながら、いずれ社会に出て税や会計に関わる仕事をする可能性のある大学生に「会計と税」をもっと身近に感じ親しんでもらおうということから、新しい構想のもとに、税と会計のテキストを書くことにした。

この本も税務経理協会にお世話になり、『「即戦力」シリーズ　本郷孔洋・田中弘編著　税務会計の基礎』（二〇一三年）という書名で出版することができた。

この研究所は、上に述べたように、大学の機関（プロジェクト研究所の一つ）として設置したものであったために、私が定年で退職すると同時に解散した。研究所の活動をサポートしてくださった公認会計士・税理士の本郷孔洋《よしひろ》先生（辻・本郷税理士法人理事長、現・辻・本郷グループ会長）はじめ多くの実務家の皆さん、オブザーバーとして参加していただいた大原学園の中川和久先生（大原学園理事、公認会計士）、ＴＫＣの飯塚真規《まさのり》氏、湘南信用金庫の皆さんに改めて御礼申し上げたい。

11　定年退職と「書斎の会計学」

私は、二〇一四年三月に、二〇年間勤務した神奈川大学を定年退職した。その後、税理士法人最大手の辻・本郷税理士法人に顧問として迎えていただき、さらに一般財団法人経営戦略研究財団の理事長を拝命した。さらに東証一部上場の株式会社ホッカンホールディングスから社外取締役に選任された。研究室（書斎）と講義がメインの生活から、経営と会計の実務界に軸足が移ったのである。

辻・本郷は、税理士や会計士を中心とした専門家集団である。そこで実務経験のない私に何ができるか、不安だらけである。また事業会社の社外取締役として何が期待されているのか、何ができるのか、こちらも不安だらけである。いずれの仕事も、「書斎の学問」という狭い世界から脱出して、実務界の洗礼を受ける好機と考えている。そんな意気込みを込めて書いたのが、『書斎の会計学」は通用するか』（税務経理協会、二〇一五年）であった。

退職後一年間ほどは新しい環境と仕事に頭と体を順応させるのにてこずったが、そのうちに、この経験を共有する場を持ちたいと思うようになってきた。先の研究所がやり残した仕事もある。正直に言って、やり始めたことに少し自信が湧いてきたこともあり、ちょっと自慢したかったのかもしれない。

もっと正直に言うと、実務界で「会計が活用されていない」ことを、多くの関係者に認識してもらい、「使える会計」「使う会計」を広めたいという思いがより強くなってきたのである。今実務界で「使っている会計」は、会計の実力の一〇%も発揮していない。会計や複式簿記が分かれば、本屋さんやコンビニの「万引き」に対して有効な対策も打ち出せることや、企業内の社員による不正やポカミスを予防することもできるようになるはずである。

辻・本郷の仕事やホッカンホールディングスの仕事を十分に果たしていないにもかかわらず次の仕事を始めるのは気が引けるが、私の頭の中では、「会計を活用する」という一点である。そうした思いから、二〇一五年末に、「一般社団法人　中小企業経営経理研究所」を立ち上げることにした。この社団法人については第3部第17章「税理士業界の活性化に向けて」で紹介したい。

第2部

愚者の会計学

第9章　盲目の会計学

——律儀なのか、暗愚なのか

1　東芝の「大事件」は「単純なミス」か
2　調査報告書は「出来レース」
3　東芝は会計士を騙したのか
4　三菱自動車も粉飾？
5　『善と悪の経済学』
6　「腑に落ちない」話
7　GDPは悪徳で栄える
8　会計学の犯罪
9　「反社会的事業報告書」

1　東芝の「大事件」は「単純なミス」か

東芝が引き起こした大事件を、日本経済新聞では「不適切会計」と呼んできた。こんな言葉は聞いたことがなかったが、同紙の「きょうのことば」（二〇一五年七月二一日）では、「不適切会計」、「会計不正」、「粉飾決算」を次のように使い分けるとしている。

見出しは「不適切会計　ルールに反した会計処理」で、その説明にこう書いてある。「ルールに反した会計処理で有価証券報告書に事実と異なる数値を載せること。決算作業の単純なミスなど軽微な場合は『不適切会計』と言われることが多い。損失隠しや利益の水増しが組織的に行われるなど悪質性が高くなると『不正会計』、さらに刑事告発されるなど事件になれば『粉飾』と呼ぶのが一般的だ。（以下、略）」

そうだったのか。知らなかった。「不適切会計」って言うんだ。「単純ミス」が原因で、影響も「軽微」となれば、企業規模の大小を問わず、どんな組織でもありうる。内部統制などもすり抜けるかもしれない。「意図的なもの」ではなく、影響も「針が振れない」程度であれば、担当者が「始末書」を書いて終わりにしてもおかしくはない。

しかしである、改めて「不適切会計」の定義（らしき文言）を読んでみると、「ルールに反した会計処理で有価証券報告書に事実と異なる数値を載せること」とある。有価証券報告書に事実と異なる数値を記載したとなれば、それはれっきとした虚偽記載であり、金融商品取引法違反となりうる（事実、金融庁は、東芝に対して総額で七三億七、三五〇万円の課徴金を課している）。

東芝の「利益の水増し」は、この日（二〇一五年七月二一日）までに判明した分だけでも一、五一八億円（その後、二〇〇九年三月期から約七年間で計二、二四八億円の利益を水増ししたと報道されている）に上り、当時の経営陣である田中久雄社長、佐々木則夫副会長（前社長）、西田厚聡相談役（元社長）（いずれも当時）の、歴代三社長が辞任、取締役の半数も辞任するという大事件でありながら、日本経済新聞はこれを「決算作業の単純なミスなど軽微な場合」に該当するというのである。広告主としての東芝を少しでも救いたいという気持ちの表れであろうか。そうだとすると、この新聞記事こそ「不適切」と呼ぶべきではなかろうか。

2　調査報告書は「出来レース」

東芝の会計問題を調査していた第三者委員会（委員長・上田広一・元東京高検検事長）は、同じ日に調査報告書を公表し、会見した委員長は、「会計用語としては不正会計だった」と断じている（朝日新聞、二〇一五年七月二二日）が、報告書自体では、「不適切会計」で通している。

「不適切（inappropriate）」という言葉は、元アメリカ大統領ビル・クリントンがホワイトハウスの実習生モニカ・ルインスキーとの不倫について使って流行語になったことがある。「法律には違反していないが、大統領として思慮が足りなかった。」「不注意だった。」くらいの意味であろうか。クリントンは辞任などしていない。スキャンダル（醜聞）で収まっている。東芝は、歴代三社長が辞任、取締役の半数も辞任せざるを得ないほどの異常事態である。「不適切」で済まされる程度のことであれば、なにも辞任する必要はないはずである。

この調査報告書については、不信の声も大きい。「出来レース」「あらかじめ落としどころは決めてあったのではないか」という声もある。ジャーナリストの磯山友幸氏は、「第三者委員会が出した報告書は、ほとんど肝心なことに答えていない。さらに謎が深まった。」（日経ビジネスオンライン、二〇一五年七月三一日）と書いている。

そうした声が出る原因の一つは、調査期間の極端な短さである。東芝ほどの巨大な企業の不正の調査をわずか二か月でできるわけがない。専門家集団である監査法人でさえ一年かけてみているものを、非常勤の調査委員会が、「身内ではない」、「保身を図る必要がある」、「初対面の人たち」を相手に二か月かそこらで本当のことを聞き出せると考えるのはあまりにも楽観的ではなかろうか。

横山秀夫さんの小説に『半落ち』（講談社にて文庫化、二〇〇五年）という作品がある。映画にもなったしテレビドラマにもなったので、ご覧になった方は多いと思う。「半落ち」は、警察用語で、「一部を自供した」状態を言う。すべてを自供するのを「完落ち」というらしい。私は、映画もテレビも観ていないが、一人の犯罪者が「他の誰かをかばって」あるいは「保身のために」口を閉ざす（つまり、落ちない）のは十分に考えられる。調査委員会が面談等で調査した相手（きっと一〇〇人、二〇〇人という膨大な人数であったと思う）を、二か月かそこらで「半落ち」「完落ち」にできるとは考えにくい。

しばらくしてから、金融庁の公認会計士・監査審査会の会長である千代田邦夫氏は東芝の事件を「広い範囲で不正があり、明らかな粉飾決算にあたる」と指摘している（日本経済新聞、二〇一五年九月一八日）。きわめて歯切れがいいが、東芝の監査における「不正の見逃し」については「金融庁と（監査を担当した監査法人の）新日本と共犯関係にある」（大鹿靖明、朝日新聞DIGITAL, WEBRONZA、二〇一五年八月二一日）とまで言われており、千代田会長の発言は勇み足との評価もあるようである。

3　東芝は会計士を騙したのか

弁護士の郷原信郎氏は、調査報告書が会計監査人（東芝の場合は、新日本有限責任監査法人）

について ほとんど「スルー」していることを問題にしている。郷原氏は、インタビューに答えて次のように言う。

「東芝の経営陣が決算で不正を働く方法は、二つしかありません。意図を持って監査法人を『だます』か、監査法人に『見逃してもらう』かのいずれかです。ところが、この点が報告書では触れられていないのです。すると、東芝の経営陣にとって『監査法人が違法性を指摘しなかったので、問題ないという認識でした』という逃げ道ができるようになります。」（日経ビジネスオンライン、二〇一五年七月二三日）

郷原氏は、「（調査報告書は）監査法人を不問に付し、決定的な不正の認識が出てこないようにしたうえで、『徹底的な調査をやった』と幕引きしてしまった」と言う（同右）。

似たようなことは、同じ弁護士の久保利英明氏も指摘している。久保利氏は、第三者委員会の報告書を「三〇点」「落第点」と評価した上で、「今回のケースでは、新日本監査法人は東芝に『だまされた』か『グルだった』かのどちらかだ。『無能』であるなら話は別だけど。」「もし東芝にだまされたのなら、新日本監査法人の方から『三行半《みくだり》』を突きつけるのが筋だろう。信頼関係が根底から崩れたはずだから。」と（日経ビジネスオンライン、二〇一五年七月二四日）。

二〇一六年一月二七日、東芝は、監査法人を新日本から、ＰｗＣあらた監査法人に代えることを発表した。本音では、東芝も新日本も監査契約を継続したかったはずである。しかし、そうすることができない事情がある。二〇一五年一二月二二日、金融庁は新日本に対して課徴金二一億円のほか、新規契約禁止三か月の業務改善命令と担当の七人の公認会計士に対して一―六月の業務停止命令という内容の処分を行っている。課徴金処分を受けたような監査法人と引き続き契約を結ぶなどということは、きっと、次の株主総会では通らないはずである。

東芝の一件では、金融庁も、会計士協会も、監査法人も、財界も、経済新聞も、そろいもそろって及び腰である。へたに突っついたら自分に跳ね返ってくるのを恐れているかのようである。そうなると、誰も責任を負わず、真実は闇の中へ葬り去って、天下り先だけは確保しておくということにならないか。最近は、天下りも形を変えて、「社外取締役」だとか「社外監査役」「顧問」というポストまで自分たちで用意してある。なんともうらやましい世界である。

4　三菱自動車も粉飾？

ドイツのフォルクスワーゲン（ＶＷ）や三菱自動車の不正は、車の性能（燃費）に関する不正であるから、会計・決算には関係がない……と考えられがちであるが、それは違う。両社が計上した売上高と利益は、不正な排ガス試験・燃費の操作が行われていなければ、もっと少なかったはずである。その証拠に、三菱自動車の不正が報道された翌月の軽自動車の販売は半減したというではないか。二〇一六年度（二〇一六年四月～一七年三月）の業績見通しでは、営業利益は八二％減少の一、一三四億円、当期純損益は一、四五〇億円の赤字になるという（同年六月二二日の同社説明会による）。

不正な操作で売上高や利益を「割り増し報道」したという点では、東芝も三菱自動車も同罪である。東芝は、直接に数字を操作して「改善」し、三菱自動車は結果として売上高と利益の数字を「改善」したという違いはあるが。

昨今の日本企業には、取引先の繁栄とか事業継続といったことには目もくれず、わが社の、いや経営陣の「自衛」「保身」しか考えていないと思われる企業が少なくない。東芝の巨額粉飾事件も、三菱自動車の燃費試験不正事件も、会社の存続というより経営陣の「保身」「自己防衛」、つまるところ、「自分さえ良ければ社会に害悪を流そうが構わない」といった傲慢さ、あるいは、幼児的発想の結果である。東芝も三菱自動車も会社として存続しそうであるが、虚心になってジョンソン・エンド・ジョンソン社の「我が信条」（第1章で紹介した）に学んでほしいものである。

5 『善と悪の経済学』

話は変わる。というよりも、東芝の事件を紹介したのは、以下のことを書くための「枕詞《まくらことば》」に過ぎない。

少し前に、トーマス・セドラチェクの『善と悪の経済学』(東洋経済新報社、村井章子訳、二〇一五年)を読んだ。本の帯に「(経済学は)人類の幸福を示せるか?」と書いてある。セドラチェクはチェコ共和国の経済学者で、本書を出版したとき(二〇一一年)は、まだ三四歳!の若さであった。驚くなかれ、まだ学生であった二四歳の時には、チェコの初代大統領ヴァーツラフ・ハヴェルの経済アドバイザーとなっている。

そんな異才が「(本書は)帰宅後に、ワインを飲みながら書いた本」だという(朝日新聞、「しじみ汁の経済学」二〇一六年五月一九日)。余談ながら、私も一日の仕事の終わりに、おいしいお酒をよき友とすることが多い(正直に言えば、毎晩です)。日本酒のときもあれば、ワインのときもあり、イモ焼酎(最近、「白霧島」のお湯割にはまっている)のときもある。

本題に戻る。翻訳書にして、本文が五〇〇頁弱、索引・文献・注が九〇頁という大著である。六〇〇頁もの本で、著者が何を言いたかったのか、それを一言で(いや、一頁でも二頁でも)言い表す力量は、私にはない。言えることは、実に読みやすい言葉で書かれていることである。それは、翻訳者の村井章子さんの力でもあると思う。村井さんが翻訳を担当した本は、トマ・ピケティ『トマ・ピケティの新・資本論』、(日経BP社)、ジェイコブ・ソール『帳簿の世界史』(文藝春秋、二〇一五年)など、どれも素晴らしい翻訳で、決して原典に戻って確かめようといった気持にはならない。以下、その村井さんの訳で紹介したい。

セドラチェクは言う。

「今日の経済学は、実証的と自任する傲慢さから、数量を扱わないいわゆる『ソフトサイエンス』を見下している。」「主流派経済学は経済学から色彩の大半を捨て去り、黒と白しかないホモ・エコノミクス(経済人)に取り憑《つ》かれ、それによって善悪の問題を無視してきた……経済学者は自ら望んで盲目になり、人間を突き動かす最も重要な力を見なくなった。」(同右、三、一二頁)

もう少し紹介する。

「経済学は価値を論じるべきではないとされてきたが、むしろ独自の価値を探し、発見し、語るべきである。そもそも経済学が価値中立的だというのは、真実ではない。経済学の中には数学も存在するが、それ以上に多くの宗教や神話や元型が存在する。今日の経済学は、中身よりも方法にこだわりすぎているのではなかろうか。」（一二頁）

本書（原典）には、先に紹介したチェコの初代大統領ヴァーツラフ・ハヴェルが「まえがき」を寄稿している。その中で、こんなことを書いている。「科学的分野としての経済学が単に数字を扱う学問だと誤解されがちである……だが、人生を形成する多くのものが数えられないか、数えるのが難しいとしたら、いったい何を数えると言うのか。この手の経済学者がオーケストラの仕事の最適化を任されたら、何をするか、つい想像したくなる。たぶん彼に、ベートーベンの交響曲から休符を全部とってしまうだろう。休符のときは何もしない。手は止まっている。だったら、楽団員にはその分の給料をやる必要はない、というわけだ。」（まえがき、vi頁）

セドラチェクは言う。

「値段を付けられる価値は一部にすぎないのに、どうして価値計算ができるのだろうか。思うに、経済学はここに最大の難問を抱えている。多くのものには価値がある。だが値段が付けられるのは一部の価値だけだ。鉄道や広告や爪ヤスリには価値もあるし、値段も付く。価値を評価する市場が存在するからだ。しかし、友情、子供の笑顔、きれいな空気などのように、まちがいなく価値はあるが、値段の付かないものもある。これらのものは自由に取引できず、市場が存在しない。こうしたものに対して、経済学は力を失う。それどころか、値段の付く価値を値段の付けられない価値に対比させて、ときに破壊的な影響をおよぼす。」（四六七―四六八頁）

6 「腑に落ちない」話

目の前の海に泳いでいる魚が見える。見ているだけでは泳いでいる魚に過ぎないが、これを釣って魚屋に売れば、付加価値になり、立派に国内総生産（ＧＤＰ）を増やすことになる。事業として行えば、純利益を増やすことになるであろう。たとえそれが乱獲であっても。

目の前に、山菜が見える。今が食べごろであるが、放っておけば土に還る。これを採取して店で売れば、立派な付加価値として計算され、ＧＤＰの増加となり、事業として行えば純利益を増やすであろう。

泳いでいるか釣り上げたかに関係なく、海の魚は地球の富である。山菜も、採取されようが山深く眠っていようが、この世界の富・財産であることには変わりがない。海の魚が稚魚を生み、山菜が新しい芽を出せば、地球全体から見れば新しい価値が生まれたはずである。

海で泳いでいる魚も、山奥の山菜も、地球全体から見れば、貴重な「富」であるはずであるが、これまで、経済学でも会計学でも、こうしたものに「富」としての価値を認めてこなかった。魚が稚魚を生んでも山菜が新しい芽を出しても、ＧＤＰの計算にも、企業の利益の計算にも含まれない。

それだからであろうか、私たちが海を汚染して魚が死んでも、工場から出る汚水で山菜が取れなくなったり、大気が汚染されて森林が枯れたりしても、経済学ではＧＤＰの減少として扱うこともなく、会計学でも損失を計上することもなかった。私には、どこか腑に落ちない。読者の皆さんは、いかがであろうか。

もう少し、「腑に落ちない」話を書く。

今の会計学では、汗水流して稼いだ利益も、コンピューターのボタンを叩いただけで儲けたものも、一緒くたにして「当期純利益」として報告する。要するに、この世に富をもたらす仕事から得た利益も、ゼロサムゲームで他人から奪い取っただけの、この世には一円の富ももたらさなかった取引からの儲けも、「クソミソ」（失礼！）にして「当期純利益」として報告するのである。

つまり、当期純利益には「節操がない」のである。

当期純利益がふしだらなのは、ほかにもある。

右で「汗水流して稼いだ利益」と書いたが、「汗水」流せばいいというものではない。最近、池井戸潤さんの『七つの会議』（集英社文庫版、二〇一六年）を読んだ。その少し前にも池井戸さんの『空飛ぶタイヤ』（実業之日本社文庫版、二〇一六年）を読んだ（どちらも単行本のときは読みそこなっていたが、文庫化されてから手にしている）。両作品とも、企業が「儲け第一主義」に走って人命を軽視する話である。

最近のフォルクスワーゲンや三菱自動車の「犯罪」は、人命にかかわるような事件ではないにしても、同じ三菱自動車が起こした「大型トラック車輪脱輪による殺傷事故」（右の池井戸さんの『空飛ぶタイヤ』はこの事件を小説化したもの）は、何人もの命を奪っておきながら、責任の回避どころか、責任を他人（横浜の事件では、運送会社）に擦《なす》り付けて知らん顔していた。このときの、「責任を他人に擦り付けて回避した費用」は損益計算書に計上されず、その分だけ利益を、そしてGDPをかさ上げしたのである。

7　GDPは悪徳で栄える

どこかの国の安倍さんがGDP六〇〇兆円という数字と「一億総活躍社会」という二つのアドバルーンを上げている。まともな方法で六〇〇兆円のGDPを上げるのは至難の業であるが、セドラチェクはこともなげに言う。「（GDPの目標を達成するには）休暇を半分に減らして働けばよい。これで問題は解決である。」（三五〇頁）。要するに、「一億総活躍社会」を謳うのは、国民が休暇をとらず、残業に残業を重ねて働くことでGDP六〇〇兆円を実現させようという魂胆であろう。果たして、その国の国民はGDP六〇〇兆円の生活を望んでいるのであろうか。

アドバルーンは、ピーマンと一緒で、中身がない。欲しくもないものをせっせと作っても誰かが買ってくれなければGDPには貢献しない。GDPを増やすには、違う手が必要だ。それを紹介しよう。

バーナード・マンデヴィルという経済学者は、「私悪すなわち公益」という副題の付いた『蜂の寓話』（一七一四年、一七二三年改訂版）という一作で、「一八世紀最大級の論争の中心人物」になったという（セドラチェク、二六一頁）。マンデヴィルは「個人の悪徳が全体の経済的繁栄につながるという考えを西洋の主流的思想に持ち込んだ」（同、二六〇頁）と言われる。マンデヴィルによれば、「社会の繁栄の源は悪徳にある」「国富は悪徳に依拠する」（同、二六三、二六五頁）のだ。

そうすると、悪徳を重ねると社会は繁栄し、GDPも当期純利益も増えるということになろう。東芝が計上した架空利益も統計上はGDPを押し上げたはずであるから、粉飾という悪徳による利益のかさ上げも社会の繁栄に貢献しているということになる。三菱自動車の燃費不正も、それによって車の販売が伸び利益が増えたはずであるから、燃費不正という悪徳によって社会を繁栄させたことになる。マンデヴィル流に考えると、詐欺も虚偽も、社会の繁栄に役立つ。

セドラチェクは、そうした社会を「節度のない欲望という悪を善に変えられず、またさらなる欲望を生み出しているだけ」（朝日新聞、前掲）と表現している。

8　会計学の犯罪

長々とセドラチェクの話を書いてきたが、賢明な読者の皆さんには、私の意図というか、私が言いたいことを理解していただけたと思う。セドラチェクが言っていることは、経済学に人間味がなくなって、善と悪の判断もできず、ただ数字をいじくっているだけの「学問もどき」に堕落してしまったということであろうが、何のことはない、その点では会計学も同罪である。

情けないことに、私たちが後生大事にしてきた会計・会計学は、「犯罪」をしてまで儲けた利益と、地道に努力して稼いだ利益を、区別できないでいる。まだある。企業の「当期純利益」には、戦争に使う戦車や機関銃を売った儲けも、大気を汚染し河川を汚泥で埋めるような工場から出てくる製品の儲けも、貧者からも高齢者からも歓迎されるモノをできるだけ安く作った薄利も、「クソミソ」（またまた失礼！）にして「当期純利益」として計算・報告する。

実は、何を利益とするかは、社会の約束によって変わる。初めから「これが利益だ」と言って示せるものがあるわけではない。第5章「『牛』はいつから『食料品』になるのか―『稼ぐ』とは、どういうことなのか」の中で、こんな話を書いた。

「『モーと鳴いている牛』や『生け簀《す》で泳いでいる真鯛やアジ』が動物なのか食料品なのかは『決めごと』でしかないのと同様に、『何を利益とするか』『いつから利益とするか』『利益の額をいくらとするか』は、自明のことでもあらかじめ決まっていることでもなく、みんなで相談して決める『決めごと』に過ぎない。」

だから、企業が利益として計算・報告するものを、今よりも狭くすることも広くすることもできる。有価証券や不動産の売買益を損益計算書に載せないとすることも、戦争の道具や臓器の売買による売上高や利益も損益計算書から除外すると約束することもできる。そうすれば、会計上の利益は大きく純化されるであろう。

9 「反社会的事業報告書」

要するに、社会に一円の富をもたらさない取引（有価証券等の売買）や反社会的な取引（兵器や臓器の売買）を、「会計が取り扱う領域」から除外するのである。除外された取引とその損益をどのように扱うかについては、会計以外の誰かが決めればよい。「ゼロサムゲーム結果集計表」とか「反社会的事業報告書」とかを作るという案もあろう。どのように扱おうと、会計は関与しないことにする。もちろん監査の対象からも外す。

また、原材料の調達、製品の製造過程や輸送、その使用・消費によって損なわれる自然環境を回復するのに必要なコストを費用として損益計算書に載せるか社会に対する債務としてバランス・シートに載せることを約束する。企業は、国民が求めてもいない不用品を大量生産することをやめて、地球資源の保全に努めるようになるかもしれない。そうなれば、ブータンの国王が言ったように、「ＧＤＰよりもＧＮＨ（国民総幸福量）を大事にする」国に変わることができるのではなかろうか。

今の経済学も会計学も、「社会」「科学」を名乗る資格がないように思える。ことの善悪を判断することを自ら放棄し、価値判断をしないこと（価値中立性）を理想としている。初心《うぶ》なのか無知なのか、どちらかであろう。社会を扱う学問は、「苦痛、非効率、貧困、無知、社会的不平等」を悪として科学の力で取り除くべきだと考えてきたはずである（セドラチェク、三五六頁）。

私も、セドラチェク に負けずに、「帰宅後にワインを飲みながら」本章の最後の部分を書いた。失言や妄言があれば多謝したい。

第10章　会計不正の手口（1）

――悪徳でGDP・純利益を増やす方法

1　会計学者のアンタッチャブル

前章で、「ＧＤＰも当期純利益も悪徳で栄える」という話を紹介した。私が言いたかったことは、後半部分、つまり、悪徳を重ねるとＧＤＰも当期純利益も増えるという「腑に落ちない」話であった。東芝が計上した架空利益も統計上はＧＤＰを押し上げたはずであるから、粉飾という悪徳による利益のかさ上げも数字の上では社会の繁栄に貢献していることになるし、三菱自動車の燃費不正もそれによって車の販売が伸び利益が増えたはずであるから、燃費不正という悪徳によって社会を繁栄させたことになる、という話であった。

この原稿が雑誌（『税経通信』二〇一六年七月号）に掲載されて間もなく、読者の方から数本のメールを頂戴した。自分が書いたものに、賛成意見であれ、反対意見であれ、質問であれ、単なる感想であれ、何かしらの反応があることは物書きとしては非常に嬉しい。ときには、記事とは関係なく、ご自身のことを延々とお書きになる読者の方もいるが、それはそれで楽しく読ませていただいている。

この原稿についてメールを書いてくださった読者の皆さんは、私の意図に反して（意図とは少しずれて）東芝のことを問題にされているのである。私は、東芝や三菱自動車の不正は、後半の原稿を書くための「枕詞」にしたつもりであったが、読者の方々からは、「いったい、東芝はどんな手口を使って利益をごまかしたのか」とか「会計監査人（監査法人）が見逃すような高等数学を駆使した手口だったのか」とか、「その手口は、昔のカネボウや加ト吉（現・テーブルマーク）が使った手と同じなのか違うのか」、といったことに関心があるようであった。

そうしたメールをいただいて感じたのであるが、確かに後半の部分は、経営者や実務家の皆さんにしてみれば「そういう問題は学者にお任せ」であろうし、会計学者にしてみれば「この問題をまともに取り上げたら、会計学者として自己否定になりかねないし、教壇では何も話せなくなる」かもしれない。だからかもしれないが、誰もこの問題については触れようとしない。

私はその「アンタッチャブル」にあえて手を、いや口を突っ込もうというのである。長年にわたって悪徳の栄え（詳しくは前章を参照）に加担してきたことへの反省と、エリオット・ネスには及びもつかないが正義感・使命感もわずかにある。

2　簿記三級レベルの不正の手口

本章では、そうしたことから、会計不正の手口を紹介する。主として東芝が使った手口であるが、詳細については、浜田康さんの『粉飾決算　問われる監査と内部統制』（日本経済新聞出版社、二〇一六年）第三章と、東芝の会計問題を調査した第三者委員会の報告書（『株式会社東芝第三者委員会　調査報告書』要約版、二〇一五年七月二〇日、報告書全文の公表、七月二一日）を読んでいただきたい。

浜田さんの本も調査報告書も、詳細であるだけに却って東芝がどんな手口を使ったのかがつかみにくい。東芝の不正会計の手口を紹介するために、浜田さんは一四〇頁を費やし、調査報告書では三〇〇頁近くを使っている。よほど深い関心か利害がなければ読もうとはしないであろう。三〇〇頁の報告書は、「読んでもらいたくない」ために無駄に分厚くしたのではないかと邪推したくなるボリュームである。

東芝の不正会計（粉飾）の手口が、実際に監査を担当した公認会計士が気が付かないくらい手が込んだ手口だとすれば、それを紹介するのにそれなりの頁数は必要であろうし、読者の皆さんも「エンピツと電卓を手に」、目を皿にして数字を追いかけ、トリックを見破ることが求められるであろう。

しかし、東芝が使った不正の手口はいくつかあるが、主な手口の一つはそんな手の込んだ、会計士が見破れないほどの高等数学を駆使した手口ではなかった。極端に言えば、簿記検定の三級レベルの知識があれば見抜けるはずの不正がスルーされているのである。もう一つの主要な手口は、簿記検定の三級では出題されないが、三級程度の知識があれば、「おかしい」「どこか変だ」

と感じるはずの手口である。これについては、次章で取り上げたい。

そこで、以下では、東芝が使った不正の手口の主なものを、簿記の三級程度の知識があることを前提にして、紹介したい。読者諸賢がより高度の知識をお持ちであることは十分に承知している。しかし、大企業のみならず中小企業でも、どこでも同じ手口で不正な経理が行われている可能性が高い。そのことに気が付かれるならば、早速にでもわが社の、子会社の、工場や支店の、さらに取引先の経理や在庫管理を見直すことをお勧めしたい。「わが社は大丈夫」ということを確認するだけでも見直す価値がある。

繰り返すが、本章では、東芝が、どの事案(工事、取引、製品、契約など)で、どれだけの粉飾(日経新聞の表現を使えば、不適切な処理)を行ったかは紹介しない。いちいち事案の内容や不正処理の金額を書くと、不正の手口の本質がぼやけてしまう。詳細なことを知りたいならば、右に紹介した浜田さんの本や第三者委員会の報告書を読んでいただきたい。

3　受験者の低レベル

利益をかさ上げする方法として「在庫の水増し」という手がある。実に古典的な手口である。在庫を持つ会社であれば、どこでもすぐに使える(だから、右に書いたように、どこの会社も在庫の管理を見直してほしい)。ただし、外部の者(例えば公認会計士)の場合、「怪しい」と感じることがあっても、不正の証拠を見つけるのが困難なこともある。このことについては、後述する。

簿記の話から書く。右に「簿記検定三級レベルの知識があれば見抜ける」と書いたが、実は、国家試験の受験者でも三級レベルの内容をよく理解していない人が少なくない。以前、私が公認会計士の試験委員(当時は、二次試験と呼んでいた)をしていたとき、総合問題の一部として損益計算書の頭の部分(売上高から売上総利益の計算まで)を完成させる問題を出したことがある。所与のデータは、(1)売上高、(2)期首棚卸高(前期繰越高)、(3)当期仕入高、(4)期末棚卸高の四つである(この程度の紹介であれば、試験委員の守秘義務に抵触するといった話にはならないであろう)。

損益計算書の該当部分を作成すれば、上のようになる。

損益計算書

Ⅰ	売上高		100
Ⅱ	売上原価		
	1 (期首棚卸高)	(10)	
	2 (当期仕入高)	(54)	
	3 (期末棚卸高)	(12)	52
	売上総利益		48

当時、二次試験(一次試験は教養の試験であったので、二次試験が事実上の会計士試験であった)は「短答式(五択)」と「論述式」の二段階試験が始まったころで、この問題を解くの

精　算　表

勘定科目	試算表		修正記入		損益計算書		貸借対照表	
	借方	貸方	借方	貸方	借方	貸方	借方	貸方
⋮								
繰越商品	220,000		230,000	220,000			230,000	
⋮								
売上		850,000				850,000		
仕入	**680,000**		**220,000**	**230,000**	**670,000**			
⋮								

売上原価 ＝ 期首棚卸高 ＋ 当期仕入高 − 期末棚卸高

10 ＋ 54 − 12 ＝52

（参考）

売上総利益 ＝ 売上高 − 売上原価

＝ 100 − 52 ＝48

は短答式試験を突破した三千名ほどの受験者であったから、私は受験者のほとんどが満点を取ると思っていた。私の作った問題はいわゆる総合問題で、期末棚卸高の評価に低価法を使うという点を除けば（当時、低価法は選択適用であった）この部分はごく平凡な計算であった。

ところが、採点して驚いた。できていたのは、三人に一人くらいしかいない。売上原価の計算の部分は上の計算書の1、2、3ともに後ろに（　）をつけて文字と数字を書くようにしてあったが、1、2、3に何を書くのかが分かっていないのである。

簿記の検定では、この計算を精算表の「仕入の行」で行うことが多い。

前頁の数字を使うと、上記のようになる。

初歩的な話で申し訳ないが、東芝は、この初歩的な計算を悪用して巨額の架空利益を計上した。いかに初歩的とはいえ、会計士試験の受験者（しかも短答式試験の合格者）でさえよく理解していない箇所であるから、ここをどのように悪用したのかがわかるように、もう少し説明したい。

4　在庫の水増し法（その1）

売上原価の計算では、最初に「期首棚卸高（前期繰越高）プラス当期仕入高」を計算する。期首棚卸高は、前年の売れ残り商品の原価であり、当期仕入高は当期に仕入れた商品の原価である。その合計額は、当期中に店にあった商品の合計額（原価）である。

その商品が全部売れていれば、上記のようになる。

売上高 －（期首有り高 ＋ 当期仕入高）＝売上総利益（商品売買益）

この場合、期末在庫がないので、「在庫の水増し」という手口は使えない。使おうと思ったら、無理やり「在庫をひねり出す」しかない。

通常、継続する事業では、在庫のすべてが期中に販売されるということはなく、期末に次期に繰り越す商品（期末棚卸高、次期繰越高）がある。その場合、売上原価と売上総利益は、二二六頁の表のとおりになる。

このとき、期末棚卸高一二を二〇に変えたらどうなるであろうか。期末棚卸高を水増しするのである。

期末棚卸高を水増しすると、同じ額（八）だけ売上原価が小さくなり、また同じ額だけ売上総利益（商品売買益）が増える計算になる。二二六頁の計算と比べてみて頂きたい。

売上原価	=	期首棚卸高	+	当期仕入高	−	期末棚卸高	
		10	+	54	−	20	＝44

（参考）

売上総利益	=	売上高	−	売上原価	
	=	100	−	44	＝56

5　買戻し条件付き「架空販売」

目の前にある在庫をどうやって水増しするのであろうか。東芝が使った「マスキング価格を使った操作」を紹介しよう。マスキングとは、本来は、「覆う」とか「かぶせる」の意味で、塗装などの際に色を塗らない部分を保護するために粘着テープなどを貼ることをいう。東芝の場合は、あることを取引相手に知られたくないために、競争上の必要から一部の情報を隠す目的で使ったものである。このこと自体は、多くの競争企業が使っていることで、別段、非難されることではない。

しかし、東芝は、この手口を主にパソコン事業で次第に悪用するのである。なお、この手口の詳細と具体的な金額、なぜこうした「マスキング価格」を使うのかについては、右に紹介した浜田氏の著書を手にしていただきたい。

製造業では、作業や加工の一部を社外の業者に委託することが多い。いわゆる外注である。東芝の場合も、パソコンの部品を多数の外部企業から調達し、それをまとめて社外の業者に送り、組み立てされたものを送り返してもらって、これを消費者・ユーザーに販売していた。外部の組み立て会社にすれば、東芝から必要な部品を預かり、加工・組み立てをして送り返すのである。部品を東芝から「仕入れ」たのではなく、また製品（組み立て品）を東芝に「販売」したのでもない。東芝にとっても、取引の実質は、部品の組み立てを委託して、外注加工費を払っただけのことである。組み立て済みの製品を購入したのではない。

東芝は、このような外注加工をどのように会計処理したか。次頁の図表を見ながら読んでいただきたい。東芝は、数多くの部品メーカーからパソコンに必要なパーツを購入している。話を簡

架空販売

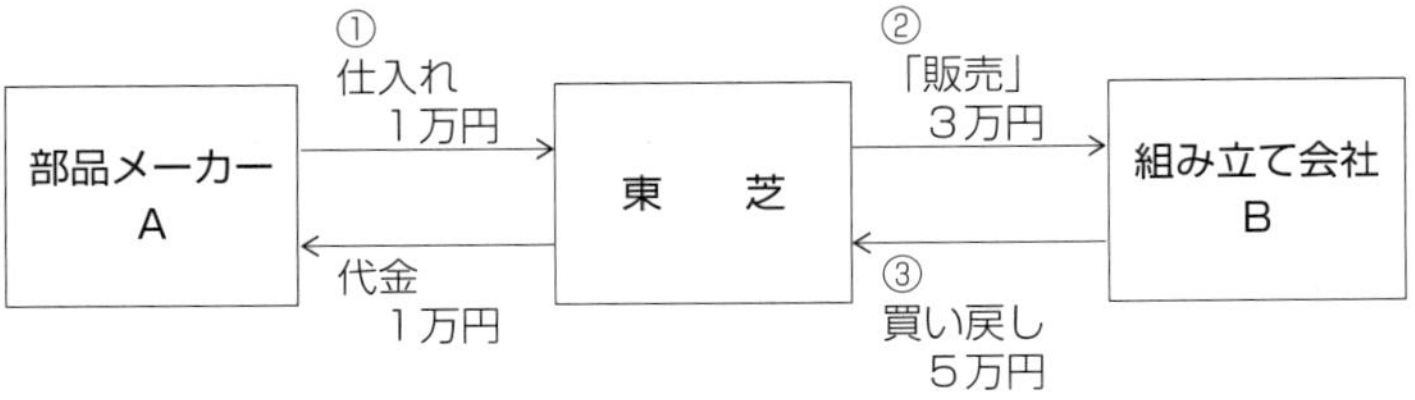

単にするために、一つのパーツだけで説明する。今、Aという部品メーカーから部品を一個一万円で調達したとする。Aは東芝に部品を販売し、東芝は部品を仕入れたのである。この取引は、両社とも普通の販売・仕入れとして会計処理するであろう。

東芝は、この部品を外注先の組み立て会社B社に発送するとき、「販売」したものとして処理するのである。その価格を三万円としよう。仕入れ原価が一万円であるから、これで一個につき二万円の販売益が計上される。他方、B社は、部品を仕入れたわけではない。組み立て後に東芝に送り返し、組み立ての加工賃を払ってもらうことが約束されているから受け入れたのである。B社は、普通の取引（独立した当事者の間での取引）としてであれば、この部品を買うことはない。

つまり、この取引は、当事者の一方（東芝）が「販売」として処理し、もう一方の当事者（B社）は「加工の受託」として処理しているのである。この部品の所有権は、取引の開始から終了まで、東芝にある。

東芝は、組み立てが終了した製品を受け取るとき、外注加工費の支払いという処理をせずに、製品を「仕入れ」たことにする。いったん組み立て会社に「販売」したものを「買い戻す」のである。買い戻すときに、B社へ部品として販売した価格（三万円）に、外注加工賃（これを二万円としよう）を加えて五万円で引き取ったとする。引き取った製品は、在庫になる。

6　在庫の水増し法（その2）

この手口を使うと、部品を外注先に送るだけで利益を計上することができる。気になるのは、組み立てが終わった製品を、買い戻したときの処理である。前頁の例では、一万円で仕入れた部品に二万円の利益を上乗せして三万円でB社に引き渡し、製品になったものを五万円（うち、二万円は外注加工費）で買い戻す。東芝がこれを五万円以上で外部に販売すれば、上乗せした二万円の利益も実現するが、期末までに売れなかったらどうなるのであろうか。期末までに売れなかったら、在庫（棚卸資産）としてバランス・シートに記載されるが、この金額は五万円である。つまり、二万円の架空利益を含んだまま資産として計上されるのである。これで原価三万円（部品代一万円＋外注加工費二万円）の在庫が五万円に水増しされるのだ。東芝社内では、こうした処理を、Buy－Sell 取引（バイ・セル取引）と呼んでいるという。

在庫の水増しは、こうした形でも行われる。浜田氏によれば、東芝は、部品の仕入れ価格の三倍とか五倍の値（マスキング価格）をつけて組み立て会社に「販売」して巨額の架空利益を計上してきた（同右、三六七―三六八頁）。このマスキング倍率から逆算すると、二〇一二年度と二〇一三年度における在庫のかさ上げ部分は八〇〇億円を超えるという（三七二頁）。

在庫の水増しという悪行で、ＧＤＰも純利益も八〇〇億円、二年間で一、六〇〇億円もかさ上げされたのである。この金額は、東芝のパソコン事業という一部門だけのものである。パソコン事業だけで、これだけ不正を働いたのである。何も、お隣の国の話ではない。れっきとした、日本を代表する「超優良企業」のことである。読者諸賢、信じられるであろうか。

7　在庫は粉飾・不正の温床

京セラの話を書く。京セラの代表的な製品はセラミックで、セラミックは陶磁器であるから一度製品にしてしまうと、流用はできない。ある会社から、半導体・液晶装置関連の部品を一〇〇万個受注したとしよう。陶磁器であるから製品化段階で欠けたり割れ目がはいったりして不具合が生じるものもある。そこで、受注した一〇〇万個ちょうどを作るわけにはいかない。不具合によるアウト（製造段階でのハネもの）を見込んで一一〇万個製造したとする。ところが幸いにして、ほとんど不具合が発生せず、一〇〇万個を納品し、一〇万個が手元に残ったとしよう。

同じ会社から同じ部品の注文がくればこの一〇万個を納品することもありうるが、期末現在でそうしたことが期待できなければ、このセラミック製品は「ただの石ころ」に過ぎなくなる。この一〇万個を「ただの石ころ」として損失処理するか、それとも、「在庫」としてバランス・シートに載せるか、決算数値に大きく影響する。京セラは、躊躇することなく、こうした「石ころ」を損失処理した。

この話は、実は、京セラだけの話ではなく、どのような製品でも同じである。受注した数だけ製造して納品したら検収でハネものがでたときに対応ができなくなる。多くの場合、受注した数よりも多めに余裕を持って製造して受注分だけ納品する。その場合、納品した製品が問題なく受理されれば、製造した会社には、余裕を持って製造した製品が残る。

しかし、この残りの製品は、多くの場合、売り物にならない。同じ客先から同じ製品の注文がくることを期待して在庫として保有すると保有コストはかかるし、製品が陳腐化する。外の人間（監査人も同じ）が見ると、会社の倉庫にある在庫は、宝の山に見えても、実は石ころの山かもしれないのである。監査を担当する会計士からは、会社が「宝の山だ」と主張すれば、監査人はそれを信じるしかない、という声が聞こえる。会計士の声を、もう少し紹介する。

知り合いの若い会計士から、会社の棚卸しに立ち会ったときの話を聞いた。倉庫には天井に届くほどの在庫が積まれており、上の方にある在庫は手が届かないために何であるか確認できず、底（床）のほうの在庫は、上の在庫を全部降ろさないと見ることができず、奥の方にある在庫は、姿さえみることができず、結局は会社の担当者の言うことを信じるしかなかったというのである。

また、ある会計士は、天井まで積んである原料をチェックするために、下の方にある袋をサンプリングで調べたところ、帳簿の記載どおりであったので在庫の確認を終えたところ、後日になって分かったことは、実は、手の届く範囲の原料は本物で、上の方には無価値のニセモノが積んであった、というのである。

在庫の確認は、本当に難しい。在庫が海外にあることもあれば、遠くの子会社・工場にあることもある。在庫を見せられても、監査人に判断できないものもある。製薬会社の在庫をチェックしようにも、薬剤師を同伴していかなければ、何を見せられたか分からない。青酸カリだと説明されても、それが砂糖かもしれないし塩かもしれない。舐《な》めてみれば分かるが……。

在庫の水増しは、期末間際に顧客に無理やり買ってもらった商品を、発送せずに倉庫に残すことでも可能である。この手では、売り上げを増やして、かつ、在庫を水増しすることができる。

8　公認会計士の二つの言い分

損益計算書で重要なのは、ボトムライン（当期純利益）ではない。損益計算書で重要なのは、たびたび書いてきたように、売上高から売上総利益まで、つまり上の計算部分である。損益計算書のトップラインは「売上高」が一行で書かれているが、実は、どのお得意さんに、いつ、いくらで売ったのか、掛で売ったのか現金売りか、その販売は通常の分量か、いつもの価格か、新規のお客か長年の付き合いのあるお客か……一行の金額に非常に多くの情報が集約されている。

売上原価を計算する部分では、仕入れ先はどこであったか、いつ、いくらで仕入れたものを売ったのか、その仕入れ先は新規のところか長年の付き合いのあるところか、仕入れ価格は適正か、期末の在庫は過剰または過小ではないか……これまた非常に多くの重要な情報が集約されている。

継続的に事業を営んでいる企業を評価するには、経営者も投資家も、売上高から売上総利益までを最も重視しなければならない。この部分のどこかに無理があったり不適切であったりすれば、長期的な事業の繁栄は望めない。

経営者にとっても投資家にとっても、最も重要な情報である売上高と売上原価が、右にみたように操作されやすいものだとすれば、会計監査もここを重点的になされなければならないであろう。営業外損益やら特別損益のチェックに比べれば、意思決定に与える影響は甚大である。

ところが、浜田康氏は、「(東芝のマスキング倍率のことを) もし監査人が本当に知らなかったとすると、ほとんど監査らしい監査をしていなかったからではないかとしか考えられません」と言うのである(同右、三七四頁)。

東芝の事件が明るみに出た後、たまたま新日本有限責任監査法人の二人のキーパーソンと食事をする機会があった。二人とも東芝の監査を担当した方々ではないが、経験豊富な公認会計士である。その席で、二人が口をそろえて言うのは「(東芝に) あれだけ口裏を合わせられたら、不正は見抜けない」「意図的に不正を企まれたら、外部者には不正を発見できない」「内部統制が効いていなかった」ということであった。

そういえば、日本公認会計士協会の会長を務めたこともある大物会計士の方が粉飾を見逃したとして批判されたとき、「古典的な粉飾の手口であるが、発見は難しい」と自己弁護したことがあった。

内部統制についていえば、会社ぐるみ、トップの犯罪には効力がないことは監査論の常識である。五〇年以上も昔であるが、恩師の佐藤孝一先生は、監査論の講義の中で、「内部牽制の方が有効」という話をしていたのを思い出す。今の内部統制は、結局は、一部の人たちの金儲けの道具とされ、現実の企業経営では「役立たず」どころか「邪魔もの」「金食い虫」として、悪評が高い。

公認会計士としての経歴も長い浜田氏は、会計不正と監査の問題を四六八頁も費やして検討した最後に、次のように言う。

「監査をする以上、不正は絶対に見つける、不正は絶対に是正する、という気概をもって仕事に取り組むのが、公認会計士の使命でもあるのです。ですから、『本気で隠されたら粉飾は発見できない』などと思う公認会計士がいたなら、すぐにでも監査業務から退いてもらい、もっと気概のある、もっと情熱のある、若い公認会計士にどんどん入れ替わってもらいたいと思うのです。」（同右、四六七頁）

どちらも経験豊富な公認会計士の言い分である。読者諸賢は、どちらの言い分に与《くみ》するであろうか。

第11章　会計不正の手口（2）

――悪徳でGDP・純利益を増やす方法

1　東芝の手口――工事進行基準の不適切適用

前章で紹介した「在庫の水増し」という手口は、実は、しろうと分かりしない。つまり、初級程度の簿記の知識を必要とする。しかし、今回紹介する手口は、手口を理解するにはかなり高度の会計学の知識を必要とするが、その結果だけを観察すれば、誰でも「おかしい」「変だ」と感じる手口である。

この手口を簡単に言えば、「一〇〇円で作ったものを八〇円で売って、五〇円の利益が出た」とするものである。一〇〇円で作ったものを、何かの事情があって八〇円で販売するということは珍しくはない。マーケット・シェアを確保するために原価を割って販売するとか、取引関係を継続するためにお得意先の言い値で販売するとか、季節おくれのために在庫を処分するとか、いろいろある。

しかし、こうした場合には、損失が計上されるはずである。期間損益計算の全体としては、他の利益と相殺《そうさい》処理されるであろうから、損益計算書を見ても、原価を割って販売したということやその損失額がいくらであったかは分からない。経営者もそうした事実を積極的に、あるいは、詳細にディスクローズすることはない。通常の営業行為であり、その金額も軽微であろう。会計監査人が気づいても、まず問題にすることはないであろう。

しかし、この手口を使った東芝の経理は、ちょっと、いや、大きく違う。何が違うか。一つは、金額の大きさ、つまり、決算処理においても監査においても、慎重な対応が求められる事案であることである。もう一つは、損失が出ていながら、それを無視するどころか、無理やり利益が出ているように処理してきたことである。普通であれば、「一〇〇円で作ったものを八〇円で売って五〇円の儲けが出た」といった、こんなアホみたいな手口が通用するはずもないが、なぜか東芝と監査法人の新日本では通用したのだ。

2 工事契約の会計基準

商品や製品を販売したときの収益（売上高）の計算は、比較的簡単である。販売した商品・製品を買い手に引き渡して、その代金（対価）を受け取ったときに、その受け取った代金（現金の場合もあれば売掛金・受取手形の場合もある）の金額が収益の額になる。この場合は、「販売」が行われるまでは収益の金額は確定しない。逆からいうと、（1）商品・サービスを買い手に引き渡し、（2）その代金を受け取るという、二つの条件を満たしたときに、収益は「実現」したものとして、損益計算書に計上される。会計学を学んだことのある読者諸賢には「常識中の常識」であろう（しかし、この「会計学の常識中の常識」がＩＦＲＳでは「非常識」とされている。ＩＦＲＳでは、「実現」という概念を否定して、「発生」という「しろうとわかり」するだけの、「裁量会計」、つまり「何でもあり」の基準が設定されてきた。そのことについては、第５章「「牛」はいつから「食料品」になるのか」で簡単に紹介した。いずれ、詳しく紹介したい）。

右に記したのは、商品・製品という一般的な、同一品を頻繁に販売するときのルールであるが、ところが、ビルや橋の建築や道路の敷設のように、請負の工事の場合には、一般に、最初に収益の額（請負額）が決まっているが、その収益額をいつの期間の収益とするかを簡単に決めることができない。右の条件でいう（１）「商品・サービスの提供」が行われる時点、つまり、工事契約の場合は完了した工事物件（橋、道路など）を発注者に引き渡す時点が工事契約を交わした年度内であれば、商品や製品の販売と同じ処理でいいが、引き渡しが次期以降になったとき、その工事にかかる収益と費用を当期に計上するか、次期に計上するか、あるいは、数期間に配分するかという問題が生じてくる。

以下、工事契約の収益・費用をどのように会計処理するかを紹介するが、企業会計原則で会計学を学ばれた皆さんと、新しい会計基準群で会計学を学ばれた皆さんでは、ほんの少しではあるが知識に違いがあるかもしれない。いずれにせよ、東芝が悪用して巨額の架空利益を計上し、ＧＤＰを水増ししたのが工事契約の会計処理であるから、遠回りながら教科書的な話も含めて紹介したい。

なお、この会計不正の手口は、前章で紹介した「在庫の水増し」と同様に、製造業・ソフトウエア制作業などにおいて広く使われている可能性が高い。特に、受注生産（土木、建築、不動産、造船、特殊機械製造など）を連続的に行っている企業の場合には、いくつかの契約をまたいだ収益や損益の付け替えなどの不正が横行している恐れがある。

具体的な手口はあとで紹介するが、監査役の皆さん、社外取締役の皆さん、ご自分の会社が連続的な受注生産を行っているのであれば、大いに関心を持っていただきたい。

3 受注生産（工事契約）と見込み生産

商品や製品を製造するとき、一般的には「見込み生産」といって、市場の動向を見ながら生産数量を決める。もっと売れそうであれば生産量を増やすし、売れ行きが怪しくなれば生産を抑える。

こうした生産に対して、注文を受けてから、注文主のリクエストに応じて生産する「受注生産」という生産形態がある。その中でも、標準的な商品・製品の注文ではなく、一個だけの、注文主が指定する性能・形式等の製品を受注するようなケースでは、多くの場合、その契約に当たって、工事（作業）の進捗《しんちょく》・完成の段階で支払う代金が事前に契約で決められている。これを「工事契約」と呼ぶ。例えば、土木工事、建築、造船、特殊な工作機械の製造などのように、顧客（注文主）の指示に基づいて工事や製造が行われるケースである。ソフトウエアを受注制作する場合も、その契約金額（請負価額）が事前に決まっていれば、これに該当する。こうした生産形態は、「請負《うけおい》」と呼ばれ、その仕事が完成したときに代金（対価）が支払われる契約である。下請け会社が親会社から長期にわたって大量の部品などを製造・供給する契約を受注しても、ここでいう「工事契約」には該当しない。

通常の商品販売などでは、販売が完了するまでは収益の額（売上高）が決まらないが、工事契約の場合は、収益の額（契約代金、工事収益）は契約によって事前に決まっている。ただし、一般に工事契約は長期にわたる（工事期間が次期以降にわたる）ために、工事収益をいつの期間に計上するのかが問題になる。工事が終了してから収益と費用を計上するのがいいのか、それとも、工事の進み具合（工事進捗度）に応じて収益と費用を期間配分するのがいいのか、という問題である。

4　企業会計原則における「長期請負工事」の会計処理

工事契約による収益の計上については、これまで企業会計原則の定めがあったが、平成一九（二〇〇七）年一二月に企業会計基準第一五号「工事契約に関する会計基準」（以下、新基準という）と企業会計基準適用指針第一八号「工事契約に関する会計基準の適用指針」が公表され、企業会計原則に優先して適用されることになった。

基準の適用ということでは新基準だけを紹介すればいいのであるが、ここでは従来のルール・考え方を理解したうえで新基準を読んだ方が、これまでのルールの問題点も新基準が目指しているところも、さらに、東芝がどこを悪用したかもよくわかると思うので、まずは、企業会計原則のルールから紹介する。

会計の世界で「長期」というときは、ほぼ間違いなく、期末現在からみて「一年を超える」という意味で使われている。資産・負債を短期（流動資産・流動負債）と長期（固定資産・固定負債）に分ける「一年基準」も、短期借入金と長期借入金の違いも、「一年を超える」かどうかで区分している。

つまり、来期末（例えば、三月三一日）までに現金化される見込みの資産は「流動資産」とされ、来期末までに支払期限が到来する負債は「流動負債」とされる。来期末を超えて支払期限がくる（例えば、来年の四月一日）負債は「固定負債」とするということである。蛇足ながら、なぜ「期末現在からみて一年を超えるかどうか」を問題にするのであろうか。それは、一般に公表される財務諸表（金商法によって公開が義務付けられている財務諸表）の日付が期末（決算日、多くは三月三一日）の日付のものであり、その財務諸表の利用者に「来年度（新年度）中に支払い期限が来て当社が払わなければならない負債」がいくらあるかを示し、その負債を返済する財源として使える「流動資産」の額と比較することができるようにするためである。この二つの数値から、財務諸表の利用者は、この会社の借金の返済能力を示す「流動比率」の計算ができるようになるのだ。これが、一般に会計の世界で使われている「長期」と「短期」の意味である。

ところが「長期請負工事」という場合の「長期」は、「一年を超える」ということではなくて、「次期にまたがる」「当期末までに完了しない」という意味である。多くのテキストや会計辞典には、「一年を超える請負工事」といった説明が書かれているが、そうではない。

例えば、三月末に決算期を迎える土木会社が、工事が一〇か月かかる契約を九月の初めに受注したとしよう。工事が完了して発注者に引き渡すことができるのが六月末とすると、決算日（三月末）現在は、工事は進行中である。ただし、この工事契約は「一年基準」を当てはめると、期末から計算して工事の完成・引き渡し（販売と同じ）に要する期間は一〇か月であるから、「一年を超える」ことにはならない。

この例では、一〇か月の工事のうち、当期に行われる工事が四か月分で、残りの工事は次期に行われる。この工事に販売基準（引渡基準）を適用すると、当期の工事にかかる収益はなく、全額が次期の収益として計上される。以下、こうした会計処理が適切かどうかを検討しよう。

収益（利益）の計上は、一般の商品売買では「販売基準」が採用される。そこでは、

（1）販売する商品が買い手に送られるか、買い手に届くこと（発送基準、着荷基準、検収基準など）

（2）代金（対価）を受け取るか、受け取ることが確実になること（現金、売掛金、受取手形などを入手すること）

といった条件がそろったときに「販売」が成立したと考える。より一般的な表現を使えば、「実現主義」が適用されているのである。

右のケースでは、工事は期末現在、まだ終了していない。しかし、工事が終了したときに支払われる収益の額（工事収益）は契約により決まっている。つまり、（1）の条件は満たしていないが、（2）については「受け取ることが確実」という意味で条件を満たしていると考えられる。特に、発注者が、国や地方公共団体、あるいは、大規模企業であれば、「支払いが確実」といえるからである。

こうしたとき、企業会計原則では販売基準に準じた会計処理と、(2)を重視する会計処理を、ともに認めている。販売基準に準じた会計処理を「工事完成基準」といい、(2)を重視する会計処理を「工事進行基準」という。工事完成基準は実現主義を適用したものであり、工事進行基準は発生主義を適用したものだと説明される。

5　工事進行基準の合理性

財・サービスの引き渡しという(1)の条件を満たしていないにも関わらず「工事進行基準」が工事収益の計上基準として認められるのは、こうした取引が「一定の条件が整えば当該工事の進捗に応じて対応する部分の成果の確実性が認められる場合があるため」(新基準三九)とされている。

つまり、工事の当事者(発注者と受注者)間で基本的な仕様や作業内容が合意された工事契約について、施工者(受注者)がその契約上の義務をすべて果たし終えておらず、法的には対価に対する請求権をいまだ確立していない状態であっても、会計上はこれと同視しうる程度に成果の確実性が高まり、収益として認識することが適切な場合があると考えるのである。

企業会計原則は、このように工事進行基準にも工事収益の計上基準として合理性があるものとして、工事完成基準との選択適用を認め、工事進行基準を適用する場合には「決算期末に工事進行程度を見積り、適正な工事収益率によって」当期の工事収益を計上するとしている。

企業会計原則には、これ以上の適用指針（どういう工事のときに工事完成基準が適切で、どういうときには工事完成基準が適切かといった判断の指針など）は書かれていない。したがって、二つの会計処理は、無条件に選択適用が認められていた。それが平成一九年の新基準では、「同じような請負工事契約であっても、企業の選択により異なる収益等の認識基準が適用される結果、財務諸表間の比較可能性が損なわれる場合がある」（新基準二九）ことから、「工事契約ごとに会社が適用すべき収益認識基準」を明らかにすることにした。

新基準は、企業会計原則に優先して適用されるが、新基準が工事進行基準を原則とする点を除けば、請負工事の基本的な収益計上の会計処理は変わらない。そこで、以下、「原則的処理」とされた工事進行基準を中心に説明する。東芝が悪用したのも、この工事進行基準のルールである。

6　工事契約に係る「認識の単位」

ある取引を行う場合、取引の内容や取引の単位はすべての当事者間の契約において合意される事項である。その取引の会計処理も、合意された取引の実態を忠実に反映するように、実質的な取引の単位に基づいて行う必要がある。

一般に取引を行うに当たって交わされる契約書は、ここでいう「実質的な取引の単位」を反映している。新基準が「実質的な取引の単位」というときは、施工者（工事を引き受けた企業）が一定の範囲の工事を履行することによって、顧客（発注者）から対価に対する確定的な請求権を獲得する場合の工事内容をいう（新基準四三）。

例えば、新しい道路を敷設する工事を受注したとしよう。当社は、第一期工事として予定地の地ならしをし、第二期の工事としてアスファルトによる道路の形成を、第三期の工事としてセンターラインの線引きやガードレール、カーブミラーの設置を予定し、発注者の了解を得たとする。各期の工事が終わると、それぞれの作業内容に応じて発注者から代金の支払いがなされる約束になっているとする。

この場合、すでに履行を終えた工事部分の対価については確定的な請求権を獲得することができるのであるから、「実質的な取引の単位」となる。残りの工事部分を仮に履行できなくなっても、それは別の工事契約が履行できなくなったこととするのである。

そうした会計処理をするためには、ときには契約書上の取引をいくつかに分割したり、または複数の契約書の単位を結合したりして、会計処理を行う単位を決めることが必要になることもある（新基準七、四二）。

細かなことを長々と紹介したが、ポイントは、「工事収益及び工事原価は、工事契約に係る認識の単位ごとに」（新基準八）計上するという点にある。計上に当たっては、工事の進行途上においても、その進捗部分について成果の確実性が認められる場合には「工事進行基準」を適用し、この要件を満たさない場合には「工事完成基準」を適用する（新基準九）。どちらの基準を適用することになるとしても、工事収益・工事費用の計算・計上は、右に紹介した「認識の単位」ごとに行われる。二つとか三つの工事契約の収益・費用を合算したり、ある工事の収益・費用を他の工事契約の収益・費用として付け替えたりしてはならないのである。これが新基準の指示する工事契約の会計処理である。

7　工事進行基準を使った不正

前章で紹介した浜田康氏の『粉飾決算　問われる監査と内部統制』（日本経済新聞出版社、二〇一六年）では、「工事進行基準の原価に関する不正は、個別原価計算に特徴的な不正と、工事進行基準固有の不正」という二つの種類があるという（二六二頁）。「個別原価計算においてきわめて例の多い、代表的な不正は、原価の付け替え」だとして、二つの手口を紹介している。その手口を見てみよう。何が不正になるのであろうか。

浜田氏は、「時間差を利用し、当期中に赤字で売上計上しなければならないプロジェクトの原価を、当期末は仕掛《しかかり》で繰り越すプロジェクトに付け替える」という手を使えば、「当期の売上は何とか黒字になり、翌期に飛ばした赤字は翌期考えればいい」ことになるとして、【図表1】のように図解している（二六四頁）。

【図表1】　当期の原価を翌期に飛ばす手口

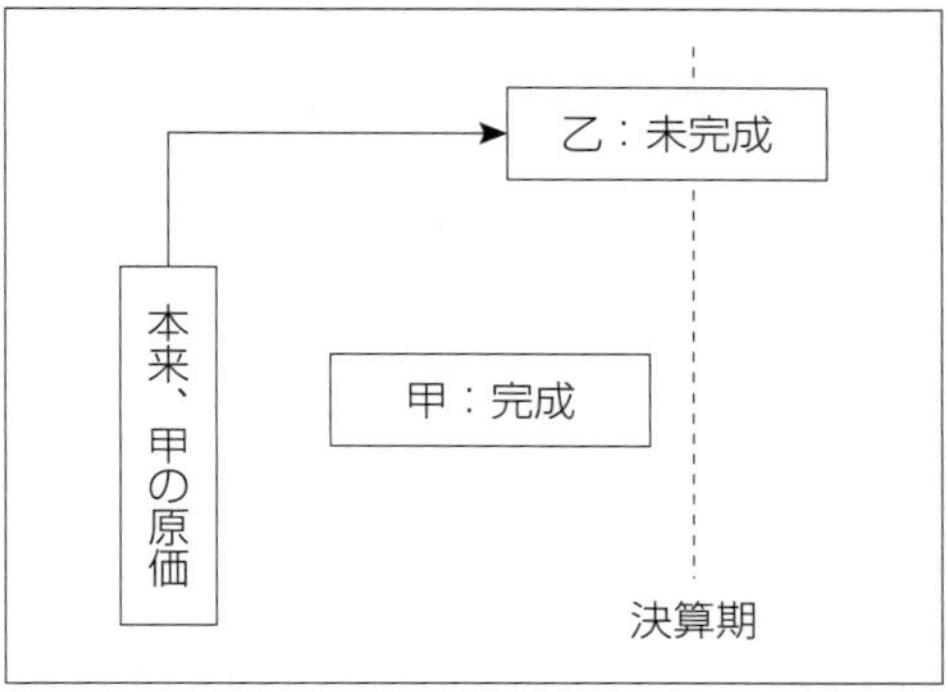

さらに浜田氏は、似たような方法として、「赤字になりそうな工事完成基準プロジェクトの原価を、工事進行基準プロジェクトに付け替える」という手を紹介している（【図表2】）。工事進行基準のプロジェクトなら、採算が若干悪化しても徐々に計上することになるので目立たないし、逆に、工事進行基準の売上高や利益を調整したいときは、その原価の一部を仕掛中の完成基準プロジェクトに付け替えたり、付け戻したりすれば、ある程度の操作は簡単にできる、という（二六四頁）。

しかし、いずれの手口も右に紹介した新基準の「工

【図表2】 赤字工事の原価を黒字工事に付け替えて、赤字を消す／削減する手口

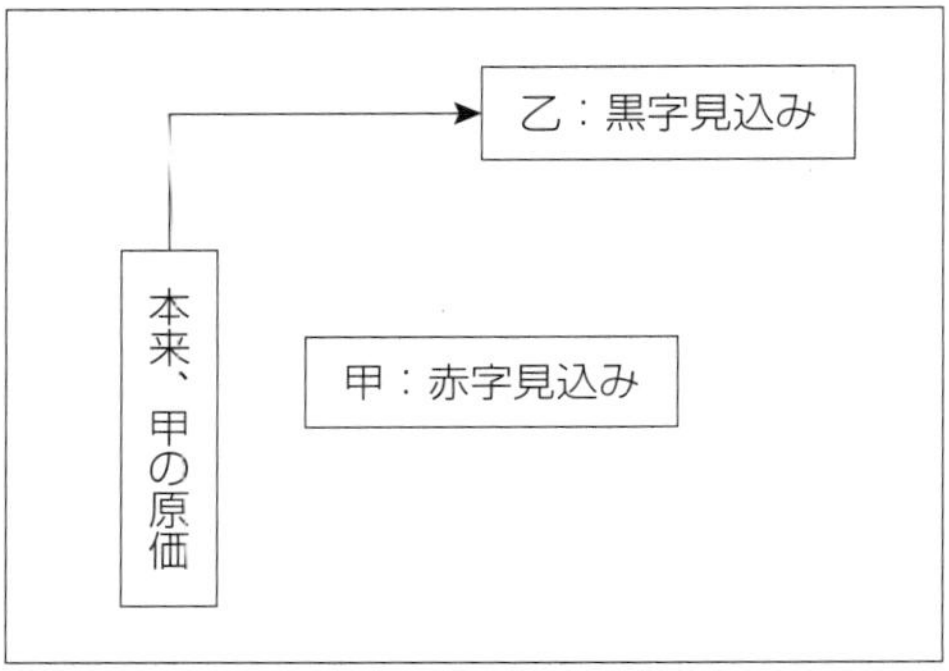

事契約に係る認識の単位」を無視したものであり、「収益の付け替え」や「原価の付け替え」により、損失を次期以降に飛ばすものである。これを繰り返せば、永久に損失は表面に現れない。水面下に潜った損失は、溜まり溜まって、どこかで（多くは企業が破たんするときに）「悪事露見」「閉門蟄居」となるか、資金繰りに困って、「損益計算書、超優良会社」を「売り」にした新株発行に走ることになる。結局、バカを見るのは株主と従業員であろう。

8 会計士・監査法人は被害者か

このように、工事進行基準を使った利益操作は、ネタがばれているのだ。であれば監査もそこを重点的にチェックするのは当たり前であろう。ところが、である。浜田氏が第三者委員会の調

査報告書全文に記載されている工事進行基準の具体的な案件を抜き出して調べたところ、いくつもの案件で、「監査人が、プロジェクトの管理資料を閲覧していない」、「監査人は原価内訳をチェックしていない」、「監査人は経営監査部の監査報告書を見ていない」、といった疑問があるという。また、浜田氏は、いくつかの案件を調べた結果、「東芝の監査人が、工事契約に関して適切な、また、十分な監査を実施していたような気配がほとんど感じられない」（三六〇頁）とまで言うのだ。浜田氏もカネボウをはじめとする「多数の企業不正に深くかかわった監査法人」である「中央青山監査法人」のキー・パーソンであった。同じ公認会計士の仕事について言うのであるから、多少は身びいきしての評価をしてもおかしくはないのであるが、実に率直で、手厳しい。

余談ながら、私は浜田氏の主著ともいうべき著書を三冊持っている。『不正を許さない監査』（日本経済新聞社、二〇〇二年）は、勇ましかった。エンロンやワールドコムの会計不正や監査を担当したアーサー・アンダーセンの監査実務をメッタ切りにして、この人が監査を担当するならきっと不正は起きないと思わせるものであった。その後、二〇〇八年にカネボウ、ライブドア、日興コーディアル、メディア・リンクスなどの不正事件を受けて執筆した『会計不正　会社の「常識」監査人の「論理」』（日本経済新聞出版社、二〇〇八年）を出し、今回、右に紹介した『粉飾決算』を出した。

三冊の本を何度か読み直したが、率直に言って、氏は、自分が所属した監査法人（中央青山）の「関与のありざま」、あるいは言葉はきついがその「犯罪」については、ほとんど語っていない。少なくとも、氏は、不正に関与したとして解散せざるを得なかった監査法人の「代表社員」という責任ある立場にいた人である。カネボウ事件という、「監査法人が粉飾に加担した」とされる事件の、直接ではないにしろ、責任ある立場の人である。

それが、「（私は）カネボウ事件の実態を実は知らなかった」（『会計不正』三頁）ということで済ましている。どこか、他人事のような、会計士・監査法人の方が被害者であるかのような言葉ではなかろうか。カネボウといえば、同監査法人にとっても大きなクライアントであったはずである。法人のトップにいる代表社員が、「知らなかった」では済まない話ではなかろうか。もっというと、責任ある立場の者は口が裂けても「知らなかった」とは言ってはならないひとことである。

浜田氏は、二〇〇八年の著書の中で言う。「昨今の粉飾事件では、まず例外なく経営者が深く関与していると思います。経営者が関与、あるいは主導していると、ほとんどの場合、組織ぐるみになります。最近は、協力取引先なども からんで、共犯者が社外にも、企業グループ外にも拡散しています。」（一六一頁）

「現代のように経営者が主導し、社内や取引先も巻き込んでの不正行為の場合は、当事者一人ひとりはチームの一員ですから、たとえ問い詰められたとしてもむしろ毅然とした態度で明確に否定するものです。」（一六一―一六二頁）

これを読んで、私は、浜田氏に、こう書いてもらいたかったと思うのである。

「昨今の粉飾事件では、まず例外なく会計士・監査法人が深く関与していると思います。会計士が関与、あるいは主導していると、ほとんどの場合、会社が破たんする以外は、暗闇に葬られ、明るみに出ることはありません。」

読者諸賢は、どうお考えになるであろうか。

第12章　八年前の警鐘は活かされたか

——田中章義教授と石川純治教授の教え

1　明日に架ける橋
2　八年前の警鐘
3　石川教授のこと——学者の生産性
4　基本的なスタンス
5　ハイブリッド構造
6　矛盾の原型
7　バタフライの競技会
8　道産子の遺伝子
9　経済統計学から会計学へ
10　THE NEVERENDING STORY

1　明日に架《か》ける橋

随分昔になるが、サイモンとガーファンクルの「明日に架ける橋（Bridge over Troubled Water）」という歌が大流行したことがある。私も大ファンで、今でも「レコード」を持っているし、ときどき、針を落としている（こんな表現は死語に近いのだろうか）。

日本の会計学が「Troubled Water」に化したのは、第一に企業会計原則が商法に取り込まれたことが原因であり、第二には、国際会計基準（ＩＦＲＳ）が会計界（学界ではない）を席巻し始めたことに原因がある。

どちらも、正直に言って、会計学者を必要としなくなったか、会計学者の出番がなくなった（もっと正直に言うと、会計学者の歯が立たなくなった）原因である。

企業会計原則（の一部）を商法に取り込むのは、実は、会計サイド（どちらかというと、会計学者）の悲願であった。それまでは、商法会計において（英米流の）会計原則が認知されることはなく、しかも証券取引法会計（投資情報を提供する会計）は商法会計の下の下と扱われていたこともあって、会計原則を商法に認知してもらうことが、会計サイドの強い願望であった。しかし、それが一部実現してしまうと、会計原則の改正などが法的な問題を引き起こすために、法的な知識や経験の少ない会計学者は口をはさむことができなくなった。

その後、会計学の研究は急速に「たこつぼ化」し、リース会計、連結会計、資金会計、退職給付会計、○○会計……を専門とする（つまり、他の領域の会計は専門外と考える）学者が増え、特に、国際会計基準が日本の会計を「侵食」してくると、他人の研究領域が多くて、うかつに発言できないようになってきた。勇気を出して発言（発信）しようものなら、国際会計基準推進派やら実務界からとんでもないしっぺ返しを食らう。そうなると、ＩＦＲＳに関しては「沈黙は金」を押し通すのが「賢者の選択」ということになろう。

こうした日本の現状に、あえて警鐘を鳴らす学者がいる。本章では、そうした会計学者の中で、私と親交がある二人の教授のことを書きたい。お二人の、Troubled Water 化した日本の会計学に対する深い懸念と熱い想いで架けるBridge の一端をお伝えしたい。

2　八年前の警鐘

石川純治教授が二〇〇六年に出版した『変わる社会、変わる会計　激動の時代をよむ』（日本評論社）は、日本の会計の世界、特に「会計学」と「会計教育」の世界に大きなショックを与えた。この本の「はしがき」の一端を紹介する。

「会計が社会のなかで現実にどのように機能しているかをみるには、一〇の論文を読むより一つの時事や実話（新聞・雑誌などの記事）を素材にした方がよっぽどタイムリーで有益な場合が多い。」

「総じていえば学者の手による書物よりも、ずっとタイムリーでリアリティーに富んだ素材を提供している。」

多くの会計学者が「時期を失した、リアリティーのない」作品を世に出してきたことに大きな警鐘を鳴らしたのである。さて、それから八年、わが会計学界は石川教授の警鐘にちゃんと耳を貸してきたであろうか。そうであったら、本書は誕生しなかったかもしれない。

3　石川教授のこと―学者の生産性

本書の紹介に入る前に、著者の石川教授のことを書きたい。生まれは一九四八年というから、すでに還暦を数年前に迎えられている。私事で申し訳ないが、少し前（二〇一三年一月）の『税経通信』（税務経理協会刊）に、「学者の寿命―『六〇歳限界説』―」と題する（極めて不謹慎な）原稿を載せたことがある。私が、古稀の七〇歳を目前にしての、わが老体に鞭を入れるつもりで書いたものであった。

会計の世界に限らず、社会科学でも自然科学でも、学者は四〇代、五〇代が命のようで、六〇歳を過ぎると、途端に生産性が落ちるらしい。要するに、論文も本も書けなくなり、口だけの評論家になる。そんな戯《ざ》れ言《ごと》を書いた。

学者の話であるから、「収益性」はともかく、「生産性」は大事である。著者は、本書と同じ出版社からの本だけでも、二〇〇六年の著書に続けて、二〇〇八年に『変貌する現代会計　その形と方向』、二〇一〇年に『変わる会計、変わる日本経済　「情報会計」の時代』を上梓し、そして、二〇一四年の八月に、『揺れる現代会計　ハイブリッド構造とその矛盾』を世に問うのである。以下、本書を取り上げる。

私は、石川教授のような、還暦を過ぎても高い生産性を維持している会計学者をほとんど知らない。ほとんどの学者は、書いてもコラムかそこらで、長い論文も単著も書けない。せいぜい、弟子たちの原稿を集めて「〇〇編著」を出して、「学者として健在」を示している程度である。

4　基本的なスタンス

この八年間、著者の基本的なスタンスは、変わらない。会計を学び、それを仕事としている人たちには、「本のなかの会計」ではなく「社会で使われている会計」を直視すること、さらに学者に向かっては、「研究室のなかの会計学」から飛び出して、「会計実務界（会計プロフェッション）にいかなる貢献ができるか」を（一緒に）考えようというものである（と、私は理解している）。

本の「まえがき」（はしがき）は、普通、一冊の本を書き上げた後で書く。著者自身が数百頁を費やして「何を言いたいのか」「何を伝えたかったのか」をわずか数頁に圧縮してみせてくれる。だから「まえがき」を読んで心に響かない本は、何頁読み進めても砂を噛むような味気なさがある。専門書とても同じである。

その点、本書の「はしがき」は、わずか三頁であるが著者の心意気と学者としての使命感が伝わってくる。本書の狙いを、著者は「まえがき」で、次のように述べて、今日の会計界が直面する課題を抉《えぐ》り出し、著者が取り組む姿勢を高らかに宣言しているのである。

「今日の会計アカデミズムは、その先端を走るプロフェッションに追随、埋没している感がある。アカデミズムのプロフェッション化ともいえる現象である。アカデミズムの本来的役割はそれとは逆方向、すなわちプロフェッションの相対化、客体化にある。」

「プロフェッションでは個々の会計基準の解釈やその適用が直接的な課題になるが、それがどのような状況から出てきているかという視点が欠落すると、真に『理解する』という点まで至らない。アカデミズムの存在意義は、まさにこの『理解する』という点と密接に関わっている。」

ここで「相対化」とは、著者の言葉を借りれば「平たく言えば比較相対、つまり他のものとの比較による、そしてより高次の観点からの位置づけ」である。私流に解釈すれば、例えば、今日の会計を資本主義や会計の歴史の流れの中で理解すること、変貌する現代会計の根底を流れる会計観や投資家像を見据えて、現象として現れる会計基準の変化とその意味を「正しく理解する」こと、こうした高次の次元から物事を総体的に捉える作業は、アカデミズム（学者）の仕事である。

著者は「あとがき」で「もしアカデミズムに力があるなら（近年それは相対的に小さくなっている）、その役割の一つがそこにある。」と述べ、本書を執筆する動機を明らかにしている。著者が二百数十頁を費やして、まさに現代会計の相対化（位置づけ）を試み、世に問うのが本書である。

5　ハイブリッド構造

著者が本書で取り上げているテーマは、非常に広範囲にわたり、かつ、議論の多いところである。表面的にはＩＦＲＳを取り上げている場面が多いが、決してＩＦＲＳの解説とか批判といったレベルで書かれているのではなく、より高次元の「（プロフェッションに埋没しない）アカデミズムの本来的なあり方（存在意義）」を語る素材として使っているに過ぎない。

本書の副題としてつけられた「ハイブリッド構造とその矛盾」は、本書の核となる主張を言い表している。本書全体をもれなく紹介することは非常に困難なので、以下では、本書でいう「ハイブリッド」の意味とそれが引き起こす問題点を取り上げたい。

本書では大きなテーマのタイトルとして「ハイブリッド」という表現が使われているのは、Ｐａｒｔ １「会計プロフェッションの相対化」の中の二つの章で、「制度会計のハイブリッド性」と「ハイブリッドの矛盾性」である。

前者では、「会社とは何か」という問題から始めて、「会計とは何か」「会計は誰のものか」を解き明かしている。現代の会計は、「会社＝モノ」の会計（投資家本位、情報開示重視）と「会社＝ヒト」の会計（利害調整会計、利益計算重視）が混在した「ハイブリッド会計」という特徴を持ち、その中で、「会社＝モノ」の会計が優位に立っていると分析している。しかし、「会社＝モノ」の会計は、いかに優位に位置しようとも、「会社＝ヒト」の会計抜きでは成立しない。それを無理やり「会社＝モノ」の会計で押し切ろうとすると、矛盾が飛び出してくる。

6　矛盾の原型

著者は言う。「従来の収支計算型ではP／LとB／Sとの関係が収支をベースにしたフローとストックの計算構造論として理論的に説明されるのに対し（その典型はB／S動態論）、今日の実態開示型では情報開示の優位性のもと計算構造の議論がその背後に押しやられ欠落しがちとなる。」と（五三頁）。

著者は、そうした現象が引き起こしている矛盾の典型として、「その他の包括利益（ＯＣＩ）」としての「その他有価証券評価差額」の問題を取り上げている。その他有価証券の実態を開示するという情報提供が目的であれば、これをバランスシートに載せる必要はないが、わが国会計基準では、「投資家が自己責任に基づいて投資判断を行うために、金融資産の時価評価を導入して企業の財務活動の実態を適切に財務諸表に反映させ、投資家に対して的確な財務情報を提供することが必要」（「金融商品に関する会計基準」平成二〇年）としてオンバランスするのである。しかも何と、翌期首には反対仕訳をして評価差額に関するOCIを取り消すのである。何のためか。

著者は言う。「一方で時価の『開示』を行い（期末報告時の会計処理）、他方で従来の原価主義の枠内で利益の『計算』が行われる。ここに開示（B／S）と計算（P／L）の一つの矛盾がある。」（六一頁）と。

かくしてOCIは「時価開示（借方）が目的」の反対科目（貸方科目）としての「仮置き場」に過ぎない（著者）のである。当期純利益の概念が明確であるのに対して、OCIが何とも説明のつかない、居座りの悪い概念なのはこうした事情からである。著者は、こうした矛盾をいかにして解くかを、いくつか提案しているので、是非、参照していただきたい。

日本の、そして世界の会計について、これほど精緻な現状分析と問題提起をしている本はめったにない。読者諸賢、今その足で書店に走るかアマゾンで注文することをお勧めする。

7　バタフライの競技会

話は変わる。しばらく前に、一般財団法人産業経理協会の理事であり事業部長でもある小野均さんと仕事の打ち合わせをしていたときのことである。前後の関係は覚えていないが、小野さんが「最近、素晴らしい論文に出会いました」と言うのである。小野さんは、勉強家であり読書家である。私はしばしば（私にとって）隠れた名著や論文を紹介していただいているので、「さて、どなたがお書きになった論文であろうか」、もしも私が眼を通していない論文であったら会計学者としてちょっと恥ずかしいなと思いつつ、「どなたが書かれた論文ですか」とお聞きすると、席を立たれて自分のデスクから論文のコピーを持ってきてくれた。そして、この論文はすばらしい、何度も読み返しました、と褒《ほ》めちぎるのである。

コピーを拝見して、驚いた。その筆者とは何と数日前にお会いしたばかりであった。その人は、田中章義先生で、論文は雑誌『會計』に掲載された「アメリカ会計学界の反省と教訓―実証会計学をめぐる問題―」（第一七八巻第一号、二〇一〇年七月）である。この論文は、私も初めて目にしたときから今日まで、わが書斎（もどきの部屋）の一等席に置いて、何度も読み返している。副題にある表現を使えば「（わが身の）反省と教訓」のために、である。

この論文は、アメリカの会計学の世界が「論理実証主義や分析哲学に依る強気な科学方法論が主流になって、それ以外のものは、疑似科学とか非科学として排斥される傾向が強い」（後で紹介する田中教授の「私の学問遍歴」による）状況の中で、イギリスとアメリカ会計学界の碩学《せきがく》であるホップウッドとデムスキーが、研究者たちが実証主義的な方法論に閉じ込められて創造性をんでいる。

失っていると警告し、若手研究者に勇気ある反乱を呼びかけたことなどを紹介し、次のように結

「アメリカの会計学術誌は、(そうであれば、会計学研究の世界も会計教育の世界も同じか―引用者)、水泳に例えるときわめて特殊な泳法、たとえばバタフライの競技会のごときものではないか。……そうであるとすれば、(日本がそれを真似るなら)かの国の部族会計学、羊群会計学への道を、この国の若い研究者たちに歩ませることになりはしないだろうか。」

「会計研究の前提として何よりも必要なのは、『会計とは何か』という総体的な会計像を構想して、たえず脳裏に描いていることであろう。これがないと専門家《プロフェショナル》ではあっても、学問者《スカラー》とはいえないのである。」

「当面する研究テーマとその会計像を照合させていると、研究テーマの相対的位置がわかり、会計の概念もふくらんでくる。この総体的概念を少しずつ豊かにしていくことは、会計という謎に満ちたものの正体を解き明かすことである。」

この一文を、私は何度読み返したであろうか。「会計とは何か」という課題に真摯《しんし》に取り組んだこともない人たちが会計学者を名乗ったり会計士を名乗ったり……、それはまだ「会計をおもちゃ」にしている程度の話で、国家的・経済的な被害も大きくはないことから大目に見てもいいかもしれないが、まともな「会計観」を持たない人が会計基準の設定や会社法・金融商品取引法などの法改正を担当しているとなると、話は変わる。

この一文を読むたびに、いつも自問するのである。私は、会計の専門家《スペシャリスト》なのか、それとも会計学者（学問者《スカラー》）なのかと。専門家と呼んでもらうには、私は専門領域を持たない。二〇年ほど前までは、イギリスの会計制度と会計基準、日本の会計制度や会計基準との比較や日本にとって学ぶことなどを考えてきた。私の博士論文は、当初、イギリスの会計制度と会計基準の研究をテーマとしたものであったが、両者を合わせると五〇〇頁を超えるボリュームになり、指導教授からクレームがついた。「私の博士論文より頁が多い」。やむを得ず、出版社にお願いして、「会計制度」編と「会計基準」編にわけて出版することにした。次に指導教授から言われたことは、「(若造のくせに) 二冊も本を出すのか」である。若造の私には、返す言葉がなかった。

そして今、私は自分の専門領域を問われても、まともに答えられない。イギリス会計の研究は、二〇年ほど昔に、後進に道を譲った。そういえばかっこがいいが、実は、自分の学問的関心が、イギリスから日本に移ってきたのである。イギリスを研究する視座として、いつも気にかけていたのは、日本との比較である。わが国の会計は、制度も基準も、イギリスが発祥で、それがアメリカに伝播し、第二次大戦後に日本に伝えられたものである。この二〇年間ほどは、関心がイギリスから日本に移ってきた程度の若輩の研究者でしかない（馬齢だけは十分に重ねたが）。

そうした意味では、私は、田中教授のいう「専門家《スペシャリスト》」に分類されそうもない。時価会計批判者などという区分はないし、ＩＦＲＳ批判者という区分もないであろう。時価主義者とかＩＦＲＳ論者といった分類はあるかもしれないが。

8　道産子の遺伝子

田中教授とは最近初めてお会いしたのであるが、それまでに何年間もメールをやり取りして、会計学のこと、会計学界のこと、会計教育のことなどについて意見を交換してきた。しかし、長い間、私たちに共通する何かを感じながら気が付かなかったことがある。それが二〇一四年四月から六月にかけて田中教授が雑誌『企業会計』に寄稿した「私の学問遍歴―『会計とは何か』をたずねて㈠―㈢」を目にして気が付いた。気が付いたと言うより、「腑に落ちた」のである。

実は、私たちは、少し年齢差はあるものの、ほとんど同じ時期に、同じ札幌で育ったのである。それも、札幌を流れる豊平川を挟んでの、お隣さん同士であった。「権威を信じない」「ストレートにものを言う」「批判と反批判は創造的行為」という道産子の学問的遺伝子を共に受け継いできたのではなかろうか。特に、言いたいことをオブラートに包んで言うといった芸当は苦手である。田中教授は三〇代のころ、当時「学界天皇」と呼ばれた黒澤清教授の論文を批判するペーパーを書いている。私たちには、権威とかオブラートとかは存在しないらしい。

9 経済統計学から会計学へ

田中教授は昭和九（一九三四）年生まれというから、二〇一四年に傘寿（八〇歳）を迎えられた。小学校時代に通った市営のプールも、釣りを楽しんだ川も、炊事遠足（北海道の定番行事。要は小学生の野外クッキング）に出かけた澄川も、もしかしたらスキーを楽しんだ藻岩山も、友人とのおしゃべりを楽しんだ大通公園も、きっと私と同じところであったであろう。学校への通学には、同じ市電を使ったはずである。郷里が同じだと、それだけで急に親しみがわくから不思議である。

田中教授は、北海道大学経済学部の卒業で、院生時代は経済統計学を専攻している。それがなぜ会計学者になったのか、実に興味深いし、昨今の会計が抱える課題に解決のヒントを与えてくれている。

右の「私の学問遍歴」によれば、博士課程の研究テーマは、「経済統計における正確性と信頼性」で、いろいろな文献を読んだが、「経済統計の主な源泉である企業収益などの会計データの信頼性が問題とされていない。元になる会計を素通りして、統計的な正確性だけを論じても尻抜けじゃないかと考えた」という。

経済統計から会計学へという遍歴の由来が、「元になるデータの正確性と信頼性」への疑念だということを知れば、田中教授がなぜ「計算・記録・証票・伝達・公開等の会計機能」を重視するのかが理解できる。お会いしたとき、教授は、こんな話をしてくれた。会計データの生産過程(簿記)を重視する会計学者と、その消費(会計データの利用)しか考えない会計学者がいる。それはあたかも同じ野菜を食べても、それを作っている人(の価値観)と買ってきて食べるだけの人(の価値観)の違いではないか、と。時価会計とは、後者の発想なのだ。

教授は経済学の出身であり経済統計という二次データ・加工済みデータを分析する学問をスタート地点としていることからすると、どちらかというと「野菜を買ってきて食べるだけの人」のグループに入りそうである。しかし教授は、日本の会計学者(界)を席巻した「時価主義」に走ることはなかったという。それは、経済統計データの本質を、そのデータの生産過程(統計調査過程)にあるという発想があって、その統計データの生産過程の一部を会計データの生産過程(つまり簿記)が代行していると考えていたからだと言う。「野菜を作る人」の立場でものごとをとらえているのである。

10 THE NEVERENDING STORY

石川教授も田中教授も、表現は異なるが、現在の会計の有り様に強い危機感を抱いているのではなかろうか。石川教授は言う。

「今日の実態開示型では情報開示の優位性のもと計算構造の議論がその背後に押しやられ欠落しがちとなる。」

「一階を欠いては建物が成り立たないように、(市場ではなく)企業や地域社会と密接に関わるステークホルダーの会計が重要といえる。」

田中教授から頂いたメールの一部を、教授の了解を得て紹介する。

「資本形態の多様化によって、会計の機能と形態も分化し多様化してきた。利子生み資本に対応する会計の計算・報告機能（貸付資本に対するものと株主に対する分配可能利益計算と報告）とその形態が、さらに擬制資本に対応する将来キャッシュ・フロー推計・企業価値計算機能、リスクへの対応機能、資本市場への公開機能およびそれらの諸形態が展開するのである。

このようにして会計の多様な機能と形態のなかから、擬制資本が必要とするこれらのものだけが『意思決定有用性』目的のもとで会計の唯一の機能と形態であるとされるに至り、会計のシステムを歪《ゆが》める原因ともなっている。」

けだし至言である。私なりに解釈すれば、会計の機能と形態が多様化するなかで、なぜか「意思決定に有用である」情報を提供することが会計の唯一の機能とされ、その機能を果たす形態の計算・報告しか行われなくなったことが、今日の会計システムを歪めている元凶だという。私はこのことを言いたくて、『会計学はどこで道を間違えたのか』（税務経理協会、二〇一三年）を書いた。四〇〇頁近くを費やして書いたが、右の田中教授の数行にはとても及ばない。

我々は、今一度、原点に立ち返って、「会計とは何か」「会計にしかできないことは何か」「会計はいままでどのように使われてきたか」を、真摯に、真剣に、考える必要があるのではなかろうか。石川教授の言われるように、「歴史的文脈からの相対化（史的相対）」「論理的・原理的相対」、特に「より高次の観点からの比較相対」が重要である。

そう考えると、アカデミズム（学者）のやるべきことが見えてくる。「たこつぼ」に隠れている必要はない。会計の原点の話なのだ。若い学者も長老もない。〇〇会計の権威も、××会計の権威も、一度ヨロイを脱いで、世界を舞台に活躍する企業もいつもの居酒屋も使っている「会計」とは、いったい何者なのかを、同じ土俵に上がって、議論してみようではないか。もちろん、この話は、アカデミズムだけの話ではない。プロフェッション（実務界）もそろそろ金融庁や会計士協会の傘の下から顔を出して、惰眠をむさぼるアカデミズムの尻を叩いてもいいのではなかろうか。（妄言多謝）

第13章　忍び寄る「不幸の会計基準」の魔手

――会計基準は「鏡」か「ものさし」か

1　IFRSは「不幸の会計基準」
2　会計は「経営の鏡」か
3　「会計的に正しい」
4　退職給付会計基準の改正
5　「引当金」から「退職給付に係る負債」へ
6　企業はどう対応するか
7　会計基準はニュートラルではない
8　フィールドワークをしない日本
9　タイミングの悪さ
10　ルールは誰のためにあるのか

1　ＩＦＲＳは「不幸の会計基準」

国際会計基準（ＩＦＲＳ《アイ・エフ・アール・エス》）は、九九・九％の人にとって「不幸の会計基準」である。ＩＦＲＳが想定しているのは、永続的に事業を続ける企業の収益性や安全性を測る会計ではなく、企業を買収する投資家（投機家と言った方がよい）の視点から、企業が所有する資産と負債を即時に清算したときに残る「企業解体の利益」を計算するものである。

そこでは、所有する資産の売却時価、負債の清算価値が最も重要な情報であり、したがって、所有する資産を除去するときに発生する債務（資産除去債務）や、従業員が退職（本音は解雇）するときに発生する退職給付債務は、伝統的な会計処理では「隠れ債務」になる恐れがあることから、その債務額を満額で、バランス・シートに記載させようとする。その結果、損益計算書に説明不能な数値が出てくることがあっても、「その他の包括利益」という、これまた説明困難な区分に投げ込んでオシマイとする。ＩＦＲＳでは、損益計算書は「刺身のつま」程度にしか扱われない。

ＩＦＲＳを推進・支持する「蛇のような投資家」は、企業を買い取った後、資産も負債もバラバラに切り売りするのであるから、蛇に睨《にら》まれた企業の従業員はすべて解雇、事業は閉鎖するであろう。解雇された従業員とその家族、バラバラにされた企業の取引先とその従業員や家族……わが身に置き換えて想像してみるとよい。富を得るのは、企業解体の儲けを手にする「ハゲタカ投機家」と、そのおこぼれにあずかろうと群がる監査法人、証券会社、証券取引所、コンサル会社……おかしなことに、IFRSが浸透すれば、いずれ監査対象の企業が減り、証券の売買が減り（証券会社も取引所も仕事が減る）、おこぼれももらえなくなることに気が付かない。目先の利益しか追えない連中に言い負かされて、自分の意見も判断もなく、唯々諾々《いいだくだく》とIFRSを採用する企業群はIFRSが自分の会社の「身売り価格」を計算・表示するものであることを「知らない」「知らされていない」のではなかろうか。IFRSは、この世に新しい価値も生まず、むしろ、世界を貧困に落とし入れるものである。私が、IFRSを「不幸の会計基準」と呼ぶゆえんである。

本章では、IFRSを採用している企業はもとより、IFRSを採用するつもりのない企業の従業員にまで「不幸」をまき散らす「退職給付会計基準」の改正問題を取り上げる。この基準の改正の意図（IFRSとのコンバージェンスによる退職給付債務の時価計上）は明白であるが、問題は企業側の対応と従業員への影響である。

2　会計は「経営の鏡」か

本論に入る前に、「会計＝鏡」論、あるいは、「会計基準＝ものさし」論とでも呼ぶべき話を紹介する。しばしば、会計は「経営を映す鏡」であり、会計基準は「経営を測るものさし」だといわれる。そこでは、鏡に映るわが社の姿を見て「これは私ではない」と異議を唱えることはもちろん、ものさしで測られたわが社の数値を見て、「これはまずい」とばかり経営や経理のやり方を変えるのはけしからんということが言われる。

鏡に映ったわが社の姿（経営成績や財政状態）は「真実の姿」であり、会計基準というものさしで測ったわが社の測定値は「真の実力」を示しているはずだというのである。だから、鏡に映るわが身を「会計の技法を使って」変えたり、新しい基準ができたからといって「（新しい）ものさしによって測られる姿」を経営者が変えようとするのはおかしい、というのである。ここでの話は、「会計ルールで測定された当期純利益が少ないから、来期は頑張ろう」とか「今期はROEが一〇％であったけど、来期はコストダウンを強化してROEを一二％に引き上げよう」といった経営努力の話ではない。

では、どんな話か。少し前に、時価会計の基準や減損会計の基準が経済界に与えるマイナスの影響が大きいとして、時価会計凍結論や減損基準適用延期論が出たことがある。そのときも、「会計は経営の鏡」とか「会計基準＝ものさし」論とでもいうべき立場から、凍結や延期に強く反対する人たちが少なからずいた。

3 「会計的に正しい」

こうした主張をする人たちに共通してみられる思考は、「会計的に見て正しいことは、すべてに優先される」といった「会計原理主義」とでもいうべき原則論である。会計は複式簿記をベースにしており、会計学者や実務家は複眼的なものの見方に慣れているはずであるが、不思議なことに、こと会計基準を設定する話になると、急に単眼思考になり、「会計的に正しい」ことが唯一の「正当性」を持つと主張し始めるのだ。

しかし、「会計的に正しい」とされることが、会計以外の世界で「正しい」と認められるかどうかは怪しい。少し眺めてみると、現在の会計理論や会計実務の中に、会計以外の人たちを納得させることが難しいことをいくらでも見つけられる。

例えば、通説による真実性の原則の解釈（すべての会計基準を順守すれば会計の真実を確保できるとする解釈）は、法律論からすればとんでもない誤解としか言いようがない。道路交通法をすべて守っても事故は起きる。それを無視して、「道路交通法をすべて順守した状態を安全と言う」のと同じではないか。

継続性の原則は会計の拠って立つ基本的なルールと言われているが、本当は、会計の理論が脆弱《ぜいじゃく》なためにいくつもの選択肢を認めざるを得ないことから、やむを得ず継続適用を求めるものである。最適な会計処理・報告の方法を決めることができれば、選択適用ということも継続適用ということも不要になるはずだ。

また、「会計的に正しい」とされることがいくつも存在することもある。減価償却の方法にしても、定額法も定率法も「会計的に正しい」とされる。少なくとも「会計的に間違っている」とは言われていない。しかしである。定額法と定率法では各期に配分される減価償却費の額はまるで違う。その違いだけ当期純利益も変われば、納める税金の額も株主への配当額も増減する。

建物に定額法を採り、機械に定率法を採っても、その逆でもかまわない。ある機械に定率法を採り別の機械に定額法を採っても、かまわない。その選択によっては、当期純損失が当期純利益に逆転することもあるのだ。こうした会計の選択適用が「会計的に正しい」と主張しても、会計以外の世界の人たちに納得してもらえるであろうか。

会計のルールは、その多くが、そのときどきの産業界の慣行を文章化したものである。ルールは、法律でも会計基準でも、実務が先行し、ルールが後追いするのが常である。日本国憲法は例外中の例外といってよい。その憲法であるが、会計界にも「概念フレームワーク」という会計憲法（らしきもの）がある。

憲法のようにルールが先行すると、後を追う実務・実践がしばしば「脱法的」「すれすれ」になりがちである。アメリカでもＩＦＲＳでも、会計の憲法といわれる「概念フレームワーク」から導き出されるルール同士がしばしば矛盾したり、実務あるいは慣行を許容しようとするあまりフレームワークからは合理的な説明がつかないものも少なくないのは、わが国の憲法と他の法律との関係と似ている。

会計基準は、法律の観点から見て論外なもの（真実性の原則の解釈）もあれば、一般の社会常識からは「非常識」とされるもの（例えば、負債の時価評価）、会計界の常識を逸脱しているもの（例えば、資産除去債務の計上）もある。会計学を専門としてきた私でさえ納得がいかないし、他の領域の方には合理的に説明できないのである。

いや、誇りを持って「これが会計のルールです」と言えるものが、残念ながら会計には非常に少ない。誇りを持って言えるとすれば、例えば、「一致の原則」とか「貸借対照表＝連結環」論、「投下資本の回収計算と回収余剰としての利益の計算」、「期間損益計算の原則」、「実現主義」、「貸借平均の原理」などであろうが、いずれも、国際会計基準の世界では否定されようとしている。

会計基準は、かくも不安定、不確定、ときに非常識、ときに不合理、ときに相互に矛盾、ときに反社会通念なものである。それを承知しても、それでも、会計基準は「経営の実情を映す鏡」であり「経営の実態を測るものさし」なのだから、「鏡に映るわが身」や「ものさしによって測られる数値」が気に食わないとして産業界や企業が変化するのはけしからん、といえるのであろうか。

以下では、会計ルールの設定（改正）が、産業界や企業決算に与える影響と、新しいルールに対して産業界・企業が「影響回避行動」に動いた例として、退職給付会計基準の改正を取り上げる。問題は、その影響回避行動の「影響」である。

4　退職給付会計基準の改正

平成二四年五月に、企業会計基準委員会から、企業会計基準第二六号「退職給付に関する会計基準」（以下、新基準）が公表された。二六年三月期から適用されている。それまでの会計基準（基準第一九号、平成二〇年）からの主な改正点は、(1)連結貸借対照表における遅延認識から即時認識への変更、(2)開示項目の拡充、(3)退職給付債務と勤務費用の計算方式の見直し、(4)貸借対照表の科目名称の変更である。

新基準は連結財務諸表に適用される。新基準は、ＩＦＲＳとのコンバージェンス（収斂《しゅうれん》。デコボコを均《なら》すこと）を目的としたものである。ＩＦＲＳは、一般目的財務諸表を作成する基準であり、株主への報告書（決算書）に適用することを想定していない。したがって、新基準も一般目的の連結財務諸表に適用される。要するに、会社法の連結ではなく、金融商品取引法の連結財務諸表だけに適用される。

確定給付型の退職給付制度は、企業が従業員に対して退職給付債務を負っているということを前提にしたものである。この場合、退職給付債務から、積み立ててある年金資産を差し引いた差額を貸借対照表に計上する。改正前の基準では、この差額のうち、年金資産の運用損失などの額（未認識債務）についてはオフバランスとし、一定の年数に分けて貸借対照表の負債の部に「退職給付引当金」として計上することが認められていた。いわゆる「遅延認識」である。

5　「引当金」から「退職給付に係る負債」へ

新基準では、未認識債務についてもオンバランス（貸借対照表に記載すること）になった。簡単に言うと、「今日、全社員が退職（解雇）したとしたら、退職以後に支払わなければならない退職給付債務」と「退職給付のために積み立てられている年金資産」との差額の全額を、連結貸借対照表に「退職給付に係る負債」として計上するのである。税効果調整後の未認識債務は純資産の部の「その他の包括利益累計額」にマイナス項目として計上（即時認識）する。

従来の基準では、年金資産の運用で損失が生じても、その損失を何年かに分けて負債計上することができたが、新基準では損失は即時に負債とされる。簡単に言うと、社員に支払いを約束している退職金・年金の原資を確保していない企業の場合は、積み立て不足分は「社員から借りている債務」として負債に計上するのである。これまでは、積み立て不足があれば株主がリスクを負い、積み立てが超過していればその超過分は株主のものということができた。従来の基準のどこが悪かったのであろうか。なぜ、遅延認識をやめて即時認識に変更したのであろうか。

右の文章のうち、「退職」の二文字を「解雇」と読み替えて、もう一度読んでみてほしい。そうすればこの基準の「隠された意図」が読めるであろう。

6　企業はどう対応するか

積み立て不足は、業種によって差異があるが、電機業界のように、退職金・年金が大きいうえに従業員も退職者も多いところではオンバランスの影響は大きい。突然、巨額の負債を計上しなければならないのだ。オンバランスによって自己資本比率が下がるなどの財政状態の悪化を招くのは必至である。企業の対応としては、自己資本の増強というのが第一であろうが、それでは昨今投資家に人気のＲＯＥ《アール・オー・イー》（株主資本利益率）が下がってしまう。残るは、退職金・年金の支給額を減額する、あるいは、確定給付年金制度から確定拠出年金制度への移行によって運用責任を返上するという手段である。

これまでは確定拠出年金制度に移行するのは中小・中堅企業が多かったが、今回の会計基準の改正を機に、日本を代表する大手企業が移行に動いている。パナソニック、ＮＴＴ、日立製作所、東芝、全日空、富士通などの名前が上がっている。いずれの会社も長い歴史を持ち、従業員を手厚く待遇してきたことから退職給付も巨額に上る。会社としては、確定拠出年金への移行は待ったなしであろう。

しかし、そうなるとこれからは退職金・年金資金の運用を社員が自己責任で行わなければならなくなる。運用責任の返上は株主（会社）にはメリットがあるにしても、これまで十分な投資経験を積んでこなかった社員にとっては、わが老後と家族の生活を大きく左右することだけに、非常に大きなリスクを負うことになる。基準改正の「つけ」は、「自己責任」という美名で従業員とその家族に転嫁されることになりかねない。

7　会計基準はニュートラルではない

ルールというものは、法律にしろ会計基準にしろ、新しいことを始めるためか、これまでのことを変える（やめさせる）ために設定される。アメリカの時価会計基準は、中小の金融機関（S&L）に原価会計を悪用した経理を「やめさせるために」作った基準であるし、同じアメリカの減損会計基準は、経営が悪化したアメリカ企業がV字回復を演出するために減損処理を悪用したことから、そうした経理を「やめさせるために」設定されたものである。

わが国の時価会計基準は、「時価会計を始めるため」の、減損会計基準は「減損処理を始めるため」の基準であった。何かを始めたり、何かをやめさせたりする基準を作れば、世の中にインパクトがあり、何かが変わるのは当たり前である。もしも、ルールや基準を作っても何も変わらないとすれば、そうしたルールや基準は設定する必要がなかったのである。

改めて問いたい。会計基準は、「企業の姿を映す鏡」であり、「経営の実態を測るものさし」なのであろうか。会計基準が「鏡」「ものさし」としての役割を持つことは否定しない。本来的にルールは守られることを前提にして設定される。したがって、ルールの設定者にしてみれば、そのルールを守らせることが大事であり、他方、ルールを適用される側にしてみれば、適用の結果が重要と考える。だから、ルールを守ることよりも、ルールが適用されるときの影響をできるだけわが身（わが社）にとって都合のいい方向に変えることを考える。唯々諾々《いいだくだく》と新しいルールに従ったら経営が破綻したというのでは話にならない。

会計基準は、そうしたことから言うと、世の中に対してニュートラル、つまり、世の中に対してまったく影響を持たないものではありえない。何かを始めたり変えたりするために設定される以上、基準を設定する立場の者は、設定・改正する基準が経済界・企業経営・決算・資本市場・雇用・税・研究開発・国際競争力等々にいかなる影響を及ぼすかを十分にサーベイして、慎重に対処する必要がある。当たり前といえば当たり前の話である。「会計的に正しい基準」「高品質の基準」を設定してみたら、企業は債務超過、証券市場は崩壊、失業率の急上昇、国際競争力はガタ落ち……といったのでは話にならない。

8　フィールドワークをしない日本

時価会計の基準を設定したのは、当時の大蔵省企業会計審議会である。聞くところによると、審議会が時価会計の基準を審議したとき、資料として提出されたのは日立製作所のデータだけであったという。委員の一人は、公の席で、「時価会計がマクロ経済に及ぼす影響については考慮していない」と発言している。要するに、「時価会計は正しい」という信念のもとに、時価会計が日本の企業や経済界にいかなる影響があるか、経済界はどうなるかといったことはまったく調査も考慮もせずに、「アメリカに時価基準があるから」「国際会計基準にも時価会計が導入されるから」というだけの理由で、あのコピー版の時価基準を設定したのである。

減損会計基準も、似たような一面がある。減損基準を適用すれば日本の企業と産業界にどれだけの影響を与えるのか、日本中でどれだけの減損損失が計上されるのか、それが悪い結果をもたらすと予測される場合に企業はいかなる行動（影響回避や緩和策）を取り、それが経済界や雇用などにいかなる影響が出るのか、そうしたことが先にリサーチされていなければ、時価会計基準と同様に、デフレと不況を加速する原因となる。巨額の損失が計上されるような基準を設定するときには、特に税への影響を考慮しなければならない。会計報告では巨額の損失を計上しても、わが国の税法は、原則として資産の評価差額を「損金」に算入することを認めていない。時価の変動による評価損は、後日に時価が反騰すれば計上した損失が取り消されるからだという。税法には税法の論理があるのである。

ところがである、減損会計基準の適用指針を書いた委員の一人が言うには、適用指針の策定にあたっては税への影響はまったく考慮しなかったとのことである。その結果、不動産業、流通業、製造業などの巨額の不動産を持っている企業は、株主総会で巨額の減損損失を報告しながら、他方で巨額の税金を払うという、株主にはうまく説明ができない事態に直面したのだ。何とも知恵のない国としか言いようがない。

9 タイミングの悪さ

ルールや規則の設定・改正が、新しい何かを始めるためのものであったり、何かを変えるためのものであるとすれば、ルールの設定に携わる人たちは、そのルールが社会にいかなる影響を及ぼすものであるかを事前に十分調査する必要がある。わが国のスタンダード・セッターにはそうした配慮が少ない。だから、最悪のタイミングで時価会計を導入して経済不況を引き起こしたし、減損会計を導入して不況を長引かせてしまった。

基準をいつから適用するかを決めるには、産業振興、国益、国際競争力といった極めて政治的な判断を必要とする。今まで官の企業会計審議会も民の企業会計基準委員会も、そうしたことを抜きにして（考慮せずに）基準を適用する時期を自分たちで決めてきた（金融庁との協議はあったであろうが、金融庁自体に日本の産業を振興するとか国益を護るといった考えはないようである）。

基準をいつから適用するかを決めるのは、審議会や委員会の仕事ではないはずである。ところが、審議会も委員会も「正しい基準」を作ったのだから、すぐ適用せよとばかりである。多少の準備期間を設けることもあるが、それは、適用のタイミングを見ているのではなく、企業側の体制が整うのを待っているだけである。

基準の設定が産業界や企業決算にいかなる影響を及ぼすかをほとんど考慮しないから（審議の過程で産業界側の委員などからはタイミングを考慮してほしいといった要望があるが）、ほとんどは猶予期間を置くといったもので、経済環境や資本市場等の条件がそろうことを適用開始の条件とすることはない。これも「正しい基準」を作ったのだから、即時に適用するのが当然といった発想しか取れないからであろう。

丹羽宇一郎氏（当時、伊藤忠商事社長）は、時価会計基準を適用したタイミングの悪さについて、次のように述べている。

「デフレの時代は、株をはじめ金融商品の価格が下落するいっぽうです。ですからデフレの時期に時価会計制度を導入すると、企業業績は悪化の一途を辿ります。本業でいくら頑張っても、株の下落で足を引っ張られてしまうからです。……なぜわざわざデフレの時期に導入する必要があったのか、私にはまったく理解できません。まるで日本の企業を潰すために導入したのではないかとさえ思えるくらいタイミングの悪い決定でした。」（丹羽宇一郎「さらば、落日の経済大

国」『文藝春秋』二〇〇二年一〇月号）

10　ルールは誰のためにあるのか

会計基準にしても法律にしても、多くのルールは、「強者から弱者を護る」ために設けられている（はずである）。身近な話で言うと、道路交通法には、歩行者という弱者を運転者（車）という強者から護る規定があちこちにちりばめられている。

よく知られるように、会社法は強者たる株主から弱者である債権者を護る、いわゆる「債権者保護」を目的としており、金融商品取引法は、強者たる経営者から弱者である投資者を保護する、いわゆる「投資者保護」を目的としていると言われる。

では会計基準はどうであろうか。ここで取り上げた退職給付基準の改正をみると、「強者（会社、株主）が勝つために」歪《ゆが》められているような気がしてならない。

第3部

中小企業の活性化と税理士の役割

第14章　なぜ税理士業界は輝きを失ったのか

――金融機関にパイを奪われる日が近い

1　資格を取るのに二〇年！

会計の専門職と言えば、公認会計士と税理士がいる。会計士の方は、試験制度の改革（有資格者五万名計画、受験のときの学歴や年齢を問わない、科目合格制度の導入など）が「不発」に終わり、数年前までは多数の「就職難民」を生んで、志願者はピーク時の半分（二〇一〇年二万六千人→二〇一三年一万三千人）にまで落ち込んだ。それが、このところアベノミクス効果なのか、最大の就職先である監査法人が「受験者の青田刈り」に狂奔するほどの人気だという。

もう一つの税理士であるが、旧態依然の制度と相変わらずの時代にマッチしない試験に加えて、業界自体が新規の人材が参入するのを嫌うことから、異常に高齢化と寡占化が進み、高額所得の税理士と年収三〇〇万円程度の税理士に二極分化し、所得格差が広がっている。

特に、最近の試験のレベルから見て、会計士試験の方が易《やさ》しくなったという評価もあって、最近では、税理士希望者が迂回ルートとして会計士試験を受験することも多いと聞く。私の周りにいる会計士試験の合格者でも、大学在学中に合格する人が増えただけではなく、なんと、一―二年の勉強で「一発合格」（初受験で合格）という人が珍しくなくなってきた。

他方で、税理士試験を受験する人たちは、在学中に合格できるのはせいぜい一科目か二科目くらいで、卒業後、大学院に進むか会計事務所に就職して残りの三―四科目に挑戦する。早くても四―五年、長ければ一〇年、二〇年!もかかる。一〇年も二〇年も挑戦しながらも、あと一科目を残して資格が取れない人は、私の周りでも数えきれない。一〇年間も同じ試験を受けていると、緊張は途切れモチベーションは働かなくなっているが、ただ家族や事務所の手前、受験だけはするという人は少なくない。

若い人なら、短期決戦で会計士試験を突破して税理士になるほうが、早く、確実である。現行の制度では、会計士の登録をすれば、ほぼ自動的に税理士の資格を取得できるからである。かといってこの業界の未来が明るいわけではない。ここ数年の間に税理士試験の受験者が激減しているのが何よりの証拠である。

ちなみに税理士の人数であるが、一九八四年から九四年までの一〇年間は、四〇・八%(一万七千五六四名)の増加であったが、九四年から二〇〇四年までの一〇年間は一一・一%(六千六三六名)の増加、そしてこの一〇年間は一四・三%(九千六三九名)の増加にとどまっている。この二〇年間でみると、一万六千三七五名(年平均八〇〇名強)しか増えていない。それだけ入りにくいか、若者にとって魅力のない業界だということになろうか。

本章では、税理士業界の現状と課題を紹介しながら、何故この業界が輝きを失ったのかを明らかにしたい。

2　税理士は高齢社会

私の手もとに、日本税理士会連合会（税理士は、全国に一五ある税理士会のどこかに加入しなければならないが、その一五の税理士会を統括する団体。税理士法の下に設立）が発行した『第五回　税理士実態調査報告書』（以下、第五回報告書という）と、『第六回　税理士実態調査報告書』（以下、第六回報告書という）がある。いずれも全国の税理士全員を対象とした調査で、第五回報告書は、二〇〇四年、六万七千名が対象で、第六回報告書は、二〇一四年、七万七千名が対象であった。

有効回答は、第五回報告書が三万名弱、四三・九％、第六回が三万四千名弱、四三・八％であった。アンケート調査の一般的な回答率はよくて一〇％、回答者にプレゼント（図書カードなど）をつけた場合でも三〇％に満たない。税理士の調査で四四％近くの回答を得たということは、この報告書が税理士とその業界を知るうえでこれ以上のものはなく、また信頼するに足るデータであることを物語っている。以下、第六回報告書の調査結果を中心に紹介する。

最初に注目したいのは、税理士の年齢構成である。驚くなかれ、六〇歳以上の税理士が半数（五三・八％）を超えているのである。東北税理士会は、六〇歳以上が七割に達している。いかに専門職の業界といえ、これほど高齢化した業界は珍しい。

開業している税理士に限ってみると、税理士としての経験を積んで、今脂の乗り切っているはずの四〇代、五〇代の人は三人に一人（三一・六％）しかいない。この業界の将来を担うべき二〇代、三〇代は五・一％、二〇人に一名しかいない。八〇代以上の人数（一二・〇％）に遠く及ばないのである。

【表1】　開業税理士の年齢構成
（回答数　24,950名）

20歳代	29名	0.1%
30歳代	1,238名	5.0%
40歳代	3,373名	13.5%
50歳代	4,516名	18.1%
60歳代	8,840名	35.4%
70歳代	3,849名	15.4%
80歳代以上	2,991名	12.0%

開業税理士の半分以上が六〇歳以上というデータを見て、皆さんは何を感じるであろうか。私は、失礼ながら、高齢の税理士が果たして毎年の税法の改正や世間の流れ（技術革新、産業の変化、国際化、ＩＴ化など）にちゃんとついていけるのか不安を感じている。法人税法や所得税法だけではなく、消費税法も相続税法も、毎年のように経済状況や政権が変わるごとに大きく変わっている。若い税理士でもついて行くのが大変なのに、還暦や古希を過ぎた税理士諸氏が税法の改正や世間の動きをフォローし続けることは、私の感想を正直に言わせていただけば、無理がある。

3　試験委員でも解けない難問

ところで、税理士業界が高齢化した原因は何であろうか。また、税理士の高齢化はいかなる問題をはらんでいるのであろうか。この問題は税理士業界や課税当局（国税庁）、もっと大きく、日本という国家にとって大きな問題である。

まず、税理士が高齢化した原因を考えてみよう。まず頭に浮かぶのは、試験が難しいということであろう。会計科目の簿記論と財務諸表論が必須で、税法科目は三科目の合格（そのうち、法人税法か所得税法に合格することが必須）が必要である。現役でばりばり仕事をしている若い税理士に、改めて試験を受けてもらったらどうなるであろうか。一〇〇人受けても一人も合格しないであろう。今の試験問題はほぼ実務とは無関係な上に、必要以上に難しいからだ。

司法試験と違ってあまり話題にならないが、税理士試験の場合は、一科目か二科目を残して二〇年も三〇年も毎年毎年試験にチャレンジしている受験者がたくさんいる。多くの方は実務経験も豊かで、税理士業務をするのに実力的に何の支障もない方々である。税理士試験は科目合格制を取ってきたので、受験する側からすると一科目ずつ受験勉強をして何年かで資格を取るという算段ができた。公認会計士試験が、少し前まで、七科目一度に受験・合格する必要があったのに比べると、税理士資格は時間をかければ取ることができると考えられてきた。それがまさか二〇年とか三〇年もかかるとは考えられなかったはずである。何が問題だったのか。

問題とすべきは、試験の中身の濃さとかレベルよりも、実は、問題のボリュームである。近年の試験問題を見ると、簿記論の問題は一五―一六頁、財務諸表論も一〇―一三頁もある。ちなみに簿記論一六頁を音読してみたとしたら二時間ほどかかるであろう。試験時間も二時間である。普通にチャレンジしたらとても時間内に解けるボリュームではない。計算問題なら出題した試験委員でも時間内には解けないであろう。

じっくり考えて答えを書くような問題ではなく、ただただハイスピードで問題を「処理」するテクニックが求められる。しかしである、実際に税理士になったときに、これほどのボリュームの仕事を猛烈なスピードで処理するような場面があるであろうか。もしも実務においてそうしたスピードと分量処理が求められるとすれば、きっと計算間違いや判断ミスが多発するであろう。私が言いたいのは、実際の税理士業務と税理士試験がマッチしていないということである。

4　税理士は準国家公務員

若い人材が税理士業界に入ってこなくなった原因は他にもある。その一つは、税理士業界の閉鎖性である。監査法人と違って税理士事務所には有資格者は一人いればよい（税理士法人は二人）。監査法人は、監査に従事した有資格者の数だけ顧問先に監査料を請求できるが、税理士事務所ではハンコを押せる有資格者は一人いれば足りる。一人でできるとなれば、あとから業界に入ってくる人たちが少ないほうが自分のパイは大きくなる。

しかし、この業界に若い人材が入ってこないと業界のパワーが落ちるだけではなく、公認会計士との競争に勝てなくなる。もっと大きな問題は、国の税収を十分に確保することが困難になりかねないことである。特に中小企業の場合、経営者は自分の会社の経営で目いっぱいで、税金のことまで頭が回らない。

もしも税理士がいなかったら、収めるべき税金がいくらになるのかもわからないし、そうなると収めないかもしれない。国中に税金を納めない経営者が増えても、税務署の職員の数が限られているので督促にも行けない。督促に行ったところで、企業が帳簿をちゃんとつけていなければ督促する税金の額が分からないであろう。

国の収入（歳入。平成二八年度歳入予算案（当初予算））は、「一般会計歳入総額」が九六・七兆円、それから特例公債と建設公債を除いた「租税および印紙税収入」が五七・六兆円。そのうちの八二％、四七・三兆円が法人税、所得税、消費税である。

中小企業では、経理に明るい経営者や従業員は極めて少なく、税理士が記帳の指導をしなければ「どんぶり勘定」が横行しかねない。それでは、まともに所得税や消費税の計算ができない。中小企業の場合、税理士がいて初めてこれらの税金を納めると言ってもよい。

その意味では、税理士は税収の確保という大役を担った「準国家公務員」なのである。この業界に若い人材が入ってこなければ、国家の財政に大きな支障をもたらしかねないのである。

5 二〇年後の税理士像―稼ぐ税理士と食えない税理士

「税理士は堅い商売」「資格を取れば安定した仕事と収入が確約されている」と考えられたのは、昔の話である。今では安価な会計ソフトが出回り、会計計算や会計処理はパソコンさえあれば誰でもできる。

今や税理士に求められるものが変わってきたのである。毎月の領収書を整理して、記帳を代行するだけという事務所は、間違いなく、コンピューター系の会社に仕事をさらわれるであろう。今まで顧問料として月に三万円とか五万円を「銀行振込み」で受け取っていた会計事務所などは、「月に一万円で引き受けます」「領収書や必要な書類をＦＡＸで送ってくれるなら、月に五千円で大丈夫です」というコンピューター系の会計処理会社に金額面で対抗できるわけがない。

6 税理士の収入はいくらくらいか

では、税理士はどれくらい稼ぐのであろうか。「税理士業務による収入」は、顧客（税理士界では、顧問先と呼ぶ）から受け取る代金のことで、事業会社でいえば「売上高」に相当する。これから事務職員の給料や事務所の経費を差し引いて、会計事務所所長としての収入（給与に相当）が「税理士の所得」である。企業で言えば「純利益」である。

税理士の所得としては、ほかに、他の資格（例えば、社会保険労務士）の業務収入、給与所得などがあるが、これらをまとめて「総所得」としたとき、税理士はいくらくらい稼いでいるであろうか。第六回報告書によれば、開業している税理士のうち、五〇〇万円以下が半分近い（四八・一％）。何と、三〇〇万円以下が三一・四％もいる。一〇年前の第五回報告書では「三〇〇万円未満」が二四・〇％であったから、所得の減少傾向が見て取れる。

若い夫婦で一応の生活ができる水準が五〇〇万円としたら五割近い税理士が水準に達していない。苦労して、お金をかけて取得した専門資格であるから一、〇〇〇万円は欲しいところであるが、その水準に達していない開業税理士が七三％を超える。反面、一、五〇〇万円から二、〇〇〇万円が五人に一人（五％）、さらに二、〇〇〇万円から三、〇〇〇万円までが三〇人に一人

（三・四％）、三、〇〇〇万円から五、〇〇〇万円が一・五％いる。要するに、所得格差が大きいのである。報告書では年齢と所得の関係を調べていないが、高齢者が高額所得者であることは想像に難くない。

【表２】　税理士の総所得（所長の給料とボーナス合計）　回答数　２４，９５０名）

300万円以下	7,843名	31.4%
500万円以下	4,166名	16.7%
700万円以下	3,004名	12.0%
1,000万円以下	3,357名	13.5%
1,500万円以下	2,742名	11.0%
2,000万円以下	1,257名	5.0%
3,000万円以下	860名	3.4%
5,000万円以下	369名	1.5%
１億円以下	94名	0.4%
１億円超	20名	0.1%
平　均	744万円	

7 今までは「食っていける」業界

経済が右肩上がりの時代には、関与先の企業（税理士が法人税、所得税、消費税の顧問契約を結んでいる企業）も右肩上がりに成長してきた。こうした時代には、関与先も自然に増えたし、関与先が「法人成り」（個人事業が株式会社などの法人になること）する機会などに顧問料を増額することもできた。バブルの時代には不動産の売買が盛んに行われ、不動産の売却益（譲渡所得）をめぐる税の相談や、相続・贈与の税務相談も高収入の素であった。

今稼ぎ頭である六〇代、七〇代の税理士は、こうした恵まれた環境の恩恵をたっぷり受けてきた。特別の努力をしなくても、年に一回か二回、関与先に出向いて社長とお茶を飲み、たまにゴルフの相手をして、顧問料が手に入った（もちろん、大いに努力した税理士もいる。そうした人たちは、【表2】にあるように、総所得が三、〇〇〇万円以上のクラスに入っている）。

言葉は悪いが、今までの税理士は、特別の努力をせずとも「食っていける」世界にいたのである。その証拠が二つある。一つは、最近の税理士は、自分で関与先を回る（これを業界では「巡回監査」という）ことをせずに事務所の職員を行かせることが多くなっていることである。所長（税理士）の年齢が上がってきたこともある。関与先を訪問しても、社長や社長の奥さんとは何十年もの付き合いがあり、特別に話すこともなければ、訪問しないからといって顧問契約を切られるようなこともない。月に一回の巡回監査を手抜きして、事務所の職員に行かせても特別の支障はない、と考えるのであろうか。

8 相談に乗れない税理士

もう一つの証拠が、「努力しないでも食える税理士」像を裏付けている。それは、多くの税理士が、顧問先に対する「経営助言」をしていないことである。経営上のアドバイスやコンサルティングをしないのである。一〇年前の第五回報告書によれば、調査に回答した二四、二二九名の開業税理士のうち、「経営助言業務を行っている」と回答したのが一一、二二六名（四六・三％）いた。これに対して「行っていない」と回答したのが一二、六二一名（五二・一％）もいた。

二〇一四年の第六回報告書によれば、開業税理士二万四、九五〇名のうち、堂々と！「経営助言を行っていない」と回答した人が、何と、何と、信じられないことに六三・一％にも上る。「行っている」と回答した人は、わずか二九・五％しかいない。

「経営助言を行わない」ということと「巡回監査を行わない」ということは、表裏の関係にある。経営上のアドバイスやコンサルティングをしないのであれば、わざわざ関与先に出向く必要もないわけである。

さらに、高齢化した税理士にしてみると、毎月一回、あるいは年に二―三回は顧問先を訪問していたのが面倒になり、顧問先には事務職員を行かせるようになってきた。コンサルをしないのであるから、税の知識も経営の知識もない職員で十分間に合う……と考えるのであろうか。

気になるのは、中小企業の社長にとって最も悩む販売関係の助言をする税理士がほとんどいない、という調査結果である。この数字をどう読んだらよいであろうか。

第六回報告書では、「経営助言を行っている」と回答した七、三六三名の開業税理士のうち、「経営全般」の助言をしていると回答した人が五、五五九名（全体の二二・二％）、「財務」が四、九〇八名（同一九・六％）、「販売」についての助言業務は六三四名（同二・五％）しかいない。

販売関係の助言は、税とは関係ない。しかし、中小企業の中でも最も多いのが小売店であろう。小売店の社長にとって、最も頭が痛いのは、税金……ではない。税金は、納税期が近くなると最大の悩みになるが、それ以外の一一か月は、何をおいても、「売上」であり、次いで「コスト」であり、最近では人材の確保であろう。その、一番の悩みに税理士が相談に乗ってこない……いや、乗れない。

中小企業の経営者が生き残りを賭けてもがいているときに、顧問料を払ってきた税理士が何もしてくれないのだ。税理士は、「中小企業のビジネス・ドクター」を自任するのであれば、中小企業の社長が一番悩んでいる「売れない」ことを、自分の問題として考える必要があるのではなかろうか。

9　金融機関にパイを奪われる

顧問料（コンサルもしないのに「顧問」というのもおかしな気がするが）は、これまで、所長（税理士）が月次の訪問をするときに現金で受け取ってきたのを、時代の流れとばかりに銀行振込みにした。そうすると、月次の訪問もしなくても顧問料は振り込まれてきた。そうなると、なおのこと、所長が顧問先を訪ねる必要もなくなる。

その昔、毎月、顧問先を訪問して、その月の顧問料を現金で受け取ってきたときは、フェイス・ツウ・フェイスで話ができた。最近の経営状況やら顧客・製品などの話だけではなく、家族の健康、子供の進学・就職・結婚、お孫さんの誕生を話題にしたり、ゴルフや釣りの自慢話を聞いたり、家族にも話せないような「相続」や「金策」の相談にも乗ることができた。月次の訪問もせず、顧問料を銀行振込みにするようでは、そうしたフェイス・ツウ・フェイスの関係が築けない。

税理士が中小企業の相談相手という役割を降りるにつれて、代わりに登場してきたのが金融機関である。地方銀行、信用金庫、信用組合といった中小ばかりではなく、最近では都市銀行も優良な中小企業への貸付けと支援・育成に力を入れ始めた。税理士業界が、若い人材も入れず、コンサルもしない状況が続けば、近いうちにほとんどのパイを金融機関に奪われかねない。

本章では、税理士業界の現状と課題を紹介した。税理士は、公認会計士とは全く違う仕事をしている。税理士は、国の税収を確保するという非常に大きな仕事をしているのであり、その意味で「準国家公務員」ともいうべき立場にある。税理士業界が魅力を失い、この業界に入ってくる有能な若い人材が減少すると、中堅・中小企業にとって相談すべき相手がいなくなるという問題とともに、法人税、所得税、消費税といった主要な国税を徴収する手段を失うことになりかねないのだ。

では、輝きを失った税理士業界に、どうすれば、若くて有能な人材を集めることができるか。これからの税理士は、いったい、どういう仕事をすればよいのか、そうしたことは次章で取り上げたい。

第15章　税理士業界の輝きを取り戻す

――稼ぐ税理士の武器　経営分析とコンサル

前の章では、「なぜ税理士業界は輝きを失ったのか―金融機関にパイを奪われる日が近い」という記事を書いた。この業界の高齢化と寡占化が異常に進み、高額所得の税理士と新人との所得格差が広がるにつれて、資格を取っても食っていけないと考えるのか、国家試験を受ける者が激減しているのである。

試験委員でも解けそうもない難問だらけの試験と、人によっては最後の科目に合格するまでに二〇年も三〇年もかかることから、若い有能な人材が入ってこなくなった。困ったことに、経験豊富な税理士たちは、現在の高所得に満足し、中小企業の相談役を降りてしまっている。若い人たちから見ても中小企業の経営者から見ても、この業界は魅力と輝きを失っているのだ。

しかし、これから税理士になろうとしている若い人たちや若い税理士の皆さんは決して悲観することはない。この業界の平均年齢が六〇歳超ということは、現在稼いでいる税理士の多くは二〇年後には間違いなくリタイアしている。税理士業界のパイは、これから税理士になる皆さんの前に残されるのだ。そうはいっても、この大きなパイに参加できるのは限られた税理士である。では、それはどんな税理士か。

1　パイを大きくする努力を

税理士は自らを「中小企業のビジネス・ドクター」と称しながら、現在はほとんどコンサル（経営助言）から手を引いている。経済が右肩上がりの時代には特別の努力をせずとも顧客（顧問先）は増えたし、顧客が増えれば客単価（顧問先から受ける顧問料）が上がらずとも事務所の収入は増えた。わざわざ顧問先への助言などしなくても企業は成長した。それまでは所長（税理士）が月次の訪問をするときに顧問料を現金で受け取ってきたが、時代の流れとばかり銀行振込みにすると、月一回の訪問が面倒になり、顧問先には事務職員を行かせるようになった。コンサルをしないのであるから、税の知識も経営の知識も乏しい職員で十分間に合う……と考えたのであろうか。

私の乏しい経験からの話であるから割り引いて読んでいただいて構わないが、今の税理士業界は、若い人を育てようという機運が乏しいのではなかろうか。自分が高齢になって後継ぎを探すという段階では後継者問題を真剣に考えても、この業界全体のことを考えている人はそれほど多くないように思える。

理由の一つは、会計事務所にはハンコを押す人（有資格者）は一人いればいいという事情と、もう一つは業界のパイの大きさである。この業界は、税務にこだわったこともあって、職域の拡大にはあまり熱心ではなく、また、資格取得後の研修・教育も税務から広がらなかった。

業界全体のパイの大きさは変わらない、自分のパイは確保している……となると、あえて職域の拡大に汗を流したり、辛い研修や自己再教育をすることもない、と考えてもおかしくはない。

これまでパイを大きくすることにあまり熱心ではなかった。その隙を突いて、情報処理会社や金融機関がパイを横取りするようになり、税理士のパイがますます小さくなってきた。

これからの「稼ぐ税理士」になる条件は、税の知識を増やすことではなく、「経営分析」と「コンサルティング」ができることである。単なる記帳や会計処理は、素人でもできる会計ソフトが出回っているし、情報処理会社にアウトソーシングすることもできる。これからの税理士がやらなければならないこと・求められていることは、「事務的な作業」とか「機械化できる作業」を職員に任せて、自らは社長のよき「相談相手」「話し相手」に徹することである。そうすれば、この業界のパイはもっと大きくなるし、情報処理会社との価格競争をしなくて済むようになる。

2 「孤独な社長」の話し相手

中小企業の社長は孤独である。人知れず悩みを抱え、相談する相手も限られている。社長は、家族にも相談できない、同業者にも取引先にも聞けない、ましてや銀行には絶対に知られたくない悩みを抱え込んでいることが多い。そんなとき、社長が「先生！」と呼んで相談することができるのは、税理士しかいない。経営者からすると、税理士は唯一、さまざまな相談ができる身近な、しかも利害関係のない先生なのである。

従業員の確保や定着で悩んでいる社長もたくさんいる。これからの税理士には、資金繰りや資金調達のアドバイスやマーケティングのアドバイス、労務管理から採用人事といった経営全般のアドバイスが求められるのだ。いや、恐れることはない。ただ社長の悩みを聞いてやるだけでも社長は満足する。

社長は、経営者としての経験が豊富であり、その事業のプロである。ヘタな助言などしないほうがよい。ただただ、社長の話をウンウン頷きながら聞いてやるのである。社長は、きっと、一時間も悩みを話しているうちに、自分で解決策を見つけ出していることが多いはずである。話を聞いてやるだけなら誰でもできる。しかし、社長にしてみれば、話す相手は税理士先生しかいないのだ。

近くに大型スーパーができて客足が遠のいたとか、景気の悪化で高額商品が売れなくなってきたとか、春が近づいてきたのに冬物商品の在庫が捌《さば》けない、来月の資金繰りは厳しくなる、従業員の居着きが悪い……そうしたことは、税理士から言われるまでもなく経営者は熟知している。経営者が一番知りたいのは、こういうとき、どうしたら苦境から脱出できるか、どうしたら売上を伸ばせるか、どうしたら工員を確保できるか……であろう。「中小企業のビジネス・ドクター」を任ずる税理士の力の見せ所は、ここにある。

ただし、後述するように、即解決するアイデアを出すとか、社長が膝を叩くようなアドバイスをするといったことではない。

3　「経営分析」は怖くない

「経営分析」などというと、たくさんの公式やら比率やらを使って、なんとか利益率が一パーセント上がっただの下がっただの、なんとか回転率が業界平均を下回っているとか、たくさんの計算式や図表を見せて経営の現状を知らせることだと考えるのは、間違いである。それは、社長を惑わすだけである。事業や店の実態は、経営者が肌で知っている。一日中仕事場にいるのである。たまに訪れる税理士がアドバイスなどしようものなら、「この業界で苦労したこともないやつが、偉そうな話をするな！」と言われるのがオチである。

例えば、資金繰りは中小企業の生命線であり、社長の頭から離れることはない。それだけに経営者はお金のやりくりは熟知しており、どのボタンを押せばよいかはよく知っている。ただ少し長期的に見るという視点が欠けていたり、借りる方ばかりに気がとられて返す方に気が回らないことが多い。

税理士としては、少し長期的な視点から、また、借りるお金と返すお金のバランスを見て、「このところ掛売りが増えているから、売掛金の回収が遅れているところは気を付けた方がいいですね。特に〇〇商会さんには掛売りの上限と支払の期限を設定したらどうですか」といった具体的な提案をすると経営者に分かってもらえるのではなかろうか。

私も「経営分析」の本を何冊か書いている。どの本も二〇〇頁前後の薄い本である。中小企業の診断には、その程度の知識があればよい。経営分析では、企業が抱える問題を発見することはできるが、その問題を解決することはできない。売上げが落ちたかどうか、どの商品・地域・店・時期の売上げが落ちたかは、会計データを分析すればすぐにわかる。しかし、なぜ特定の店・地域・商品の売上げが落ちたのか、どうすればよいかは、会計データは語ってくれない。

問題を発見できれば、社長と一緒に解決策を考えることができる。データを読むことができなければ、問題があることさえ気が付かないかもしれない。ここが「稼ぐ税理士」と「稼げない税理士」の分かれ道である。

4　経営者の目線と消費者の目線

もう一つの「コンサル」であるが、これも難しく考えることはない。コンサルの極意は、徹底的に経営者の話を聞くことと、消費者・顧客の目線で問題をとらえること、この二つである。税理士は経営者の目線と顧客・消費者の目線という二つを常に意識していれば、顧問先の社長のよき相談相手になれる。

大それたことを提案するとか、飛躍的に売上げが伸びるアイデアを出す……そんなことではない。ちょっと気をつけていれば、誰にでもできる、税理士でなくてもできることである。ただし、普通の人には顧問先・関与先などはないので、どんなにいいアイデアがあろうとコンサルする相手がいない。その点、税理士には、コンサルをする相手、顧問先の社長がいる。

ご存じとは思うが、「コンサルタントという資格」はない。食べていけるかどうかは別にして、明日からコンサルタントという肩書を名刺に刷っても、誰も文句は言わない。極端な話、コンサルは誰にでもできる。企業の「資本利益率」だの「総資産回転率」だの「売上高経常利益率」は、誰でも計算できる。会計ソフトを使っている会社なら、日々の取引データを入力するだけで即座に計算してくれる。しかし、こうしたデータをそのまま社長に話しても、「そうか、うちはダメなのか」で終わってしまう。そうでなければ、「うちの税理士の先生は訳の分からないことばかりぐずぐず言って金ばっかり取っている」ということになる。そうではなく、数値（比率や金額）を一切使わずに、具体的で分かりやすく会社の置かれている現状を説明して経営者の判断材料を提供する……これが、中小企業の経営者が求めているコンサルの秘訣である。

例えば、自分の関与先が店を構えている商店街を歩くとしよう。顧問先にたどり着くまでに、何軒もの店の前を通るであろう。顧問先まで急ぎ足でいくのではなく、「この店の看板は目立たないな」「自分が経営者なら、この店はもう少し照明を明るくするな」「入り口に商品が山積みになっていてお客さんが入りづらそうだ」「この店は雰囲気がいいけど、客が入っていないのはなぜだろうか」など、一軒ずつ店をチェックしていくのである。

顧問先の店に着いて社長との用談が終わったら、お茶飲み話に、今見てきた店の話をしよう。それも、自分の顧問先にとって参考となる話であればなおよい。「角のコンビニ、店員さんが若くてきびきびして気持ちいいね」（「社長の店も、店員がきびきび動いてくれるとよくなるのに」）、「あの酒屋さんは、お客さんが買ったビールを駐車場まで運んであげてたね」（「社長も、客の身になって、『雨の日には傘を貸す』、『重いものは配達する』というのはいかがですか」）、といった話である。傘を貸せば、返しに来るときにも買い物をしてくれるし、自宅まで配達したときは、次回も配達しますというサービスで顧客をリピーターにすることができる。何も特別なことではない。客の立場になって考えればよいだけである。

5　切れない「切り口」

お客様目線とか消費者目線は、誰でも持っているものである。しかし、残念なことに、大手企業の経営者も中小企業の経営者も、さらに言うと、従業員さえ「消費者目線」を忘れて、経営者の目線・企業の目線で営業していることがほとんどである。

スーパーでパックの餃子《ぎょうざ》を買って、家に帰って食べるとしよう。餃子についている「たれ」の袋をうまく切れる人は天才である。ほとんどの人（消費者）は、ヌルヌルするたれの袋を手で切ろうとして失敗し、結局はハサミを持ち出すのではなかろうか。「切れない切り口」のついた商品を堂々と売っているのは、消費者の立場でものを作っていないからだ。きっと経営者も従業員も自社の製品を食べないのであろう。

仕事明けに、仲間と、あるいは上司と「ちょっと一杯」というとき、飛び込みで店を選ぶことは珍しくない。しかしである。一番若い者が気を利かして店を探すのであるが、店に入ってみなければ席が空いているかどうかわからない。上司を待たせて「すいません。空いている店を探しますので、少し待ってください。」新人はつらい。でもちょっと立場を変えて考えてもらいたい。満席なら、店の入り口に「ご来店ありがとうございます。申し訳ありませんがただいま満席です。次回のご来店をお待ちしています。」とでも掲示があれば、幹事役はまごつかなくて済む。「ただいま、海の見える御席が空いています」「団体様のお席が空いています（一〇名様まで）」「窓側のお二人席、空いています。星空がきれいですよ。」といった看板が出ていれば、デートの二人も団体客もドアを開けるのに躊躇《ちゅうちょ》しなくても済む。ほとんどのレストランや居酒屋は、こんな知恵もない。お客様目線・消費者目線が乏しいのだ。だからこそ、消費者でもある税理士が経営者にヒントを出すことができるのだ。

6　税理士のセカンド・オピニオン

私もあちこちの会社や資産家から頼まれて税理士を紹介することがある。案件が少額であったりシンプルな事業の場合は、経験や顧客の少ない若い税理士を紹介するようにしているが、経験が少ないだけに、消費税の対応すらちゃんとできない税理士が多い。大学・大学院の教員として、そうした人物をこの業界に送り込んだ責任を感じている。

少し複雑な案件（相続がらみとか、国際的な取引をしている会社のようなケース）では、顧客の不安を消す必要があることから、一人ではなく、二人以上の税理士に頼んで相談に乗ってもらうようにしている。ところが、そうした話を持っていくと、「何々先生がやるなら、私はやらない」とか、「私が担当することに、他人は口出ししないでほしい」と言われる。私の感想であるが、税理士同士が一緒に仕事をしないとか相談をしないというのは、結局は、自分の判断に自信がない、他の税理士から違う判断をされるのは困るからではなかろうか。そのように疑われても仕方ないような人がたくさんいる。

しかし、今の時代、病院でも重要な病名の判断とか重要な手術のことは、担当の医師の他にもう一人か二人の医師が同席して説明してくれるようになった。私の血縁者の一人が手術を受けたときは、担当の外科医のほかに、同僚の外科医、麻酔担当医、レントゲン技師など四―五名が同席して説明してくれた。わざわざ別の病院に足を運んで、検体を取りなおしたりレントゲンを撮り直したりしなくても、いわゆるセカンド・オピニオンが取れるようになった。セカンド・オピニオンを出すのは、逆に、安易な判断や無責任な姿勢を生むという批判もあるようであるが、そうした弊害よりも一人診断・判断の弊害や不信の方がはるかに大きな問題だと思う。

7 「新しい税理士」像

これまで税理士の業務といえば、税務に関するものが中心であったが、これからの税理士は、極端なことを言うと、税の専門家である必要はない。そう言うと驚かれるかもしれないが、一人の人間がすべての税の知識を身につける必要などないし、不可能と言ってもよい。若いうちは研修会やセミナーに出て知識を更新することができても、年齢が上がるにつれて、新しい税法や改正についていくことが難しくなる。これからは税理士もネットワークを構築したり税理士法人にしたりして、個々の税理士としての限界を超えた仕事をする時代である。

そこでは、税の知識は一人一人がオールラウンドな専門家になる必要はなく、地域ごとに、専門の職種ごとに、分担すればよい。相続に強い税理士、不動産の活用に強い税理士、医療関係に強い税理士、公益法人やNPO法人に強い税理士……各自が強みを持ち寄れば、いつでも最新の知識、正確な情報が手に入り、的確な判断ができるようになる。これだけ税制が複雑になり、中小企業とその経営者を取り巻く環境が厳しくなると、むしろ一人の税理士では適切な対応が困難になってきているということを認識すべきであろう。私たちも、風邪を引いたときに眼科に行くとか、ケガをしたときに耳鼻科へ行くということはしない。眼科の先生が「風邪ですね。目薬を調合して出します」とか、耳鼻科の先生が止血もせず、「耳も鼻も大丈夫です」と言ったとしたら、皆さんは納得するであろうか。

税のことでも、一人の税理士が判断・助言をすると、必ずしもお客さんは納得しない。その税理士が相続についての経験や知識が豊富かどうかはお客さんには分からない。自分が初めての客かも知れないのだ。税理士が法人化（税理士法人）する意味がここにある。自分の目の前で複数の専門家が相談して判断したのであればお客は疑わないのに、たった一人の先生が応対して、こうしたらいいと言われても素直に信じるわけにはいかないこともあろう。顧客が「この先生の言うことは本当にベストなんだろうか」「他にいい手はないのだろうか」と考えて当然であるが、個人事務所の税理士の場合は、そうした疑念を解消できない環境と雰囲気ではなかろうか。本章を最後まで読まれた方は、きっと若い税理士か税理士志望の方が多いと思う。皆さんが新しい時代の税理士として大成されることを祈念している。

第16章　会計事務所の「お客様満足度」

――会計を使わない「会計」事務所

1　お客様満足度
2　会計事務所の「お客様満足度」
3　「会計」事務所の怪
4　会計ソフトの功罪
5　『財務諸表の作り方教室』
6　「トップに会え！」
7　潜在的ニーズを引き出す
8　満足度を高めるための研修
9　「スピード育成」「速習」で早く一人前に！

1 お客様満足度

皆さんは、レストランで食事をしたり、本を買って読んだり、たまには映画を観たりして、そのつど、「おいしかった」「つまらなかったな」「また行きたい」などと感想を持たれるのではないだろうか。言葉を換えれば、店や映画を「評価」しているのである。これは、お客としての立場からの、レストランや映画の評価である。

こうしたお客の評価は、今の、そして今後の経営にとって非常に重要である。昔の「口コミ」はゆっくりとした広がりであったが、今は、ネットを通して瞬時にして日本中・世界中に伝達される。読者の皆さんも経験されているはずである。大事な取引先を接待する店を探すときも、週末に家族と外で食事するレストランを決めるときも、ネットで店を検索して、店の外観、内観、メニュー、予算などを見た後、口コミの評価や店の総合評価などを参考にするであろう。

最近のお客があまり良くない評価をしている店にお得意さんをご案内するわけにはいかないであろう。ご招待したお客様も、もしかしたらその店をネットで検索して、ご招待していただいた店はどんな店かをチェックするかもしれない。いや、その店が初めてであれば、きっとどんな店か「食べログ」などを覗《のぞ》いてみるのではないだろうか。そのとき、あまり評価の良くない店だったら、ご招待した方の評価も下がりかねない。

最近は、こうしたネットの情報が客足を左右することもあって、「お客様満足度」を高めるための工夫を凝《こ》らす店が増えてきた。多くの店の経営者は、今までもお客様を大事にした経営をしてきたはずであるが、これまでは「経営者から見たお客様満足」でしかなかったのではなかろうか。言い換えれば、これまでの「お客様満足度」とは、客の評価を高めるために経営サイドが工夫や努力してきたというのが実態ではなかろうか。まかり間違えば、「お客様満足」の押しつけになりかねない。良かれと思っていろいろやっても、客の不評を買ったのでは始末が悪い。

2　会計事務所の「お客様満足度」

レストランなどでは、お客様が満足されたかどうかは、レジでのお顔をみれば分かる。満足された方は笑顔で帰られるし、「おいしかったです」と言っていただけば高い評価をいただいたことが分かる。ご不満の方は……二度と来ない。

その点、会計事務所（税理士法人）のお客様は、面と向かっては何も言わないことが多い。なぜなら、自分の会社と契約している会計事務所のサービス（お客様対応）が十分なのか、ハイレベルなのか、ローレベルなのか分からないのである。レストランや本と違って、どこかと比較することができないのである。

この点は、保険会社（保険商品）も病院も似ている。「風邪を引いた、病院で薬を貰った、のんだら治った」……これで満足であろうか。もしかしたら薬をのまなくても治ったかもしれない。別の病院に行ったら、「一晩寝たら治りますよ」と言われていたかもしれない。まさか風邪でセカンド・オピニオンというわけにもいかないから、薬を出した病院がいい病院なのかどうか分からない。

会計事務所も同じであろう。顧問先を年に一回か二回訪問（これを業界では、事務所サイドからの言い方で、「巡回」という）すればよい事務所なのか、特別の用がなくても毎月来る事務所がいいのか、税理士本人が巡回するのがよいのか、領収書や伝票を受け取りにくるだけだから事務所の職員が来ればいいのか、最近の業界の動向をレポートしてくれる税理士がいい先生なのか、そんなことは社長が熟知しているから税理士から教えてもらう必要がないのか、資金繰りの相談に乗ってくれる税理士がいいのか、資金繰りなら信用金庫の担当者のほうがいいのか……税理士の仕事が何なのかが、社長から見ても、税理士から見ても、判然としない。

そういう意味では、妙な業界である。税理士からすれば、どんなサービスをすればお客が満足してくれるかがよくわからないし、客である社長からすれば、税理士が何をしてくれるかがよくわからない。お互いによくわからないまま顧問契約を結んでいる。実に妙な業界である。

本章では、会計事務所のお客様満足度を高めるために、何をすればいいのかをテーマとする。とはいえ、右で述べたように、会計事務所の「お客様満足度を測るものさし」は、今のところないといってよい。そこで、以下、手探りながら、会計事務所の立場からお客様満足度を高める工夫や努力と、お客である社長の立場から会計事務所に求めるものを考えることにする。

3 「会計」事務所の怪

税理士は、英語でtax accountantという。和製英語っぽいが、実は、イギリスでは一九七〇年租税管理法の中で使っている。日本税理士会連合会（日税連）でも「税理士法」をCertified Public *Tax Accountant* Actと訳している。この英訳は、税理士が、文字通り「税」と「経理」の専門家であることを宣言しているものである。税理士になるための国家試験でも、税法科目と会計科目（簿記論、財務諸表論）があることからも、「税」と「会計」を専門とすることがわかる。

ところが、である。「税」に関しては、中小企業の経営者（社長）が気にする（心配する）のは、一年に一回、納税期だけである。個人事業者であれば、三月一五日の確定申告のときにいくら税金を納めるかが重要で、あとの一一か月は税金のことを考えることなく経営に専念できる。

もう一つの「経理」であるが、実は、税理士にとって、この「経理」が鬼門らしい。ある税理士の会合で講演を頼まれたときの話を書く。全国の税理士会からはしばしば講演やセミナーの講師を頼まれるが、楽しみなのは講演・セミナーの後の懇親会である。税理士諸氏から本音の話が聞けるし、各地のおいしいお酒や地魚（こちらのほうがメインかもしれない）にも遭遇できる。

ある講演で私が最初に、「先生方は会計の専門家ですから……」と断りを入れて、最近の会計基準の動向を話題にした。その後に開かれた懇親会の席であった。ある税理士から、「先生は、私たち税理士を会計の専門家と言いましたが、私たちは税の専門家であって、会計の専門家ではないんですが」ということを言われた。周りにいた税理士諸氏にお聞きするとみなさん同じことを言われる。そこで、私は、「では、先生の事務所の名前は何というのですか」と聞いたところ、「○○会計事務所です」、と答えるではないか。答えた税理士自身も「そうだ、うちは『会計』事務所だったのだ」という顔をしている、ちょっとばつが悪そうに。

そうなのだ、全国の税理士が営業しているのは、「会計」事務所なのだ。その会計事務所のトップ（税理士）が、自分たちは「会計の専門家ではない」というのである。「羊頭狗肉」という言葉は知っていたが、税理士業界のことを言うのだとは、そのとき初めて知った。きついことを言うようであるが、最近、それが実態なのだということを知った。必ずしも、彼らの努力が足りないだけという話ではない。次の4と5で、こうなった事情を書く。

4　会計ソフトの功罪

税理士になるには、簿記論と財務諸表論という二つの会計科目に合格しなければならない（大学院と国税OBというルートもあるが）。資格を取ったときには会計知識があったはずである。

それがいつの間にか、会計のことを忘れて「税の専門家」になってしまう。原因の一つは、会計ソフト（会計システム）の普及にあり、もう一つは会計教育にあるように思える。今の会計事務所では（事業所でも）、会計ソフトが使われており、簿記の知識がなくても取引のデータをパソコンに入力するだけで、試算表も損益計算書も貸借対照表も簡単に作成できる。借方・貸方の知識がなくても、仕訳ができなくても、試算表の意味が分からなくても、財務諸表を作ることができるのである。事務所の職員だけの話ではない。所長である税理士も、仕訳のことを悩んだり会計のルールブックを参照しなくても、会計ソフトを更新しておけば、機械が勝手にやってくれる。今さら会計学の勉強をするまでもないと考えるのであろう。

しかしである。事業者の法人税や所得税を計算するには、まず、事業における取引を記帳し、それを分類・集計して、事業所得を計算する必要がある。法人税の場合は、確定決算主義が採られているから、帳簿をもとに財務諸表を作成し、株主総会の承認を得なければならない。つまり、税金の計算には、経理が先に行われなければならないのだ。その経理が、会計ソフトの普及によって、誰でもできるようになった。「誰でもできる」ようになると、経理は専門家でなくてもできる、つまり、税理士という専門職の仕事ではなくなる、税理士の仕事は「税」だけになる。税理士が、会計の専門家であることを忘れて、「税（だけ）の専門家」になったのは、大雑把に言えば、こういうストーリーであったのではなかろうか。

「税（だけ）の専門家」になってしまうと、税理士の仕事は極端に減る。右に書いたように、顧問先の社長が税に関心を持つのは、納税期だけで、あとの一一か月は税金のことを考えることなく経営に専念する。「税（だけ）の専門家」を必要とするのは、一年に一度だけである。

何も極端なことを言っているのではない。日本税理士会連合会が一〇年ごとに行う実態調査（最近のは「第六回　税理士実態調査報告書」二〇一四年）では、毎回、「顧問先に対する助言業務」を行っているかどうかを調べている。前回の調査（二〇〇四年）では、経営助言業を行っていると回答した開業税理士は半数近く（四六・三％）いたが、今回の調査では、三人に一人（二九・五％）に減っている。この数値を税理士の立場から解釈すれば、「税金以外のことは相談に乗れない」ということであろうし、経営者サイドから解釈すれば、「税（だけ）の専門家」である税理士に経営のことを相談しても真剣に取り上げてくれないということであろう。七割の税理士が経営助言（コンサル）をしないという現状に税理士も経営者も納得しているとすれば、この業界はいずれコンピュータ系かコンサル系の会社に乗っ取られてしまう恐れが高い。

5 『財務諸表の作り方教室』

会計教育に関しては、後の第19章「大学改革と簿記・会計教育（2）——会計学者は何を教えてきたのか」で詳しく取り上げるが、そこでは日本の会計教育が「財務諸表の作り方教室」に終始してきたことを指摘している。要約的なところを紹介しておく。

「会計士・税理士試験や簿記検定が、日本の簿記・会計の普及に非常に大きな貢献をしたことは特筆に値する。日本企業のほとんどが複式簿記による記帳を行っているのは、高校、大学、専門学校における会計教育と簿記検定のおかげと言っても過言ではないであろう。（中略）しかし、残念なことに、高校、大学、専門学校の簿記会計教育でも、会計士・税理士試験と同様に、『財務諸表を作成する技術』を問われるだけで、その財務諸表をどのように使うのかという、会計学として一番重要な、そして会計学を学んで一番役に立つことは、なおざりにされてきた。」

「日本の会計教育は、皮肉っぽく言えば『財務諸表の作り方教室』である。だから、わが国の会計教育を受けた学生は、財務諸表を作ることはできても、それがどういう意味を持つのか、それをどのように使うのかを知らずに卒業してしまう。」

ここでは大学生のことを書いたが、税理士も似たようなものである。国家試験を受けるために簿記論と財務諸表論を必死になって勉強したはずであるが、学んだのは「財務諸表の作り方」だけであって、その使い方・読み方は学んでいない。そこに気が付いて、経営分析や管理会計などを勉強した方も少なくないであろうが、大多数の方は財務諸表の作り方さえも会計ソフト任せで、その会計ソフトが作った財務諸表を読まない（読めない）。読めない財務諸表を顧問先に持って行って社長に説明したり助言したりすることは苦痛である。だから、顧問先を訪問するのは事務職員に任せてしまう。

財務諸表を「読む」には、経営分析の知識がいる。経営分析というと何やら難しい計算やら解釈を行うように思われるかもしれないが、企業の収益性や財務の安全性をざっくりと把握するには、それほど難しい計算や解釈は必要ない。私も経営分析の本を何冊か出版しているが、どの本も二〇〇―二五〇頁くらいのものである。本を片手に顧問先の財務諸表を分析するのに、初めてなら二―三日、慣れてくれば半日もあれば済む。経営分析については、本を読んでもらうことにして、以下では、顧客の潜在的ニーズを引き出して、それに会計事務所がどう対応していけばよいかを考えることにしたい。

6 「トップに会え！」

私が顧問として職員研修などを担当している辻・本郷税理士法人では、「辻・本郷のポリシー仕事のルール」として、「ＴＯＰに会え！」という一項がある。顧問先（辻・本郷では、顧問先と呼ばず、「お客様」と呼んでいる）を訪問するときは、できるだけ経理担当者だけではなく、社長（経営者）に会うようにするというのである。

辻・本郷は、職員が千名を超える。全員が顧問先を訪問するわけではないが、税理士・会計士・社労士などの有資格者やＢＰＯ（business process outsourcing：自社業務の外部委託）のメンバーは、定期的にお客様を訪問して、月次決算の説明をしたり相談に乗ったりしている。

社長の頭の中には、いろいろなアイデアや悩みごとが整理されずにごちゃごちゃと詰まっているものである。社長の話を聞きながら、それを整理して、「すぐに解決できそうなこと」「すぐには解決できないが、時間をかければ解決しそうなこと」に分けて、社長の潜在的なニーズを引き出す……これも税理士の仕事であろう。最初は「知恵の輪」みたいなものかもしれないが、解けたときは社長の「お客様満足度」がぐっと上がることは間違いないであろう。

7　潜在的ニーズを引き出す

社長さんの話を聞いているうちに、「私の事務所には〇〇の資格を持っている職員がいますから、その問題の解決をお手伝いできると思います」「そのことでしたら、グループ会社にスペシャリストがいます。一度、連れてきましょうか」といった提案ができる。

だから今では、税理士事務所（税理士法人）といえども、弁護士、社労士、司法書士、不動産鑑定士、公認会計士、中小企業診断士などの有資格者・事務所と密な関係を持っておくべきであり、さらにはコンピュータ（情報処理）、コンサル、ＦＡなどのファームともすぐに連携が取れる体制を作っておくことが必要であろう。それも、自分の事務所から遠く離れた地域の顧客にも対応できるように、全国ネットを張り巡らせることができれば、お互いに顧客のニーズに対応できる体制が作れるのではなかろうか。

まずは、お客様のニーズ（不満のこともあれば期待もある）を確かめることである。お客様もきっと税理士（事務所）が何をしてくれるのかよく分かっていないから、何も言わないでいるのかもしれない。どうすればお客様のニーズを聞き出せるか、それは、丁寧に対応することである。先方の都合がいい時間に訪問（巡回）するのは当然であるが、一方的に月次（前月）の会計数値を報告したり前年度との比較を説明したりするのではなく、まずは、社長の話を聞くことである。多くの社長は、前月の会計数値には関心がない。過去のことであり、もう変えることができない数値よりも、今月どうするかで頭がいっぱいなのだ。

まずは社長の話に耳を傾ける、相づちを打つ、「すごいですね」と感心する、「心配ですね」と一緒に悩むのである。社長は、話を聞いてもらうだけで満足するものである。また、社長は経営のプロであるから、いろいろ話しているうちに自分で答えを見つけることも多いはずである。税理士が答えを言う必要はない。それでも社長から、「どうしたらいいだろう」「何かいい手はないだろうか」と言われたら、即答せずに「社長、これは宿題にしてください。」「事務所に戻って他の職員と一緒に考えてみます。」と言って、いったんは課題を持ち帰るといい。

もちろん自分でも考えるが、きっと社長もいろいろ検討するはずである。もしかしたら社長も、税理士を相手に話をしているうちに課題が頭に浮かんで、潜在的にしか意識していなかった問題に気が付いたのかもしれない。そうした場合には、社長はきっと自分で解を見つけるものだ。次に会社を訪問したときには、社長が笑顔で「こうすることにしたよ」というのを聞くだけでよい。社長よりも先に、「こうすればいいと思います」「こうしたらどうですか」などというアドバイスはしないほうがいい。社長の「解」を聞いて、社長の決断をほめることが大事である。なにせ、社長はその道（経営）のプロであり、税理士はアマチュアでしかないのだから。

もちろん、社長が大きな誤解をしているとかあまりにも楽観的な計画を実行しようとしているときには、やんわりとくぎを刺す必要があろう。

8　満足度を高めるための研修

小規模の会計事務所では、職員の数も少ないことや研修を担当する人が限られることもあって、組織的な研修を行うことは困難である。そのために、職員を外部の機関が行う研修に参加させるか、あるいは、ほとんどまったく職員の研修を行わないという。所長（税理士本人）は、所属する税理士会（例えば、東京税理士会）が開催する研修会やＴＫＣなどが主催するセミナーに出席することがあっても、職員にはそうした研修を受けるチャンスは少ない。

所長先生が行う研修でも、外部の機関が行う研修でも、私の知る限りでは、まず間違いなく「税務」「税法」に関係する研修である。税法改正の研修、確定申告における改正点のセミナー、最近ではマイナンバーの研修である。そうした研修は非常に大事であるが、この場合の研修は、会計事務所職員（有資格者を含めて）の専門職としてのスキルアップと税法改正など時代へのキャッチアップが目的となろう。

ところで、会計事務所の研修は、職員の自己研さんで終わってはならない。各地の税理士会や大手会計事務所、コンサル会社などが開いている研修のプログラムを拝見していると、ときに研修が自己目的化しているのではないかと思われるものも見かける。研修は、目的ではなく、手段なのだ。研修の先に「お客様満足度を高める」という視点を据えておかないと、「とりあえず、研修！」になってしまう。

9　「スピード育成」「速習」で早く一人前に！

辻・本郷税理士法人の研修システムやプログラムなどでは、従来、「三年で独り立ち」「三年間で税理士の仕事を覚える」ということを考えてきた。しかし、時代が要求するのは「スピード」である。カンブリア宮殿で、修業期間が平均八年という「すし職人」を、何と、わずか「二か月！」で誕生させるアカデミーが紹介されていた。

一人前のすし職人になるには、頑固で口うるさい親父さん（すし屋の親父）の下で、三年間は雑巾がけやら包丁研ぎ、四年目くらいになってやっと「しゃり（銀めし）」を握る練習が許され、それでも握り方は教えてもらえずに、見よう見まねで親父の技を「盗む」。魚のさばき方も教えてもらえず、仕方なく魚市場で買った魚をさばいて練習する……。一人前にすしを握れるようになるには七―八年もかかるという世界であった。それを、何と、何と、短期コースではわずか二か月で一人前のすし職人を育てるというのである（ほかのコースも一年以内）。

私もその番組を見たが、特別の仕掛けはない。要は、「最初（初心者）から、必要なこと（技術、知識）をプロが手取り足取り教えるだけである。雑巾がけも「盗み見」も、必要ない。今まで辻・本郷では、「三年かけて一人前のプロに育てるプログラム」の下に新人研修やＯＪＴを行ってきたが、スピードの時代に合わせて、「税理士として必要な知識」を二年で、いえ、できれば一年でマスターできるプログラムをスタートさせた。

何も短期間で知識をぎゅうぎゅう詰め込むのではない。研修やＯＪＴの内容を見直して、「必須の知識や技法」と「おいおい身に付ければいい知識・技法」「自己研さんでマスターできるもの」とに分けて、最初の一年で「必須の知識と技法」を修得しようというものである。人手不足の時代にマッチした研修になるのではないかと期待している。

第17章　税理士業界の活性化に向けて

——（一社）中小企業経営経理研究所の設立

1　ＲＩＭＡ設立

第8章で、私が神奈川大学に赴任してから定年退職するまでの二〇年間における「理論と実務の融合」を目指した「足跡」もどきを紹介した。その最後に、「一般社団法人　中小企業経営経理研究所」の創設のことを書いた。この研究所の英文名称を、「The Research Institute of Management & Accounting for Small Business：RIMA」とすることにしたので、以下、ＲＩＭＡと呼ぶ。

ＲＩＭＡは、神奈川大学のプロジェクト研究所の一つである「神奈川大学中小企業経営経理研究所」を前身としている。この前身の研究所は、専任の教員を主体とすることや三年間という時限で設立された研究所であったこともあって、私の定年退職と同時に解散した。しかし、私の気持ちとしては、「志半ば」どころか、「気持ちの空転」「思いが伝わらない」「もどかしい」というのが、本音であった。

新たにＲＩＭＡを設立する目的は「わが国における中堅・中小企業の育成」と、その事業の担い手となる「税理士業界の活性化」である。定款には、研究所の目的を次のように謳《うた》った。

「この法人は、わが国における中堅・中小企業の育成と税理士業界の活性化に特化した調査研究、及び、その成果を使った事業モデルの構築と中堅・中小企業への導入を通じて、もってわが国経済社会の進展に寄与することを目的とする。」

どうせ目的を掲げるのであれば、志は高い（大きい）ほうがいい。かといって高すぎると、何から手を付けていいか分からないし、賛同者も集まらない。右の定款に書いた目的だけ読んでも、何をする研究所なのか具体的なイメージがわかないであろう。そこで、定款では、「この目的を達成するために、次の事業を行う」ことを書いた。

(1) 中堅・中小企業向けの経営相談（コンサルティング）のモデル化と提案
(2) 中堅・中小企業向けのビジネスモデルの構築と企業への導入
(3) 中堅・中小企業に適した会計実務の調査と提案
(4) 中堅・中小企業向けの経営分析手法の提案
(5) 中堅・中小企業に適した簿記・会計ソフト・会計教育の普及
(6) 中堅・中小企業の異業種交流会・同業者交流会等の開催
(7) 中堅・中小企業経営者と従業員を対象とした研修会・セミナーの開催

(8) 税理士業界の活性化と発展のための実践的研究と研究会・講演会等の開催
(9) 税理士及び同事務所職員を対象とした講演会・セミナー等の開催
(10) 研究成果の出版
(11) その他、前条の目的を達成するために必要な事業

何とも総花的な事業内容であるが、実は、研究所が一体となって何かをするというのは難しいと考えられることから、事業を狭くせずに、個々の研究所メンバーにとって関心が持てる事業が一つでも見つけられるように、また、手が付けられそうな事業から活動できるように、考えられる事業を並べたものである。

2 理論と実務の融合

私は、つい二年ほど前までは大学の教員であったから、研究者に声をかけて共同研究をするというのはそれほど難しくはない（特に科研費を頂くという話であれば声をかけやすい）。しかし、大学の教員が研究会を開いても、残念ながら、実務界は動かない。

わが国の会計界は、「理論（学者）」と「実務（経営者・会計士・税理士など）」が噛み合って

いないのだ。実務界から見れば、「実務を知らない学者が御託《ごたく》を並べてるだけ」のように見えるし、学者から見れば「理論を知らない実務家がやることは場当たり的だ」と映るようである。だからであろうか、わが国の会計界は実務家と学者の交流はほとんどない。

幸いにして私はこの二〇数年間、教員でありながら実務界の方々と多くの交流を得た。私の場合、実務界というのは、必ずしも会計士や税理士の世界だけではなく、大手の金融機関や中堅・中小企業の経営者の世界も含まれている。大蔵省・郵政省・総務省・経済産業省・金融庁などの官僚との交流もあった。大原学園やＴＡＣなどの専門学校の皆さんとの交流も長い。産業経理協会、経済倶楽部、ＴＫＣ、野村證券、経済同友会、日本商工会議所、各地の税理士会などからはたびたび講演する機会を頂き、お聞きくださった皆さんと意見交換することができた（私は、論文・本・講演資料にはかならず自分のメールアドレスを書くので、多くの方から貴重なご意見を頂戴している。感謝！）。

プロジェクト研究所のときは一二名のメンバーであったが、ＲＩＭＡは、より幅広く実務家・研究者・院生などに参加を求めた。以下、ＲＩＭＡの詳細と、二〇一五年一一月二八日に開催された設立総会・研究会の模様を紹介したい。お読み頂いた読者諸賢の賛同を得られるようであれば、ぜひともＲＩＭＡの理事あるいは研究員としてご参加いただき、お力を貸していただきたい。

3　税理士は「フェイス・ツウ・フェイス」が命

ＲＩＭＡの目的からして、税理士諸氏に賛同してもらい、動いてもらわなくてはならない。ところが、正直に言って、成功した税理士は現状に満足しているらしく動かない。暑い夏に汗水流して顧問先に行かなくても、寒い冬に凍《こご》えながら顧問先に出かけなくても、顧問先からは「銀行振込み」によって、毎月の顧問料が振り込まれてくる。まるで「大家さん」と同じである。「家（事務所）でじっとしていればいい」のである。わざわざお客のところまで出かけていって社長の愚痴や繰り言を聞くまでもない。

経済が右肩上がりで成長していた時代には特別の努力をせずとも顧客（顧問先）は増えたし、顧客が増えれば客単価（顧問先から受け取る毎月の顧問料）が変わらなくても事務所の収入は増えた（税理士事務所の客単価が一〇年前、二〇年前から上がらない、むしろ下がっている原因の一つはこれである）。

高齢化した税理士にしてみれば、毎月一回は顧問先を訪問していたのが面倒になり、顧問先には（税理士資格を持たない）事務職員を行かせるようになってくる。何もしなくても顧問料は銀行振込みで入ってくるのだ。そうなると、税の知識も経営の知識もない事務職員で十分間に合うと考えるのであろうか。

税理士は「フェイス・ツウ・フェイス」が命である（はずである）。月に一度は顧問先を訪問して月々の顧問料を現金で受け取ってきたときは、最近の経営状況やら顧客・商品・製品などの話だけではなく、社長や家族の健康、ご子息の進学・就職・結婚、お孫さんの誕生を一緒にお祝いしたり、釣りやゴルフの自慢話を聞いたり、家族にも話せないような「相談」や「金策」にも乗ることができた。毎月の訪問によって、「フェイス・ツウ・フェイス」の関係が築けたのである。

4 「相談に乗れない」税理士

顧問先へは従業員を行かせ顧問料は銀行振込みで受け取ることを続けていると、税理士にはその会社のことも産業界の動向も分からなくなる。なおのこと行きづらくなる。中小企業の社長さんたちは、このようにして相談する相手を失ったのである。バブルが弾けた後の中小企業の惨状は目を覆うべきものがあったが、その一因は、中小企業の顧問を謳《うた》う税理士が顧問先の会社を訪問（巡回）しなくなったことにあるのではなかろうか。

何も私が想像で書いているのではない。私の手元に、日本税理士会連合会（全国の税理士が加入する団体。税理士法の下に設立）が発行した『第五回　税理士実態調査報告書』（二〇〇四年）と『第六回　税理士実態調査報告書』（二〇一四年）がある。それによると、開業税理士のうち「経営助言業務」（コンサル）を行っていると回答した税理士の割合は、二〇〇四年調査で四六・三％、二〇一四年調査で二九・五％である。今では、開業税理士の三人に一人しか経営助言をしないというのである（詳しい数字は第14章で紹介した）。

アンケート調査というのは、ある面で実態を明らかにできない。例えば、投資家に「決算書を見てから投資先を決めていますか」とか「経済新聞は読んでいますか」という質問をしたとしよう。投資先を決めるのに「決算書も経済新聞も読んでいない」と答えるのは「まともな投資家」とは思われないという気おくれから、見栄を張って「決算書も経済新聞も読んでいる」と回答する投資家がいてもおかしくはない（それもかなり多いのではなかろうか）。

そうしたことを考えると、右の数値も多少は割り引いて読んだ方がいいかもしれない。「経営助言を行っている」と回答した開業税理士（二〇一四年調査で二九・五％）の中には、実際には行っていない人がたくさん混じっていると考えた方がよさそうである。「経営助言を行わない」ということと「顧問先を訪問しない」ということは、表裏の関係にありそうである。経営上のアドバイスやコンサルティングをしないのであれば、わざわざ顧問先に出向く必要もないわけである（相談にも乗らないのに「顧問」というのもおかしな気がするが）。

5 RIMA設立総会

RIMAの設立総会と研究会は、二〇一五年一一月二八日に、神奈川大学横浜キャンパスで開催された。残念なことは、総会の後に開く懇親会の会場が狭く、そこから逆算して総会の人数を絞らざるを得なかったことである。そのために、私が長い間お世話になりながらご案内状をお送りしなかった実務界の皆さんや学界の先生方には大変申し訳ないと思っている。

総会は、神奈川大学会計人宮陵会（神奈川大学出身の税理士・会計士の有志による親睦と相互研鑽を目的とした組織）の皆さんと私のゼミOBで税理士・会計士になった皆さんを中心に、五〇名ほど集まっていただいた。九州や名古屋からも来ていただいた。感謝。

最初に、私から研究所設立のご挨拶とご報告をした。そこでは、前身が「神奈川大学中小企業経営経理研究所」であることや、事業内容も引き継いでいること、ただし、今後は、他大学の会計人会の皆さんや趣旨に賛同いただける学界の方々、さらには、自らの経験を語っていただける中小企業の経営者の皆さんにもお声かけして「研究」から「実務」にわたる幅広い交流を持ちたいこと、などをお話した。

6　二一世紀会計学のミッション

研究会の部では、基調講演（田中）と「中小企業における資金会計の活用」を統一テーマとした研究報告が行われた。私の基調講演は、「二一世紀会計学のミッション―「使える会計」と「使う会計」を目指して―」という演題であった。テーマを読んだだけでは、大きな話なのか小さな（身近な）話なのか、分からないかもしれない。

私が話したのは、後の第19章「大学改革と簿記・会計教育（2）――会計学者は何を教えてきたのか」で書いたことと、第2章「ロバート・ケネディ氏の遺訓――利益には色がある！」で紹介した「GNP（GDP）では豊かさを測れない」という話であった。前者は、日本の会計教育は「財務諸表の作り方教室」に終始し、財務諸表を利用する（読む）ことに関心が薄く、その結果、「使える」会計を「使っていない」ことを問題にしたものである。

後者は、戦争や人殺しの道具を作ってもGDPになり、クリスティアン・マクフィラミー君の素晴らしい行為や主婦の家事労働は国民の富の増加とされないこと、会計上の利益も、汚れた事業から得られた儲けとまっとうな労働から得られた稼ぎとを区別してこなかったことを問題にしたものである。私が報告のテーマに「二一世紀会計学のミッション」というタイトルをつけたのは、身近には、「使える会計」を認識して活用しようということと、遠大な課題として「利益の色分け」「当期純利益の純化」を訴えたかったからである。

7　運転資金の悪しき習慣

研究報告をして頂いたのは、二名の実務家である。お一人は、税理士・(有)マーフシステム代表取締役・稲垣保氏で、もう一人は、公認会計士・税理士・(株)エヌ・エー・エス代表取締役・兼島政治氏である。お二人とは、もともと面識がなかったが、ここ一―二年ほどの間に、メールをやり取りして意見を交換してきた。

稲垣氏から初めてメールを頂いたのは二〇一四年の五月で、拙著の『原点復帰の会計学（第二版）』（税務経理協会、二〇〇二年）や『会計学はどこで道を間違えたのか』（税務経理協会、二〇一三年）などを読んで、「会計の世界にある天動説や地球平面説をあぶりだそう……」という話に共感・同感したと書いてきてくださった。氏のＨＰを開くと、「利益のお金が見える会計」とか「利益とお金が一致する『時点利益資金会計』」とか、非常に興味深い言葉が並んでいた。早速に丸の内でお会いして、会計談義に花を咲かせた。そのときに頂戴した氏の著書『経営者のための利益のお金が見える会計』（サーヴィスズ・アンリミテッド、二〇一四年）には、「運転資金の悪しき習慣」として、こんなことが書いてあった。

「商取引上のモラルとして考えれば、購入した代金（買掛金）は通常の支払日にお支払することが原則です。……しかし、上場企業に『キャッシュ・フロー計算書』が義務化されたことにより、この買掛金などの通常の支払日を意識して長期化させる企業が多くなっています。

これは、買掛金の支払いを遅らせることにより、営業キャッシュ・フローが増加するからだと思われます。」（一〇四頁）

確かに、キャッシュ・フロー計算書では、買掛金の増加は営業キャッシュ・フローの増加として処理される。買掛金を支払えば営業キャッシュ・フローはマイナスになっていたはずである。稲垣氏は、言う。「売掛金残高よりも買掛金残高が多い企業は、制度上はキャッシュフローの良い会社と見られ、その企業の財務基盤が弱体化していることに気がついていないのです。」（一〇五頁）

売掛金残高よりも買掛金残高が多いというのは、流動比率を持ち出すまでもなく、財務的に不健全であろう。それが、買掛金を増やせば資金繰り（キャッシュ・フロー）の良い会社になってしまうのだ。資金会計の支持者からは、しばしば「利益は意見」「利益は願望」と言われ、「キャッシュは事実！」とまで言われてきたが、「キャッシュ・フローだって操作できる」のである。稲垣氏から、それを教えていただいたことに感謝している。

8 「直接法」のキャッシュ・フロー計算書

兼島政治氏からのメールは同年一二月に頂戴した。私が『税経通信』誌に連載した「会計学はどこへ行くのか」の第二四回「『書斎の会計学』は通用するか（2）」（二〇一四年一二月号）を読んでくださり、その中で私が、「キャッシュ・フロー計算書は、作り方は難しいが読むのは簡単。取引先の健全性を読むのに必須」と書いたところ、「会計事務所が経理代行を請負っている程度の中小零細ですと、慣れてしまえば一月分のキャッシュ・フロー計算書（直接法）の作成が三〇分程で可能となります」と教えてくれた。

実は、私が想定していたのは「間接法（営業活動によるキャッシュ・フローの区分を当期純利益からスタートする作成法）」のキャッシュ・フロー計算書で、兼島氏が想定しているのは「直接法（営業活動によるキャッシュ・フローの区分を現金基準によって作成する方法）」である。

私は、一般に公表されているキャッシュ・フロー計算書は「間接法」によるものが多いことと、

「直接法」によるキャッシュ・フロー計算書を企業外部の者が作成するのは難しいことから、間接法を想定して「作り方は難しい」と書いたのであった。もちろん、会計ソフトを使えば間接法のキャッシュ・フロー計算書は簡単に作成できる。しかし、間接法によるキャッシュ・フロー計算書は「営業活動によるキャッシュ・フロー」を理解するのが非常に難しい。

減価償却費や有価証券売却損がプラスのキャッシュ・フローとされたり、売掛金の増加額がマイナスのキャッシュ・フローとされたり、常識と逆の話が出てくるのである。さらに、「営業活動によるキャッシュ・フロー」の区分を見ても、この企業の営業活動がどうであったかは分からない（直接法なら営業活動の実態が把握できる）。

兼島氏は、「直接法によるキャッシュ・フロー計算書を試算表から作成する原理を考案し特許を取得して、その原理を搭載したプログラムも開発」したというのである。この話は驚きである。今まで、資金会計を専門とする会計学者の方からも聞いたことがない。これは、お会いしてお話を聞くしかない、と思った。

9　資金会計の活用を

お二人とは、二〇一五年一〇月二三日に、京橋でお会いした。お二人のお話をお聞きすることと、研究所の立ち上げにお力をお借りすることをお願いすること、ちょっと不謹慎なことではあるが、美味しいお酒をご一緒する「呑み友」を増やしたい……そんな思惑があったのも事実である。神奈川大学の戸田龍介教授もお誘いした。

二時間の予定（お店との約束）が何と四時間に及んだが、それでもお二人の先生は話足りないし、戸田教授と私も「そこをもっと詳しく」と問いかけるものだから、「その続きは、研究所の総会で」ということで、お開きとなった。

「中小企業のために一肌脱ごう！」などと考える会計人は、非常に残念なことに、めったにお目にかかれなくなって久しい。それが、中小企業のために「心血を注ごう」という気概を持ったお二人に出会ったのである。私は、嬉しくなった。嬉しくてたまらなくなった。税理士を「職業」とする人たちを見ていると、「自分の仕事に誇りを持たないのか」と思ってしまうことも多いが、この仕事を「天職」と考える人たちに巡り合って、嬉しくてお二人と一緒に仕事をしたいと思った次第である。

研究会は、右に述べたように、統一テーマを「中小企業における資金会計の活用」としていた。このテーマで、兼島氏と稲垣氏にご報告をして頂いた。兼島政治氏の報告は、「中小企業におけるキャッシュ・フロー計算書の活用」と題するものであり、稲垣保氏の報告は、「経営者のための利益のお金が見える会計―経営者のための時点利益資金会計」と題するものであった。

お二人の研究報告については、私が紹介するだけの自信がない。研究会のときには、私が受付から資料配布、マイクの調整、パソコンの準備、ドリンクの手配などなどで追われたために、両先生の話をゆっくりとお聞きする余裕がなかった。お二人ともにご自身のホームページで詳しい内容を公開しているので、ぜひ、それをご覧いただきたい（兼島氏「キャッシュフロー計算書普及サイト」(http://cfsnas.net/index.php)、稲垣氏「http://inagaki-office.com/」)。

第4部

大学改革と簿記・会計教育

第18章　大学改革と簿記・会計教育（1）

――文科省有識者会議の波紋

1　迫る「大学改革」
2　大学改革と経済学部の教育内容
3　「教育」への反省
4　「教える」教育と「育てる」教育
5　「消える経済学部・法学部」？
6　大学における「実践的職業教育」
7　「G型大学」と「L型大学」
8　「専門職大学」構想

1　迫る「大学改革」

新聞や雑誌などではあまり大きく取り扱われていないようであるが、ネットで「炎上」しているのが安倍首相と文科省による「大学改革」構想である。「国立大学の文系学部を廃止」「一部のトップ大学以外はすべて『職業訓練校』にすべき」「経済学部・経営学部では、サミュエルソンやマイケル・ポーターではなく、簿記・会計・会計ソフトの使い方を教える」「法学部では、憲法、刑法ではなく、道路交通法、大型二種免許・大型特殊二種免許の取得」といった話である。

議論をリードしてきた一人、コンサルタントの冨山和彦氏（株式会社経営共創基盤代表取締役CEO）は、「学術的な教養にこだわる従来の文系学部のほとんどは、ローカル大学にはもはや不要です。何の役にも立ちません。」「大学の先生は、もっと現実社会をよく見るべきです。技能を軸にして日々の糧を得ていく大多数の学生の人生にとって、何が本当に必要な『教養』なのか。虚心に見つめ直すときです。」と断言する。こうした改革に対応できない大学教員には、「辞めてもらうか、職業訓練教員として再教育を受けてもらえばいい」とまで言う（冨山和彦氏の発言、「文系学部で何を教えるか」朝日新聞、二〇一五年三月四日）。

「役に立たない」と名指しされた「ローカル大学の文系学部教員」には受け入れがたいどころ

か、「失業」の二文字が目にちらつく話であろう。ここで「ローカル大学」（「L型大学」）というのは必ずしも「地方大学」ということではないらしい。関東あるいは東京に所在する大学でも「グローバル大学」（「G型大学」）として想定されているのは東大、早慶といった海外でも通用するブランド大学だけで、他の大学は国立・私立を問わずローカル大学に区分されているようである。東大はすべてグローバルという区分ではなく、学部によってはローカル学部に区分されるという話である。

2　大学改革と経済学部の教育内容

「（L型大学の）経済学部で教えるべきは、サミュエルソンでも経済原論でもなく、簿記・会計や会計ソフトの使い方」という話には、長年にわたって経済学や経営学の教員から軽く見られてきた会計学教員としては、溜飲《りゅういん》が下がる思いもある。

最近では、教室でもゼミナールでも、会計関係は人気が高く、受講者の人数を制限したり開講科目を二つの教室に分割したりして対応している。簿記検定や税理士・公認会計士といった資格取得のための課外講座が大学の懐を潤しているのも事実である。

それに比べて、経済学部といいながら、経済系の講義は「必修科目」にでもしなければ受講者が集まらず、ゼミナールを開いても人気（「にんき」と呼んでも「ひとけ」と呼んでもいい）がない。

それはそうであろう。多くの大学における経済学の講義は、依然としてマルクス経済学が幅を利かせており、また、近代経済学といった科目では、「貨幣の流通速度」とか「市場の失敗」とか「限界効用逓減」といった、とても日本語とは思えないジャーゴンだらけの講義が、偏差値の高低を問わず（つまり、聞き手の消化能力を問わず）、全国の大学で行われている。学生のニーズや能力とは関係がない講義が繰り広げられてきたとすれば、国家的な大損失であろう。

木村剛氏は、一〇年ほど前に出したベストセラー本『「会計戦略」の発想法』の中で、「エコノミストの大罪」として、次のように述べている。

「『会計』に関する基本的な発想法を身につけている方々は、限られた一部の人を除いて皆無といってよい状況にある。そもそも『会計』という存在について、多くのメディアは細心の注意を払おうとしていない。勉強している新聞記者でも、せいぜいが『会計基準を変更するとかしないとか』という目先の瑣末《さまつ》なニュースを追いかけているだけである。

世論形成に影響力を持っているエコノミストだとか経済学者だと名乗る方々の『会計』に関する識見は、新聞記者に負けず劣らず貧弱なので始末が悪い。……おそらく『経済学』は『会計学』などと比較ができないほどの高級学問なんだと思っているのだろう。『会計』に対する無知に塗《まみ》れた暴論を唱え続けて平然としている方々が論壇を平気で闊歩していたりする。」

木村氏が指摘する状況は、今も何ら変わらない。しかし、文科省の大学改革構想は、経済学部の主客を逆転させる可能性がある。これからの三章は、安倍首相と文科省による大学改革構想を紹介し、その中で、経済・経営学部で学ぶべき内容の例として掲げられている「簿記・会計」教育の現状と問題点をテーマとする。

3 「教育」への反省

いくつかの大学で簿記・会計・経営分析などを担当してきた経験と現在の仕事（辻・本郷税理士法人の顧問として職員研修等を担当）から、簿記・会計教育の現状と「あるべき簿記・会計教育」について苦言・提言を呈したいことがたくさんある。そこで、文科省の大学改革構想に入る前に、日本の教育について感想めいたことを書きたい。私も二八歳から七〇歳までの四二年間を大学の教員として「教育」に従事してきたのであるから、それなりの「教育に対する思い」（というよりは、反省）がある。そうした思い（反省）を活かす機会はあまり残されてはいないが、新しい専門職大学等で教育に従事される方へのメッセージとしたい。

比較的よく知られていることであるが、英語のeducation（教育）の原義は、「（能力を）導き（duce）出す（e＜ex）」ということであるという（『ジーニアス英和＆和英辞典』電子辞書版）。これに対して、日本語の「教育」は、「他人に対して意図的な働きかけを行うことによって、その人を望ましい方向へ変化させること。」（『スーパー大辞林三・〇』電子辞書版）であるという。educateやeducationには、「人はこうあるべきだ」とか「完全なる人物像を示す」といった意味や意図はないらしい。日本語の「教育」が含意するような、「（教えることによって）理想像に近づける」「理想の姿に変える」といった発想はない（らしい）。もちろん、こうした辞典的な解釈と実際の教育・educationの現場は、必ずしも同じではないであろう。ここで問題にしたいのは、理念と実際の相違ではなく、教育の目的と教員の意識である。

4 「教える」教育と「育てる」教育

日本の「教育」は「教える」ことに重点があり、「育てる」ことを意識・意図していないのではなかろうか。言葉を換えると、日本の教員は「教える人」、つまり「知っていることを伝える人」でしかなく、生徒・学生に、何かを「考えさせること」「考えるヒントを与えること」には無関心な方が多い。英語で言う「educate（能力を引き出す）」ということには関心も能力もなく、ただただ、ひたすらに自分が大学生の時に聞いた講義を再現することが「教育」だと考えている教員は多い。

だから、自分が東大出身であれば、東大の学生時代に聞いた「近代経済学」だとか「財政学」「財務論」「〇〇論」などを「リピート」することが「一流の教育」だと考えてしまう。自分が受けた講義が、二〇年も三〇年も昔であることを忘れて、三〇年前の学問を「現代の学問」として教えるのである。その結果、生徒や学生は受け身になり、「考える力」が養われない。「考えずに受け入れた知識」は、残念ながら、定期試験を終えると無残にも学生の頭から消滅してしまう。そんな陳腐化した講義を聞かされ暗記させられるのは、学生諸君にとっては迷惑この上ない話である。

さて、現在の大学教育がかくなるものであることを考えると、大学四年間とはいったい何なのだろうか。社会人としてスタートを切る前の「モラトリアム」に近いとすれば貴重な青春の時代を浪費していることにならないであろうか。

一八歳から選挙権を行使できるようになった。一人前の大人として扱うということであろう。一八歳といえば、私もそうであったが、何を学べばよいか、何を学ぶべきか、誰に学ぶのがよいか（学校か本か先輩か）といったことについては考えが及ばず、とりあえず「入れそうな大学・

学部に入って」、四年間という就業前の自由時間（モラトリアム）を手にして、講義というよりも、部活、サークル活動、スポーツ（貧乏学生の私の場合はアルバイトであったが）が中心の学生生活をエンジョイする。

社会経験が少ないだけに、いざ就職活動を始めるという時期になっても、自分が何をしたいのか、その前に、自分がどういう能力を持っているのか、社会が何を・誰を求めているのかについての自覚がなく、結局は、自分の人生のグランド・デザインが描けていないまま、「入れそうな会社に入って」社会人としてのスタートを切る。

私の場合は、結局、自分のやりたいことも、自分ができることも、よくわからないまま、モラトリアム時代を一〇年間（学部の四年間に大学院の六年間）も過ごしてしまった。後知恵であるが、何も一八歳ですぐに大学に行くことはなかったし、大学院に行くこともなかった。大学院まで行ってしまったために、もっともなりたくなかった「教員」という職業に就くしかなかった。

「学ぶ」ことは、いつでもできる。何も一八歳からでなくても、何も大学でなくても、自分が学びたいと思うことが「発見」できたら、いつでも、どこでも、学ぶことができる。インターネットの時代であり、世界の名門大学の講義が無料で聴講できる時代である。

むしろ、学びたい、知りたいことが分かったときに学べば、非常に効率的に学ぶことができる。今の大学は、一八歳から二二歳までという、最も頭が柔軟な時期を「何を学びたいか」も「何をしたいか」も描けないまま単位と卒業を目的に集まるモラトリアムの場になっている。教育の効果はあまり期待できない。

その点、新しい高等教育機関構想では、「社会人と高等学校等の新卒者いずれもの入学が想定される。このため、新たな高等教育機関の教育内容については、関連分野での就業経験のある社会人や専門高校の卒業生等がそれまでの学習や経験等から培《つちか》った知識・能力等を継続して深化・発展させることができるものとする」ことが想定されている（文部科学省「実践的な職業教育を行う新たな高等教育機関の制度化に関する有識者会議」第一一回会議において配付された資料2、二〇一五年三月四日）。

「必要は発明の母」という。「学び」も同じであろう。「知りたい」「身につけたい」という気持ちになったときに学べば、学ぶ方も教える方も真剣になり、学びの効果も教育の効果も最大になると期待できる。

5 「消える経済学部・法学部」？

二〇一四年の九月二日、東京新聞朝刊が「国立大から文系消える？　文科省　改革案を通達」と題するニュースを流した。記事によれば、「文部科学省は先月、同省の審議会『国立大学法人評価委員会』の議論を受け、国立大の組織改革案として『教員養成系、人文社会科学系の廃止や転換』を各大学に通達した。」という。

もう少し記事を紹介する。「文科省は昨年（平成二五年）『ミッションの再定義』と名付け、各大学の特色や強み、社会的役割（ミッション）を明確化した。担当者は『今回の通達は文科系学部の廃止や理系への転換を提案しているのではない。先に示された役割に基づいて、改革してほしいだけだ』という。」しかし、以下のように、この担当者の言葉を鵜《う》呑《の》みにすることはできない。

この記事の発端となったのは、二〇一四年八月四日に開催された国立大学法人評価委員会の資料2―1「『国立大学法人の組織及び業務全般の見直しに関する視点』について（案）」である。この文書には、見直しをする趣旨として、次のように書かれている。

「文部科学大臣は、中期目標期間終了時に組織及び業務全般にわたる検討を行い、評価委員会の意見を聴いた上で、所要の措置を講ずるものとされている。（準用通則法第三五条）

これに先立って、事前に国立大学法人評価委員会が有する課題意識を『組織及び業務全般の見直しに関する視点』として、各法人に示すことにより、各法人における自主的な組織及び業務全般の見直しの検討を促すことを目的。」

これに続く「主な内容」の一つ「組織の見直しに関する視点」では、次の四点が列挙されている。

・「ミッションの再定義」を踏まえた組織改革（ここはゴシックで書かれている）
・教員養成系、人文社会科学系は、組織の廃止や社会的要請の高い分野への転換
・法科大学院の抜本的な見直し
・柔軟かつ機動的な組織編成を可能とする組織体制の確立

さらに「業務全般の見直しに関する視点」の一つとして、「社会貢献・地域貢献の一層の推進」が明記されている。

ここまで読まれた読者諸賢には、文科省の考えていること、意図していることが何であるかに気が付くのではなかろうか。「教員養成系、人文社会科学系は、組織の廃止や社会的要請の高い分野への転換」「社会貢献・地域貢献の一層の推進」「『ミッションの再定義』を踏まえた組織改革」……要するに文科省は、現在の国立大学の教育内容が「社会的要請」に応えるものではないと捉え、それを「社会貢献・地域貢献」に役立つものに転換しようと提案しているのである。文科省は、国立大学の予算を握っているのだから、実質は「提案」ではなく、「命令」といっても

よい。

6　大学における「実践的職業教育」

これは国立大学に限った話とばかり、私大関係者は「対岸の火事」を見るようなのんきさがあったが、実は、そうではなかった。国立大学への通達が出されて二か月ほど経ってから、文部科学省は「実践的な職業教育を行う新たな高等教育機関の制度化に関する有識者会議」（以下、「有識者会議」という）を立ち上げ、国立・私立大学を含めた高等教育機関に「実践的な職業教育」を担わせることを検討することにした。

これは何も、急な話ではなく、平成二五年一月一五日に「教育再生実行会議」を開催することが閣議決定されており、その会議が平成二六年七月三日に取りまとめた第五次提言「今後の学制等の在り方について」では、「実践的な職業教育を行う高等教育機関を制度化する」ことが盛り込まれた。そこでは、次のような提言が行われている（1（3））。

「大学や短期大学は、学術研究を基にした教育を基本とし、企業等と連携した実践的な職業教育を行うことに特化した仕組みにはなっていない、……専修学校専門課程（専門学校）は、教育の質が制度上担保されていない……などの課題が指摘されています。こうした課題を踏まえ、大学、高等専門学校、専門学校、高等学校等における職業教育を充実するとともに、質の高い実践的な職業教育を行う新たな高等教育機関の制度化が求められます。」

ここでは、大学等の教育機関に対して職業教育を充実させることを求め、さらに、既存の大学・短大とは別の、実践的な職業教育に絞った新しい大学を創設することを提案している。この教育再生実行会議の第五次提言を受けて「有識者会議」が開かれたのである。

大学関係者、特に、文系の教員に大きな波紋を投げかけたのは、一回目の「有識者会議」において資料として配付された冨山和彦委員（株式会社経営共創基盤代表取締役CEO）の文書である。文書のタイトルは、「我が国の産業構造と労働市場のパラダイムシフトから見る高等教育機関の今後の方向性―今回の議論に際し通底的に持つべき問題意識について―」となっている。

7 「G型大学」と「L型大学」

この文書がネット上で公開されるやいなや、多数の大学関係者や産業界から賛否両論が渦巻いた。論争に火をつけたのが、文書に載った二つの図表とその解説であった。一枚は次の図で、

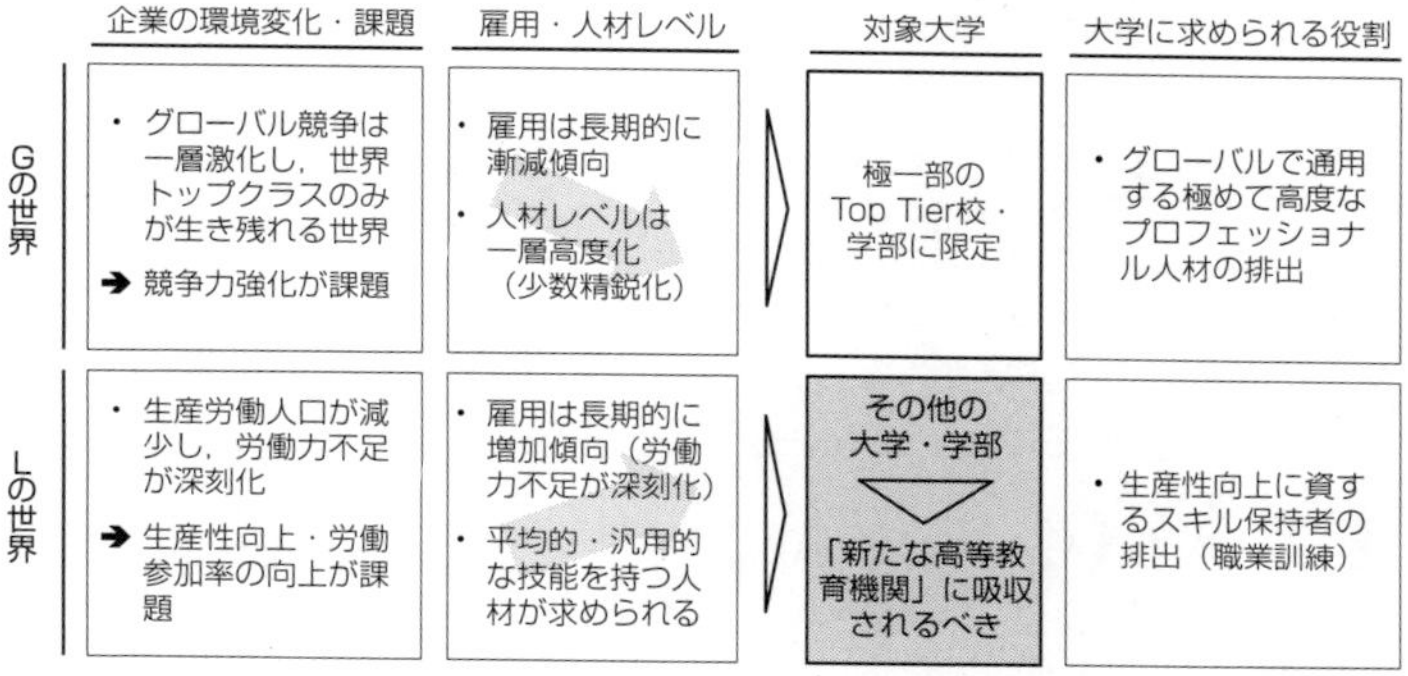

	企業の環境変化・課題	雇用・人材レベル	対象大学	大学に求められる役割
Gの世界	・グローバル競争は一層激化し、世界トップクラスのみが生き残れる世界 ➡ 競争力強化が課題	・雇用は長期的に漸減傾向 ・人材レベルは一層高度化（少数精鋭化）	極一部のTop Tier校・学部に限定	・グローバルで通用する極めて高度なプロフェッショナル人材の排出
Lの世界	・生産労働人口が減少し、労働力不足が深刻化 ➡ 生産性向上・労働参加率の向上が課題	・雇用は長期的に増加傾向（労働力不足が深刻化） ・平均的・汎用的な技能を持つ人材が求められる	その他の大学・学部 「新たな高等教育機関」に吸収されるべき	・生産性向上に資するスキル保持者の排出（職業訓練）

出典：実践的な職業教育を行う新たな高等教育機関の制度化に関する有識者会議（第１回）配付資料（冨山和彦委員提出）

「極一部のTop Tier校・学部以外はL型大学と位置づけ、職業訓練校化する」「大半の大学に、今後の雇用の圧倒的多数を占めるジョブ型雇用のおける職業訓練機能を果たさせる」（原文のまま）ことを議論すべきだとしている。

この文書では、Gの世界（グローバル経済圏）とLの世界（ローカル経済圏）を分け、Lの労働力不足を解消しその生産性を向上させるためには、L型大学における「職業訓練の展開」が必要だとしている。

では、L型大学では、いったいいかなる職業教育をするべきなのか、これを例示したのが次の図である。

L型大学で学ぶべき内容（例）

文学・英文学部	シェイクスピア，文学概論	ではなく，	観光業で必要となる英語，地元の歴史・文化の名所説明力
経済・経営学部	マイケルポーター，戦略論 (筆者は日本のトップ戦略コンサルタントの一人だが，ポーターの5Forcesは使ったことが無い)	ではなく，	簿記・会計，弥生会計ソフトの使い方
法学部	憲法，刑法	ではなく，	道路交通法，大型第二種免許・大型特殊第二種免許の取得
工学部	機械力学，流体力学	ではなく，	TOYOTAで使われている最新鋭の工作機械の使い方

出典：実践的な職業教育を行う新たな高等教育機関の制度化に関する有識者会議（第１回）配付資料（冨山和彦委員提出）

冨山和彦委員は、図にあるように、経済・経営・商学部のようなところでは、マイケル・ポーターや戦略論ではなく、簿記・会計、会計ソフトの使い方を学ぶべきだと言う。現在でも、経営・経済・商学系の学部では、どこでも簿記・会計の科目を必修か選択必修の科目として置いている。冨山委員は具体的な簿記・会計教育の内容については語っていないが、現在の教育内容に満足しているわけではなさそうである。簿記・会計の教育内容については次章で検討したい。

冨山委員の構想では、「社会に出てからの実践力を身に着けさせるため、現場力を基礎とした実践的な教育を行う」ために、「文系のアカデミックライン（Lの大学には、従来の文系学部はほとんど不要）の教授には、辞めてもらうか、職業訓練教員としての訓練、再教育を受けてもらう」「理系のアカデミックラインでGの世界で通用する見込みのなくなった教授も同様」とする。

ではこれからのL型大学（日本中のほとんどの大学）の教員は何を教えるべきか、冨山委員は、同文書の中で次のように言う。

「英文学の先生は全員、ＴＯＥＩＣの点数獲得教育能力を、経営学の先生は簿記会計２級合格や弥生会計ソフトで財務三表を作らせる訓練能力を、法学部の先生は宅建合格やビジネス法務合格の受験指導能力を、工学部の先生にはトップメーカーで最新鋭の工作機械の使い方を勉強し直してもらう」

こうした考えには、大学関係者から強い批判・反論が寄せられるのは十分に予想できるし、現実にネット上では国立大学の教員を中心にさまざまな反論が飛び交っている。他方で、冨山委員の主張に賛同する声も少なくない。元大蔵官僚の高橋洋一氏は、「東大だってＬ型大学だ！」「（日本には）真のＧ型大学が存在しない」「日本の経済学部は、無意味な経済理論を教えているばかりか、その社会活動には有害なものさえある。であれば、妙なアカデミックを名乗るより、社会生活に役立つ簿記・会計やエクセルを教えたほうがいいだろう。」と書いている

（『講談社現代ビジネス』、高橋洋一「ニュースの深層」二〇一四年一〇月二七日、http://gendai.ismedia.jp/articles/-/ 40909）。

8 「専門職大学」構想

新しいタイプの大学については、二〇一五年三月一八日に開催された第一二回の「有識者会議」が案をまとめている。その直前（三月四日）に開催された第一一回の「有識者会議」における「実践的な職業教育を行う新たな高等教育機関の在り方について（審議まとめ素案）」によれば、新しく設置する機関の名称は、「専門職業大学」あるいは「専門職大学」が候補となっており、現在の専門学校や短大、大学の一部が移行することを想定している。

素案の元となったのは、第一〇回の「有識者会議」において配付された冨山委員の提出資料であろうと思われる。そこでは、新たな高等教育機関について次のような構想が示されている。

「従来の大学の下に位置づけるのではなく、既存の大学と同等レベルの高度な高等教育機関と位置づける。即ち、高等教育機関の基本体系として、現状のアカデミアを重視した東大を頂点とする一つ山構造から、二つ目の高くて大きい山を形成する→高等教育における『学術的な一般教養』至上主義からの根本的転換（ネット時代、大学全入時代において、真の『一般教養』、すなわち生きて行くための『知の技法』は博士課程修了者を中心とする既存の大学教員の独占物ではない）を行う。」

教養科目については、「職業大学型教養科目」と「一般教養」に分けて、次のような構想を披露している。

「新たな高等教育機関では、企業での実習や演習を通じた実践力を身に着けるとともに、職業大学型教養科目として『汎用性の高い職業人としてのベーススキル』（例：ロジカルシンキング・コミュニケーションスキル・ITスキル・プログラミングスキル・簿記等）や職業資格の習得を目的としたトレーニングを行う。」

「『一般教養』についても、『学術的な一般教養』に拘泥《こうでい》することなく、本来の教養、すなわち現代の実社会において生きて行くための基礎的な『知の技法』を教える（その意味で、経済原論でサミュエルソンを読むことよりも、経営戦略論でマイケル・ポーターを読むよりも、簿記会計の基礎をしっかり身に付けることが真の『一般教養』であることは当然の結論）」

随分と「簿記・会計」が高く評価されたものである。簿記・会計が「経済人として必須の常識」として位置づけられるのは、長年にわたって簿記・会計を学び・教えてきた者の一人として嬉しい限りであるが、果たして、各大学等で現在行われている「簿記・会計教育」が「真の社会人常識」「使える知の技法」となっているかどうか、いささか心もとない。この問題については次章で取り上げる。

第19章　大学改革と簿記・会計教育（2）

——会計学者は何を教えてきたのか

1 「職業訓練校」化する大学

前章では、文部科学省に設置された「実践的な職業教育を行う新たな高等教育機関の制度化に関する有識者会議」（以下、「有識者会議」という）が提示した「専門職（業）大学」構想の概要とその波紋を紹介した。

新しい構想の「専門職（業）大学」は「職業訓練校」という位置づけで、現在の専門学校、短大や大学の一部が移行することを想定している。「大学の一部」といっても、「有識者会議」の有力メンバーである冨山和彦委員（株式会社経営共創基盤代表取締役ＣＥＯ）の構想によれば、Ｇの世界（グローバル経済圏）で活躍するＧ型大学（ごく一部のtop tier校・学部）以外のすべての大学（Ｌ型大学）を「職業訓練校化する」ことになっている。

「有識者会議」が二〇一五年三月二七日に発表した「実践的な職業教育を行う新たな高等教育機関の在り方について　審議のまとめ」（以下、「審議のまとめ」という）によれば、専門職大学は新規に設置するというよりも、これまでの「大学体系の中に位置付ける方向を基本」とするとしている。わが国には、現在、七八一の大学、三五二の短大が存在する（総務省統計局、二〇一四年）ことを考えれば、多数の専門職大学を新設することよりも、既存の大学・短大を職業訓練校化することを想定しているといってよい。そうした意図が見え隠れしているからこそ、既存の大学とそこの教員から強い反発を招いているのであろう。

2 「研究室」を出て、「教育」に注力を

「審議のまとめ」では、「2　新たな高等教育機関の基本的な方向性」として、次のような構想が示されている（抜粋）。

「新たな高等教育機関は、産業界と連携しつつ、どのような職業人にも必要となる基本的な知識・能力とともに、実務経験に基づく最新の専門的・実践的な知識や技術を教育する機関とすることが適切である。」

「高等教育における専門職業人養成機能の充実というニーズに対応し、我が国の高等教育機関の多様化を図っていくとの観点からは、新たに設置されるもののみならず、現行制度上の四年制大学や短期大学、また、質の高い専門職業人養成を行う専門学校からも、自らの主体的判断によって新たな高等教育機関に円滑に移行することが可能となるような仕組みとする必要がある。」

具体的な教育の方法や教育の内容に関しては、「3　制度化に当たっての個別主要論点」に、次のことが明記されている（抜粋）。

「新たな高等教育機関は、職業に従事するために必要な実践的知識や技術、能力等の育成を行うものとするため、その主たる目的としては『教育』、特に『質の高い専門職業人養成のための教育』を位置付けることが適当である。」

要するに、現在の大学人に向かって、「研究室を出よ！」「教育に専念せよ！」と言っているのである。冨山氏は、必要な教育ができないような教授には大学を「辞めてもらう」のがいいと断言している（「文系学部で何を教えるか」朝日新聞、二〇一五年三月四日）。

3　簿記教育の軽視

こうした文科省や冨山氏の構想と逆行するかのように、大学の講義科目から「簿記」「簿記入門」「基礎簿記」などの名前を冠した科目が減ってきているという。簿記も会計も長い間、必修科目であった大学が多い。それが、最近では、コースの必修科目にしたり、選択必修科目（例えば、簿記か経営学のどちらかを必ず履修する）にしたり、単なる選択科目にするところも多い。「簿記を修得したければ、専門学校へいけばよい」「大学は学問の府だ」とか、「簿記なんか、読み書き、そろばんのレベルで、大学で学ぶほどのものではない」といった考えが背景にあるようである。

要するに、「社会に出て使えることを教えるような科目」は大学の科目として不要で、「ものごとの考え方とか世界の仕組みを教えるのが大学なのだ」ということらしい。そういうことであれば、現在の東大、早稲田、慶応は大学として失格であろう。何せ、この三大学は、司法試験、公認会計士試験の合格者を出すために、カリキュラムや講義内容を工夫し、ロー・スクールやアカウンティング・スクールを開設し、受験のための課外講座の充実を図ってきたのである。

先に合格した先輩たちが手弁当で後輩を指導する態勢も整えてきた。その結果、昭和五〇（一九七五）年以降、平成二七年度までの四一年間にわたって、大学別の会計士試験合格者数は、慶応大学と早稲田大学がナンバー1とナンバー2をキープしてきた（例年、三位から六位に、中央、東大、明治、同志社、一橋などが並んでいる）（「公認会計士三田会」HPによる）。会計士試験に関する限り、三大学とも競争相手は大原学園でありTACである。

4　「ツマラナイ」会計学

自分自身が大学の教員を四二年間、つまり、一生の仕事として教壇に立ったが、果たして、多少とも社会に貢献できるような講義を学生諸君に提供してきたであろうか。いや、もう少し学生の身になって言うと、受講者のニーズに合った講義をしてきたかどうか、教壇を降りた今、大いに反省している。「反省」は「後からやってくる」のだ。先には来ない。だからこそ、わが教員としての反省を記して、教壇に立たれている諸先生に「転ばぬ先の杖」としていただきたいと思う。

前章でも紹介した木村剛氏の『「会計戦略」の発想法』の話を続ける。木村氏は、東京大学経済学部の出身であるが、そのことは本書の著者紹介には書いてない。自分が名門大学、それも日本のトップ大学である東京大学の出身であることを自書の「著者紹介」に書かない人は、まずいない、というか、私は初めて見た。

本文中に大学の話が出てくるが、そこにも東大であることは書いてない。本書の中で木村氏が大学時代に受けた会計学の講義の話を、次のように述懐している。

「わが身の恥をさらすようだが、私は、大学時代に履修した『会計学』の講義に一毛《いちもう》の興味も抱けなかった。『会計嫌い』の学生を養成するためにわざわざ設営されているのではないかと誤解させてしまうくらいに、見事なまでにツマラナイ講義だった。」

「ツマラナイ」裏話を紹介すると、木村氏が東大経済学部の学生であったときに会計学を担当していた教員は誰であったのか、といった「犯人捜し」に近いことが会計学界で大きな話題になった。東大だから話題になることであって、他の大学なら、たとえ早慶であっても話題にもならないであろう。「ツマラナイ」講義をする教員は東大に限らないし、「面白い講義をする教員」がいい教員であるとは限らない。

会計を単なる「技術」としてみると、退屈な学問、ツマラナイ学問であることは否定できない。経済学者のオルメロッドは、経済学は退屈だとしながらも、会計学は「経済学よりもはるかに退屈な学問」と断じている。経済学者は「ギリシャ文字の並べ替え」（木村剛氏の言葉）に興じているのであるから、きっと、「退屈しない」かもしれないが、経済学は「退屈な会計学」に比べると、はるかに「役に立たない」ことは、私が言うまでもなく、今回の文科省や冨山氏の文書が言い当てている。

簿記や会計が「退屈だ」と言われるのは、人間の判断（ときにはよこしまな、ときには欲にかられた）を極力排除するシステムを作り上げたからであるが、そのシステムを完成させるには、英知を結集しなければならない。その成果の一つを紹介する。

会計のベースとなる簿記の技術は、経済活動や商取引がいかに複雑化しても、その活動や取引を八つの要素（資産の増加と減少、負債の増加と減少、資本の増加と減少、収益の発生、費用の発生）に分解して記録・集計する。これ以上ないほどに単純化されたことから、一つの取引を誰が分解（仕訳）しても、同じ結果が得られる。こうした作業はコンピューターの最も得意とするところであり、いくつもの会計ソフトが開発されるゆえんである。そういう面をみれば、確かに会計は退屈な、人間味のないものかもしれない。

5「人間味のある」会計学

しかし、会計を通して経営者の「金銭感覚」や「お人柄」「人格」が透《す》けて見えることに思いを致せば、会計は実に「人間味のある」「生々しい」学問なのである。今は、同じ取引であれば、どの会社も同じ会計処理をすることになるにしても、その会計処理のルールを決める段階では、誰もが自分にとって有利になるように、最低でも不利にならないようにルールを決めるように働きかける。

詳しくは書けないが、退職給付に関する会計処理、リースの会計処理、減損損失の会計処理、負債時価評価の基準、のれんの会計処理、研究開発費の会計処理……どれもこれも、特定の会社からすれば、決算の数値を大きく変える（ときには損益が逆転する）可能性がある。会計のルールといえば、どこか機械的に、あるいは、理論的に「決まる」といったイメージが強いかもしれないが、現実にルールを決めるとなると、企業生命を賭けての戦いになることもあるのだ。

「経営戦略」では勝利したが、「会計戦略」に失敗して破綻する会社もあれば、逆に、「経営戦略」では失敗したが、「会計戦略」で救われた……という会社もある。こうした企業は、会計を「正しく」使っていないのではなかろうか。会計は、経営の実態を映す「鏡」である（ときに、経営者のよこしまな心を映し出すこともあるが）。

経営と会計は、本来、表裏の関係にあるはずである。経営の結果を会計が数値化する。その数値を参考にして次の経営戦略を立てる。前期よりも売上げが減少したというのは損益計算書を見れば誰でもすぐに分かるが、損益計算書には「売上高」の一行しか書いていない（経営にとって一番大事な売上高が合計額の一行しか書かれていないのは大きな問題であるが、ここではこれ以上は書かない）。これでは原因が何であるかも分からないし、対策も立てられない。

簿記の記録を見直してみれば、どの商品の売上げが落ちたのか、どの地域の売上げが落ちたのか、売上げが伸びたのはどの商品かといった分析ができる。関東は順調に売上げが増えているのに東海地区の売上げが激減しているといったことが分かれば、大型の競争店が開店したとか、地区のスタッフを確保できなかったとか、原因を探ることができるし、対策も立てられる。経営と会計は、かくも密接な関係にある。経営がよければ会計の数値もよくなり、経営がうまくいかないときは会計の数値も芳しくなくなる。これが、経営と会計の在るべき姿である。

6 会計教育の現場

しかし、会計教育の現場では、残念ながら、こうした「経営と会計の在るべき姿」とはあまり関係がない講義が行われてきた。その原因については、拙著『会計学の座標軸』（税務経理協会、二〇〇一年）と『会計学はどこで道を間違えたのか』（税務経理協会、二〇一三年）でも取り上げたことであるが、今文科省が進めようとしている大学改革を会計サイドから考えるに当たって避けて通ることができない「原因」であると思われる。

そこで以下、重複する部分があることをお断りした上で、わが国における会計教育の実情を紹介したい。結論を先に言えば、わが国の会計教育の現状は、文科省や冨山和彦委員（文科省の有識者会議）が想定しているような「実学」からは程遠いということである。

会計（以下、簿記を含んだ用語として使う）という技術は、「機能」という面から見ると、実に多能・多機能である。使われるシーンも多様・多彩である。利益の計算や財政状態の表示はもちろんであるが、資金の効率や借金の返済能力も示すことができるし、付加価値の計算も損益分岐点の計算もできる。在庫の管理にも、資金繰りにも使える。少し工夫すれば万引きや在庫の無断持ち出しなどの不正の予防策も教えてくれる（このことについては、いずれ『税経通信』の連載で詳しく紹介したい）。

使われる「場面」からいえば、街角の食堂でも駅裏の「なわのれん」でも、市役所でも大学でも、トヨタやソニーのような世界規模の大企業でも使っている。組織・機関の規模や目的に関係なく、どこでも同じ「会計」が使われている。

7　投資家不在？

使う「人」が誰かという面から見ると、企業や店を経営している人（経営者）、国や市を運営している官僚、自分のお金で株を購入している投資家、企業を分析するアナリスト、企業の中間管理職、店の運営を任せられているマネージャー、お得意先や取引先、税金や経営の相談に乗る税理士、大手企業の監査を担当する公認会計士など、非常に多様な人たちが使っている。

会計は、かくも「機能」「場面」「人」が多様であるにもかかわらず、こと「会計教育」に限って言えば、「会計士を養成するための教育」と「財務諸表を作成するための教育」に力を注いできた。どこの大学にも、簿記の講義があり、入門の会計学の講義があり、財務諸表論、原価計算、管理会計、監査論という科目がある。これらの科目がすべて、公認会計士試験の科目と同じ名称であるのは偶然ではない。どこの大学も、会計士試験と同じ科目を網羅することによって会計学を体系的に教えることができると考えたのである。今から思えば、当時の文部省も大学も誤解していたのである。

会計士試験の科目は、会計学の体系や使われる場面、使う人という視点からみるとかなり偏っている。そこには投資家とか企業経営者、アナリストや税理士などが必要とする会計知識や分析技法は、必ずしも網羅されていない。会計士の試験科目は、公認会計士として監査の仕事をするうえで必要な知識や考え方を学ぶ科目であり、会計学の体系や使われている場面などからすれば、かなり限られた領域でしかない。それは、「投資家のための会計報告」が強調される国際会計基準（ＩＦＲＳ）の世界でも同じである。

現在、多くの国で作成・公表される損益計算書の冒頭には「売上高」が記載されている。売上高と言えば、その企業にとっても株主や潜在的投資家（これからその会社の株を買うかもしれない人）にとっても、取引先や金融機関にとっても一番重要な情報のはずである。それが、たったの一行で済まされているのはなぜであろうか。売上高に比べると、その企業の「販売費及び一般管理費」も「営業外損益」も、通常は、それほど重要な情報ではない。にもかかわらず、販管費も営業外損益も、実に詳しく表示されている。なぜであろうか。

答えは簡単である。現在の財務諸表は、誰が何のために利用するかということには関係なく、ただただ、会計士が監査するという目的に合うように作られているからである。売上高は、監査をする会計士から見れば、誰に売ろうが、いくらで売ろうが、代金は回収できるかどうかも、関係ない。あくまでも当期に合計でいくら売れたのかという数字だけをチェックするのが自分の仕事なのだ。

監査という観点からすれば、売上高は一行で済ませるが、販管費は、販売員給料、荷造運送費、旅費交通費、通信費、賞与引当金繰入額、減価償却費、保管料、消耗品費、研究開発費、雑費などの明細が記載され、営業外損益は、受取利息、受取配当金、有価証券利息、仕入割引、支払利息、社債利息、社債発行費償却、売上割引などの詳細が記載されている。売上高を一行で済ませるのであれば、重要性から考えて、販管費も一行でよい。営業外損益も、本業に関係ない損益であるからまとめて一行でよい（はずである）。

しかし、現実の損益計算書は、そうはなっていない。なぜであろうか。それは売上高が一行で記載されているのと同じ理由で、損益計算書を誰が使うかということと関係なく、ただただ会計士が監査をするという目的に合わせているのである。売上高に比べると、販管費も営業外損益も多くの科目があるし、企業もそうした科目に合わせた記帳をしている。会計士にしてみれば、売上高のチェック（当期の売上かどうか）が終われば、資産・負債の確認と収益・費用の期間配分のチェックが仕事になろう。

ある支出を荷造運送費にするか消耗品費にするか、また、ある収入を受取利息に含めるか雑収入とするか、あるいは、ある損失を、営業外損失にするか特別損失にするか、こうした話は、売上高を一行で表示する損益計算書にとっては、ほとんど問題にもならない話であろう。ところが、簿記検定試験の三級レベルでも、公認会計士による監査でも、こうした「ほとんど問題にならない」はずのことが重視されている。理由は、会計士がチェックできるのは、売上高の他には、販管費と営業外損益の区分経理しか残されていないからである。「監査済み」のスタンプを押せるのは、ここまでだということであろうか。

8　標準的テキストの功罪

わが国の会計学が、大学でも専門学校でも、「会計士監査のための会計学」として教えられた結果、誰もが次第に会計を技術としてしか見なくなり、「技術としての会計」「ルールに関する知識としての会計」として学ぶようになった。「考える」ことよりも「覚える」ことが重視され、会計学は「暗記の学」となったといってもよい。

そうした傾向を一段と強化したのが、「標準的テキスト」の登場であった。それまでは、ペイトンやリトルトン、メイ、ギルマン、シュマーレンバッハ、太田哲三、黒澤清といった先学の著作を読み、つまり「人」から学ぶスタイルの研究が当たり前であったが、日本の会計教育も会計研究も、次第に教科書で学ぶスタイルに変わってきたのである。学者も、それまでは「理論武装」が仕事であったが、次第に「情報武装」、つまり、「知っていること」が求められるようになった。会計士や税理士の試験問題も、「知識の質」よりも「知識の量」を問うような出題に変わってきた。

標準的テキストは、「会計の決まり」「会計のルール」を丁寧に教えてくれる。「資産は流動資産と固定資産に区分すること」も、さらに「流動資産は当座資産と棚卸資産に区分すること」も教えてくれる。ただし、なぜ、そうした区分をするのかについては教えてくれない。会計士による監査では、資産がルール通りに区分表示されていれば、それ以上のことは問わないからであろう。

しかし、会計を利用する立場の者（例えば、投資家、経営者、与信者、取引先など）からすれば、資産が流動資産と固定資産に区分してあれば「流動性比率」を計算することができるし、さらに、流動資産を当座資産と棚卸資産に区分してあれば「当座比率」の計算や「棚卸資産回転率」の計算ができる。そうした、資産を（負債も）区分表示する目的を知らずに区分のルールを暗記しても、監査以外には「使えない知識」になりかねない。

ある著名な公認会計士の先生と「美味しいお酒」をご一緒したときにお聞きした話を紹介する。試験に合格して、実務補習やら業務補助等を経験して、晴れて公認会計士として登録したころのことであったと言う。クライアント（顧問先）の社長が、テーブルに書類（見ると財務諸表であった）を並べて、「先生、今度、この会社と取引に入るのですが、この会社は大丈夫でしょうか」と訊いたそうである。

その会計士の先生は、会計士の登録を終えて、意気揚々としてクライアントに乗り込んだまではよかったが、それまで財務諸表を作ることばかり勉強していて、それをどう読むかは考えたこともなかった、と言う。その先生は、それから、必死になって「財務諸表の使い方」「読み方」「経営分析」を勉強したという。

この先生は、こうしたチャンス（と呼べるかどうかわからないが）を活かして、「財務諸表の使い方・読み方」、車で言えば「運転法」をマスターした。しかし、すべての会計士・税理士の方々がこうしたチャンスに巡り合えたか、「運転法」の重要性に気が付いたかどうかは不明である。

9 「財務諸表の作り方」教室

わが国の会計教育で忘れてならないのは、簿記の検定試験の果たしてきた役割である。日本商工会議所、全国商業高校協会、全国経理教育協会などが主催する簿記検定は、高校、大学はもとより社会人も対象に広く日本中で催行されており、また、高校や大学における簿記教育のレベルや範囲を均一化する役割をも担ってきた。とりわけ多くの商業高校や大学では、初等簿記会計教育は簿記検定の三級合格を一つの指標として行われてきたと言ってよい。

会計士・税理士試験や簿記検定が、日本の簿記・会計の普及に非常に大きな貢献をしたことは特筆に値する。日本企業のほとんどが複式簿記による記帳を行っているのは、高校、大学、専門学校における会計教育と簿記検定のおかげと言っても過言ではないであろう（大武健一郎氏に聞いた話では、中国には八〇〇万の会社があるが、帳簿をつけているのは五％の四〇万社だけだそうである。日本の簿記・会計教育がいかに浸透しているかを知る好材料である）。

しかし、残念なことに、高校・大学・専門学校の簿記会計教育でも、会計士・税理士試験と同様に、「財務諸表を作成する技術」を問われるだけで、その財務諸表をどのように使うのかという、会計学として一番重要な、そして会計学を学んで一番役に立つことは、なおざりにされてきた。

日本の会計教育は、皮肉っぽく言えば「財務諸表の作り方教室」である。だから、わが国の会計教育を受けた学生は、財務諸表を作ることはできても、それがどういう意味を持つのか、それをどのように使うのかを知らずに卒業してしまう。自動車学校に入って「車の構造」は学んだけれど、「運転法」を知らずに卒業するようなものではないだろうか。

実は、言いにくい話ではあるが、教壇に立つ会計学教員も「運転法」を知らずに会計学を教えてきたのではなかろうか。文科省や冨山和彦氏が、日本の大学を「職業訓練校化」するとか、経済・経営学部では「サミュエルソンやマイケル・ポーターではなく、簿記・会計・会計ソフトの使い方」を教えるべしと唱えたとしても、その方面の教育を担当してきた会計学教員が、「簿記・会計・会計ソフトの使い方」の再教育を受けなければ教壇に立てそうもない。

では、新しい「職業訓練校」「専門職大学」(文科省の構想では、今のほとんどの大学は、職業訓練校になる)では、いかなる教育をしたらよいのか。文科省の文書にも冨山氏の文書にも、具体的なことは書かれていない。そこで、次章では、一つの案として、私が一〇数年前に神奈川県からの依頼で行った「離職者のための再就職に向けた職業訓練」の話を紹介したい。

第20章　大学改革と簿記・会計教育（3）

――「職業能力開発講座」の経験

1　文科省の「専門職大学」構想
2　道路交通法は大学の科目か
3　教養の軽視……ではない
4　なぜ大学で簿記を学ぶか
5　神奈川大学の職業訓練講座
6　職業能力開発のためのプログラム
7　汎用性の高い知識と技術を
8　講座を終えての反省

1　文科省の「専門職大学」構想

すでに二章を費やして、安倍晋三首相と文部科学省が進める大学改革を取り上げてきた。そこでは、今後の大学（あるいは新しい構想の「専門職大学」）が担うべき「真の一般教養」の具体例として「簿記・会計教育」が謳《うた》われている。議論の道筋をざっと振り返ってみよう。

安倍首相は、平成一八年、第一次安倍内閣において教育基本法を改正し、教育の目標の一つとして、「職業及び生活との関連を重視し、勤労を重んずる態度を養うこと」（第二条第二項）を盛り込んでいる。教育基本法の中に初めて「職業」が登場したのである。

さらに第二次安倍内閣では、平成二五年一月一五日に「教育再生実行会議」を開催することが閣議決定されており、その会議が平成二六年七月三日に取りまとめた第五次提言「今後の学制等の在り方について」で「実践的な職業教育を行う高等教育機関を制度化する」ことが盛り込まれた。そこでは、次のような提言が行われている（1（3）（抜粋））。

「大学や短期大学は、学術研究を基にした教育を基本とし、企業等と連携した実践的な職業教育を行うことに特化した仕組みにはなっていない……。こうした課題を踏まえ、大学、高等専門学校、専門学校、高等学校等における職業教育を充実するとともに、質の高い実践的な職業教育を行う新たな高等教育機関の制度化が求められます。」

この教育再生実行会議の第五次提言を受けて「実践的な職業教育を行う新たな高等教育機関の制度化に関する有識者会議」（以下、「有識者会議」という）が開かれたのである。

大学関係者に大きな波紋を投げかけたのは、一回目の「有識者会議」において資料として配付された冨山和彦委員（株式会社経営共創基盤代表取締役CEO）の文書「我が国の産業構造と労働市場のパラダイムシフトから見る高等教育機関の今後の方向性—今回の議論に際し通底的に持つべき問題意識について—」であった。

そこでは、「新たな高等教育機関では、企業での実習や演習を通じた実践力を身に付けるとともに、職業大学型教養科目として『汎用性の高い職業人としてのベーススキル』（例：ロジカルシンキング・コミュニケーションスキル・ITスキル・プログラミングスキル・簿記等）や職業資格の習得を目的としたトレーニングを行う」こととされている。

また「『一般教養』についても、『学術的な一般教養』に拘泥《こうでい》することなく、本来の教養、すなわち現代の実社会において生きて行くための基礎的な『知の技法』を教える（その意味で、経済原論でサミュエルソンを読むことよりも、経営戦略論でマイケル・ポーターを読むよりも、簿記会計の基礎をしっかり身に付けることが真の『一般教養』であることは当然の結論)」という。

2　道路交通法は大学の科目か

一部の方からは、大学で「道路交通法」や「簿記・会計」を学ぶというのはいかがなものかという声が聞かれる。道路交通法は自動車の運転教習所で学ぶものであるし、簿記・会計を職業にしたければ簿記の専門学校へいけばよいということであろうか。そうであるとすると、道交法や簿記・会計は、自動車を運転する人とか企業の経理を担当する人といった限られた人が必要とする知識・技術として捉えられている恐れがあるように思える。

二〇一五年の五月一七日、日本経済新聞に「悪質自転車に警察庁　講習課程　全国に通知　小テストや疑似体験」という小さな記事が載った（他紙にも記事が出ている）。同年六月から自転車で危険運転などの危険な違反を繰り返した人に安全講習を義務付ける制度が導入されることになった。それを受けて、警察庁が講習カリキュラムを作成して、全国の警察に通知したという内容であった。

記事によれば、カリキュラムの内容は、「交通ルールの理解度を確かめる小テストを二回行うほか、自転車事故の被害者と加害者の体験談を読んだり、映像を使った疑似体験で違反の危険性を学んだりする」とある。

なぜ、私がこの記事を紹介したのか。それは「道路交通法」には自動車を運転する場合のルールだけではなく、「自転車」の交通ルールも規定されている。それにもかかわらず、自転車を利用する人がそれを学ぶ機会がほとんどないからである。

機会があるとすれば、小学校の交通安全教室（主催者は各地の安全協会など）くらいであるが、そこでの指導内容は、安全な自転車の乗り方とか危険回避の仕方（例えば、車の前後を横切らないとか横断歩道でも左右をよく見るとか）がほとんどで、道交法に規定されていることを学ぶことはあまりないようである。

ちなみに、読者諸賢は、自転車が一般の歩道を通行できる「年齢制限」をご存知であろうか。皆さんも中学生や高校生が一般の歩道（「普通自転車歩道通行可」の標識がある歩道を除く）を自転車で通学している姿を見かけると思うが、実は、自転車は一般の歩道を通行することは、原則として認められていない。ただし、「一三歳未満」と「七〇歳以上」の場合は歩道を自転車で通行することができるのである。

3　教養の軽視……ではない

私は最近まで、このルールを知らなかった。中学生や高校生が自転車で歩道を走行してはいけないことも、私を含めた高齢者は歩道を走行できることも、知らなかった。読者諸賢は、ご存知であったろうか。警察庁の調査によれば、運転免許を持つ人でも、上の「歩道通行要件」を知らない人が四割いるという（警察庁「自転車に係る法令遵守意識等に関するアンケート調査の実施結果について」平成二三年）。車の運転免許を持たず自転車にしか乗らない人を対象にすれば、知らないと答える人が大多数ではなかろうか。

私が言いたいことはすでにお分かりと思うが、道交法は国民の生活に非常に密接な法律でありながら、学ぶ場がほとんどないということである。いや、私たちは、知らなくても生活できると誤解して、知らず識らずのうちに法を犯してきたかもしれないのである。国民の半分が大学に行く時代であれば、大学の教養科目として教える価値は十分にありそうである。何も道交法だけを取り上げているのではない。われわれがこれまで大学などの高等教育機関で学ぶ機会を得なかったものの中に、あるいは、大学で教える必要がないと見られてきたものの中に、実は、「現代の実社会において生きて行くための基礎的な『知の技法』」や「一般教養」があるはずだと考えることに、はなから拒絶反応を示す必要はないと思うのである。

4　なぜ大学で簿記を学ぶか

簿記の話もそうだと思う。簿記は、ごく一部の、特殊な仕事をする人たちの技術のように見られがちであるが、そうではない。ここでは詳しいことは書けないが、簿記ができれば、経営の状態の変化や異常の発生も早い段階で気が付く。万引きの予防策も立てられるし、商品構成の変更や新市場開拓などの経営戦略の立案にも使える。表現を変えると、簿記の知識や簿記による記録データがないと、経営者は「何をやったらいいのか」「何をやってはいけないのか」の判断に失敗する。

複式簿記が世界中で使われるようになったのは、一つには、誰でも使える簡単な技法に進化を遂げたからであり、もう一つには、この技法を導入するのにほとんどお金がかからないことにある。それでいて、簿記は優れものである。簿記による記録は、途中で作業を他の人と交代しても同じ作業が続けられるし、誰が担当しても同じ結果が得られるし、作業を何人かで分担しても集計すれば同じ結果になる。記帳や集計を間違えると簿記のシステムが「間違えている」ことを教えてくれる（自検機能）。

簡単に、かつ短期に習得できる技法だといっても、応用範囲や活用の場が限りなく広いのである。企業だけではなく、大学でも行政府でも、学会やサークルでも、お金が動くところならどこでも使える。

残念ながら現状は、そうした応用や活用はあまりなされていない。「有識者会議」に提出された冨山和彦委員のペーパーでは、「汎用性の高い、職業人としてのベーススキル」「現実の実際社会において生きていくための基礎的な『知の技法』」の例として、簿記・会計の知識や会計ソフトの使い方が挙げられている。簿記・会計の知識に関しては、前章で、わが国の会計教育が「会計士養成のための教育」「財務諸表の作り方教室」で終わり、一番重要な「財務諸表の読み方・使い方」がなおざりにされてきたことを紹介した。大学などで会計学を教える立場の人たちも、「車の運転法を知らずに公道を走行している」のと同じだということも書いた。

現在の簿記や会計のテキストなどには、応用の仕方や活用の仕方を書いたものが少ないし、教育の現場でもそうした知識の応用・活用が語られることはあまりないのである（これは私の反省でもある）。応用・活用に適した教材などが開発されるならば、簿記・会計は、誰もが持つべき「知の技法」のひとつとしての資格を手にすることができるのではなかろうか。

では、「会計ソフト」に関してはどうであろうか。会計ソフトの使い方についていえば、会計ソフトを導入したパソコンを準備することの物理的・費用的な問題やその習得に要する時間が数時間であることなどから、大学でも専門学校でも教科として置いていることを聞いたことがない。私も、通常の講義では会計ソフトを使ったことはない。一〇年ほど前に神奈川県からの依頼で、私が勤務していた神奈川大学が「失業対策としての職業訓練」を引き受けたとき、入門簿記・基礎的な会計、経営管理のための会計、経営分析などとともに、会計ソフトの使い方を担当したことがある程度である（実際のパソコン会計のレッスンは専門学校の講師が担当）。それが受講者の再就職に役立ったかどうかは、残念ながら確かめていない。

5　神奈川大学の職業訓練講座

その職業訓練講座のことを紹介したい。なぜなら、その講座の基本的な考え方や講義の内容が、いま文科省や冨山和彦氏が構想しているアイデアときわめて類似しているからである。「神奈川大学の職業訓練講座」と書いたが、神奈川大学の正規の講座ではない。神奈川大学が受託した講座という意味である。

この講座の正式な名称は「神奈川県緊急雇用対策大学委託訓練」というものであった。受講希望者へのパンフレットにおける講座名称は、「経理・財務・分析・パソコン会計スピードマスター科」とした。名称が長いので、私は「職業能力開発講座」とか「再就職講座」と呼んでいた。

期間は三か月、週に五日、一日に九〇分授業が四コマであるから、大学の授業に換算すれば半年分に相当する。

神奈川県に提出する企画書（いくつかの大学や専門学校等が企画を出して県が選定するというコンペ形式であった）は、大学からの依頼で私が作文したが、そのために、県への説明、受講者へのプレゼンテーションから始まって、時間割の作成、講師の人選、受講者の人選から、開校式、閉校式、苦情処理、講師が欠席したときの補講……ありとあらゆる「校務」が私のところに回ってきた。自分の担当する講義には講師料が支払われたが、前記の校務は「肉体労働ではない」という理由から、タダ働きであった。大学というところは、講義のような「肉体労働」にはお金を払うが、「頭脳労働」にはお金を払わない。前者は「労働している姿」が誰からも見えるが、後者は「働いているのか寝ているのか」、見てもわからないからであろう。要は、教員は信用されていないのだ。

話が逸《そ》れた。神奈川県に提出した企画書には、次のような「キャッチ・コピー」を書いた。

「講座の目的と特徴

(1)　教育経験豊富な大学教授陣・専門学校講師陣と実務経験豊富な税理士・公認会計士陣によるスピードマスター講座で、管理職のみなさんの実務能力の開発と向上を目指しています。

(2) メインの講座は、パソコンと会計を結びつけた「パソコン会計の実務」ですが、「パソコン会計」そのものは、高度なパソコンの知識を必要としませんし、会計も初級から中級の知識で十分です。
(3) パソコンも会計・経理も入門から手ほどきします。
(4) プログラム学習方式による訓練講座ですから、無理なく、また興味を持って最後まで受講を続けることができます。
(5) ビジネス実務とビジネス法務の講座では、今日から役に立つ実務と実技を習得することができます。
(6) 流通とマーケティングの講座では、商品の売れ行きを左右するマーケティング企画やディスプレイ戦略を学び、さらに、減量経営時代に即した在庫削減や経済的な物流システムの基礎を学ぶことができます。」

6 職業能力開発のためのプログラム

開講する講座は、「基本的な講座群」、「再就職の選択幅を広げるための講座群」、「潜在能力開発としての講座群」の三つに分けて、次のようなプログラムを組んだ。プログラムを組んだのも、講義の内容を決めたのも、担当する講師を選んだのも、私であった。右に紹介した正式名称にあるように、「緊急雇用対策」であり、普段行われる大学の講義のように、カリキュラムを編成する委員会を設置したり、教授会でカリキュラムを審議したり、各講義の担当予定者の履歴や業績を「吟味」したりする時間的な余裕がない。教授会では、担当者として不適切であるとか、その方面の業績がないなどといった話が出ると、場合によっては「本年度休講」といったことにもなりかねないが、「緊急雇用対策」である以上、開講しないということはできない。

そこは、大学の正式の科目ではないので、教授会を通す必要はない。そこで、私の考える「職業能力開発」のためのプログラムを組み、そのプログラムにふさわしい人材を担当教員に選んだ。そうはいっても、プログラムと人材をうまくマッチさせることは至難である。

こうしたプログラムを組んだ理由を、私は、次のように考えた（神奈川県に提出した企画書に書いた）。ここでは関係者以外の方にも理解していただけるように、少し敷衍《ふえん》してある。

「神奈川大学の現在のスタッフ、予想される受講者のレベル、訓練効果の発現という観点からすると、『金融工学』『ベンチャー・ビジネス』『ＭＢＡ』といった高度・最先端のプログラムは組めない。

そこで、プログラムの中心を、経理・会計・財務・分析といった『簿記会計の知識とパソコンによる会計ソフトの操作』に置き、周辺講座として、労務、税務法務、経営管理、流通、英文メール、を配置する。

理系の人は、数字やパソコンを扱うのに慣れているので、会計・財務・パソコン会計の修得は早い。文系と理系の方が受講者相互に教えあうというメリットがある。」

講座の対象（受講者）と訓練の目標は、次のように設定した。

「(1) 主に中間管理職を経験した方を対象に、
(2) 専門的な経理・財務・分析・パソコン会計の実務能力を修得・向上させ、
(3) 中堅・中小の成長企業に管理職として再就職することができる人材を育成する。」

7　汎用性の高い知識と技術を

開講する講座（講義）を次の三つのグループに分けて、再就職先がいかなる業種であっても、いかなる職種であっても対応できるように、基礎的な知識と技法を修得することを目指した。以下のような、一見してバラバラな講座群を開くことにしたが、それは、特定の技術なり知識だけを教えることによって得られる「再就職の可能性」よりも、多くの職場が必要としている一般的な、汎用性の高い知識と技術を身に付けた方が可能性が大きくなると考えたからであった。三つの講座群は、次のような(1)基本的な講座群、(2)再就職の選択幅を広げるための講座群、(3)潜在能力開発としての講座群であった。

基本的な講座群

(1) 管理職のための経理・財務・分析

(2) 経理担当者のためのパソコン会計

(3) 中間管理職のためのマネジメント能力向上

(4) ビジネス実務とビジネス法務

再就職の選択幅を広げるための講座群

(5) 流通・物流・貿易・マーケティング

(6) ビジネス英語（英文eメールの書き方）

(7) 経理実務と税務（リース、消費税、固定資産税、法人税、所得税、資金調達、補助金・助成金申請）

潜在能力開発としての講座群

(8) プレゼンテーション（自己表現力、発表能力）

(9) グループ・ディスカッション（リーダーシップ、意見表明、意見集約のテクニック）

訓練プログラムの実行にあたっては、次の三点を盛り込んで、通常の大学の講義（多くは聞きっぱなし）よりも教育効果を高める工夫をした。

（1）できるだけ「受講者参加型」「対話型」「発表（プレゼンテーション）型」の講義とし、講師からの一方的な話で終わらないように工夫する。

（2）受講者の理解度を確かめるために、（テスト形式によらない）テストを導入する。文章能力を高める目的で、簡単なレポートを課すこともよい。ただし、その場合には、必ず、レポートの添削・講評をすること。

（3）講義の内容によっては、講師とは別に、インストラクター・アシスタントなどをつける。例：パソコン会計、簿記

8　講座を終えての反省

私はこの職業訓練講座を三年間担当した。神奈川県からは四年目の講座を打診されたが、私の体力が続かなくてお断りせざるを得なかった。通常の講義（私の場合、学部のゼミが三コマ、講義が三コマ、大学院二コマ、合計週に八コマ）に加えて、この講座の時間が週に四コマから八コ

マもあった。

さらに言えば、この講座を担当した二〇〇二年—二〇〇四年は、時価会計が日本の経済と企業決算を直撃した時期であり、私も、新潮新書の『時価会計不況』や中央経済社の『時価主義を考える（第3版）』、税務経理協会の『不思議の国の会計学—アメリカと日本』などの執筆や、全国各地からの講演依頼への対応で、自分の半生で一番忙しい時期でもあった。体力的に続かなかったというよりは、この講座に割く時間が無くなったのである。

この講座は、私にとって、非常に大きな意味があった。普段は、一八歳から二二歳（学部）の学生を相手にした講義であるが、この講座は、若くても三〇代、上は六〇代の方々で、仕事の経験がある。多くの方は、営業とか販売、運送、製造といった特定の仕事をしてきたこともあって、経験が深くてもその範囲が狭い。かといって同じ仕事を探しても職場は見つからない。だから、この講座を受講する人たちは、意識していたかどうかは別にして、職域、職種を変えるために集まってきたのである。私が企画した講座が、受講された皆さんの「方向転換」に役立ったかどうか確証はないが、多くの受講者が、講座終了後、再就職先を見つけて活躍されているのは耳にしている。

三年間の講座を終えてからの、私の反省であるが、上に紹介したプログラムのうち、英語関係は外したほうがよかったと思う。割り当てられる時間が少ないこと、求人側にそうした英語のニーズがないこと、受講者の英語力と担当講師の指導がマッチしないこと、が理由である。

やってよかったと思うのは、経理関係とプレゼンテーションである。プレゼンテーションは、パワーポイントのスライド作りからグループ・ディスカッションまで、個人の作業（スライド作り）からグループでの作業（班ごとの企画、提案、意見交換、クレーム処理などのロール・プレーイングなど）まで、テーマを変え、班の組み合わせを変え、座席を変えて（小学校の席替えみたいで盛り上がった）、ときには講師陣も加わって、プログラムを楽しんだ。

単なる座学で終わらずに、ＯＪＴに近いことができたのは受講者が多彩なバックグラウンド（経歴、資格、人生設計など）を持つ人たちの集まりであったからであったと思う。現在の大学のような、年齢も経験も学力・能力も、将来計画（のなさ）もほとんど均一な、金太郎飴みたいな学生群を相手にしたとき、こうしたプログラムがどの程度実行できるか不安であるが、実際にやってみれば、学生の眼がキラキラ輝くことは間違いない。

残念なことは、簿記・会計に関していえば、こうしたプログラムに必要な教材がないことである。現在市販されているテキスト・問題集は、「財務諸表の作り方教室」用のものばかりで、経営の現場で使われている簿記・会計や「財務諸表の読み方・使い方」を学ぶものにはなっていない。このことは、簿記・会計に限った話ではないであろう。今回の大学改革構想に合わせて、「真の一般教養」「生きていくための基礎的な知の技法」を教え・学ぶにふさわしい教材の開発が急がれる。

もう一〇年以上も昔の講座であるが、うれしいことに、今でも講座の受講者の皆さんから連絡があり、昔の教室で「田中弘の特別講義」をお聞きいただいた後、大学の近くの「皆さんが講義の後によく通ったお店」でクラス会を開いたこともある。実は、最近も二〇〇三年に講義を受けた皆さんと一二年ぶりにお会いする機会があった。その折、当時のプログラムと時間割表と最後に写した集合写真を持って行ったが、皆さん、時間割を見ながら、「この先生からはこうしたことを習った」「この時間にはこんな話を聞いた」「今でもこの知識が役に立っている」という話題で盛り上がった。一二年も経っているのに皆さんの記憶にとどまるような講義を行うことができたことに、講義を担当された諸先生に感謝申し上げたい。

エピローグ

会計学の周辺（覚え書き）

1 「知識じゃなく、知恵で生きる」
2 「役立たず、」
3 お金で買えるもの
4 お金には価値がない
5 ポンドにはポンドを
6 金への投資と預金
7 「貯蓄から投資へ」の欺瞞
8 数字で表せること、表せないこと
9 会計基準と包丁の役割

1 「知識じゃなく、知恵で生きる」

これは倉本聡さんの言葉だったと記憶しているが、どこに書いてあったかは覚えていない。新聞か雑誌であったような記憶もある。要は、知識はすぐに陳腐化するが、知恵は永久財産だということであろうか。

知識は、頭を使わなくても習得できるが、「知恵は、知識を使う」ことであろう。そうなると、知恵を働かせるには、知識が必要だということであろうか。ままて、知識と知恵はどう違うのか、辞書に訊いてみようではないか。

第6章でも使った、小学館の『精選版　日本国語大辞典』には何と書いてあるか。今回は、「ちしき」と「ちえ」なので、三巻本の第二巻だけで済む。

「知識・智識」とは、第一に、「知恵と見識」とある。これは困った。「知識」の中に「知恵」が含まれては、倉本さんの言いたいことがうまく伝えられない。

正確には、この辞典には、「知識」についてこう書いてある。「①知恵と見識。ある事柄に対する明確な意識と判断。また、それを備えた人。」「②（知識する）理解すること。認識すること。また、その内容や事物。」「③知っている内容。知られている事柄。」

つまり①では、「知恵」と「見識」を合体した意味だといい、②では、「分かること」「分かったこと」を指すという。これを読んで「知識する」という語法があることに驚いた。「知識」は動詞でもあるのか。電子辞書版の『広辞苑』(第六版)や『スーパー大辞林三・〇』にはこうした語法は載っていない。

では、「知恵」は何と書いてあるか。

「知恵・智慧・智恵」―①仏語。②物事の道理をさとり、是非・善悪をわきまえるこころのはたらき。物事の筋道を知り、前後をよく考え、計画し、正しく処理していく能力。また、それを有する人。③才知のはたらき。すぐれた機知、工夫、やりくり、思いつきなど。才覚。④(ギリシャ sophia 英 wisdom の訳語)学問、知識を積み重ねただけのものではなく、人生の真実を悟り、物事の本質を理解する能力、または知識を正しく使用できる実践的な英知。」

これには「補注」がついていて、こう書いてある。「②の用法では、学問、知識など教養を身につけた状態をいう「ざえ」「才覚」「才学」などに対して、より精神的な面での知力をさしたものと思われる。」

会計に関していえば、会計基準や会社法に何が書いてあるかを知ることは「知識」であり、改正のたびに更新しなければならない。こうした知識が不要だといっているわけではない。ただ基準に何と書いてあるかをいくら勉強しても、「知恵」に昇華することはないということを言いたい。知識ということであれば、会計の規則集を持ち歩けば済む話である。

最近の会計基準には、知恵の輪かパズルみたいなものが多い。資産除去債務や退職給付の基準などはそれまで集積した知識を総動員しても（いや、そうした知識があるからこそ）何を言いたいのかよく分からないものや、基準間の一貫性や整合性が取れていない（と感じる）ものが多い。ルールの作り手に知恵がないのか、それともルールの読み手に知恵がないのだろうか。

2 「役立たず、」

「生きているうちは、ひとは世のなかの役にたってしまう。」

小説家の石田千さんが『役立たず、』（光文社新書、二〇一三年）の中で書いてあるという。鷲田清一さんの「折々のことば」（朝日新聞、二〇一五年一一月二五日）で紹介されている。

鷲田さんの解説を紹介する。「例が面白い。犯罪者だって、警察が動けばガソリン補給や張り込み中のパンが必要になるし、尋問中は出前のカツ丼を食べ、収監されると職業訓練で人々に貢献する。つまりは『金銭物資の流通』が起こる。どんな人も役に立つから存在に意味があるのでなく、ただいるだけで意味がある。が、そもそも役に立たないでいることが難しいと小説家は言う。」

第4章で紹介した、青砥藤綱の故事を覚えておられるであろうか。鎌倉幕府の高官であった藤綱が夜中に橋の上で小銭一〇文を川に落とした。藤綱は五〇文で松明《たいまつ》を買い、川を照らして小銭を探しえた、という話であった。人は「青砥さん、四〇文の損じゃありませんか」と笑う中、藤綱は「川に銭を失うのは永久に天下の貨を失うことになり、松明の代五〇文を使ったのはその分だけ世を賑わすことになる」と言ったという。右でいう「金銭物資の流通」も同じような意味合いであろう。

金がかかるからといって犯罪者を警察が追わなければ、ガソリンもパンもカツ丼も消費されない。青砥藤綱が銭一〇文をあきらめたら松明五〇文は消費されない。個(警察、藤綱)の利益を優先すれば、社会の利益にならないこともあるのだ。利益は私有化され、損失は社会化(社会が負担)されれば、「個人の利益」を集計しても「社会の利益」と一致しないことになる。とすれば、今の会計が計算する利益には社会性がないということであろうか。

3　お金で買えるもの

「この世で最も大切なものはお金である」「お金があれば、何でも買える。」確かに、お金さえあれば、人心でも、地位でも、健康も、買える。学歴だって、博士号だって、買える。

「博士号が買える！」、そんなことはない、と思うなかれ。どこの大学でもいい、一億円でも二億円でも寄付してみるといい。私学なら一億円もの寄付を頂戴したら、そのお返しとして、「名誉教授」か「名誉博士」の称号を贈るであろう。何も、その大学の卒業生でなくても構わない。

「名誉」博士号ではなく、「博士号」が欲しいという人もいよう。そういう人がたくさんいるかどうかは知らないが、ときどき、外国の大学の博士号が売りに出ている。「簡単な手続きで博士号を取りませんか」といったダイレクト・メールを受け取ったこともある。「博士号を買いませんか」とは書いてないが、要は、売っているのである。

ご関心がある方は、インターネットの「ディプロマミル（Diploma Mill）」（学位製造工場）で検索してみるとよい。海外の大学名で、数十万円から数百万円で博士号を取得できるという話がいろいろ載っている。

余談であるが、国内の大学であれば誰が学位を取得したかの記録を残してあるであろう。しかし、例えば、日露戦争後から第二次世界大戦の敗戦に至るまでの間、日本の支配下にあった満州国や関東州に設立された大学（例えば、建国大学、新京法政大学など）は、今はない。大学の建物・組織がないだけではなく、当時の記録もない。

当時、こうした大学で勉強・卒業された人も多いと思うが、悲しいことに卒業を証明してくれる大学がないのだ。そうした事情を悪用してというか、「建国大学で博士号を取得した」という人がいても、証明も反証もできない。架空の話ではない。私が大学の教員になったころは、国外・国内を問わず情報の管理が不徹底なところがあり、また、各大学も教員の言うこと（学歴、業績など）を鵜呑みにして、疑いを持つことはなかった。新しい教員を募集しても、応募してきた人が申告した学歴や業績は正しいものとして扱われた。仮に「建国大学卒業」でも「建国大学にて経済学博士号を取得」でも、誰も「それを証明するものを出せ」とは言わない。のどかな、といえば、のどかな世界であった。

4　お金には価値がない

「お金」の話を書きながら、博士号の話で終わってしまった。話を元に戻す。
お金は、面白い。というか、つかみどころがない。いくつかの言葉を紹介する。
ハンガリー生まれのカール・ポランニーは言う。

「現実の貨幣は購買力を示す代用物にすぎない。原則としてそれは生産されるものではなくて、金融または国家財政のメカニズムをとおして出てくるものなのである。」（玉野井芳郎・平野健一郎編訳『経済の文明史』ちくま学芸文庫、二〇〇三年、三九頁）

ちょっと分かりにくい。お金の素性がつかめない。

ドイツの経済ジャーナリスト、ウルリケ・ヘルマンは、『資本の世界史―資本主義はなぜ危機に陥ってばかりいるのか―』（猪俣和夫訳、太田出版、二〇一五年）の中で、「お金は……謎めいています。それは、厳密にお金と見なされるものが何か、明確な定義が存在しないことからも明らかです。……何がお金と見なされるのかについての明確なグローバルな合意はありません。……国際規格というものが、お金の場合にはないのです。」と言う（一二四頁）。また別のところでヘルマンは、「貨幣は価値を持たない……お金が購買力を持ちつづけられるのは、それが国家に見守られているから」だと言う（一〇六頁）。

国家が見守っていても、当の国家が財政破綻間際であれば、その国のお金は購買力を持ち続けることはできないであろう。最近のビットコインも、国家に見守られてはいない。紙に印刷もされていない。

ハーバード大学歴史学教授のニーアル・ファーガソンは、『マネーの進化史』（ハヤカワ・ノンフィクション文庫、二〇一五年）の中で、「紙幣は、紙でできているのだから、本来的には価値はない。ただ、支払いに使えるという約束ごとに基づいているに過ぎない。」と言っている（六〇頁）。

紙幣の価値が「約束ごと」とすれば、誰と誰との間の約束であろうか。確かに西洋にはじめて紙幣が導入された当初は、「約束手形」と呼ばれていたという。紙幣のことを今でも「note」というのは、その名残であろうか。アメリカでは、現在は、紙幣のことをbillと呼んでいるが、次に示すように、ドル札には「note」という文字が使われている。

アメリカの紙幣、ドル札の表面には、「THIS NOTE IS LEGAL TENDER FOR ALL DEBTS, PUBLIC AND PRIVATE」（本紙幣は、公的および私的なすべての債務に対する法貨（法定貨幣）である。）と書かれ、その下に、Treasurer of the United States（米国財務省出納局長）の署名が印刷されている。ちなみに、裏側には、「IN GOD WE TRUST」（われわれは神を信ず）と印刷されている。手元にあった一ドル札、一〇ドル札、二〇ドル札を見ると、すべてに同じ文言が書いてあった。財務省が「法定貨幣」としての通用性を保証しているようにも読める。ただし、一ドルが何者かについては書いていない。ご存知のように、日本の紙幣には何も書いてない。

5　ポンドにはポンドを

イギリスのポンドには、たとえば一〇ポンド紙幣なら、「I PROMISE TO PAY THE BEARER ON DEMAND THE SUM OF TEN Pounds」（私は、要求があり次第、一〇ポンドを持参人に支払うことを約束します）と書かれ、その下に、イングランド銀行「chief cashier」のサインがある。

同じイギリスでも、スコットランド銀行が発行するポンド札には、例えば一ポンドなら、「The Royal Bank of Scotland plc PROMISE TO PAY THE BEARER ON DEMAND ONE POUND STERLING AT THEIR HEAD OFFICE HERE IN EDINBURGH BY ORDER OF THE BOARD」と書かれ、その下に「CHIEF EXECTIVE」のサインがある。

それでは、書いてある通りに、イングランド銀行あるいはスコットランド銀行にポンド紙幣を持参したら、銀行はどうするであろうか。実際にはそんなことをする人はいないようだが、もしも銀行の窓口に一〇ポンド紙幣を出したら、きっと、別の一〇ポンド紙幣（あるいは、一ポンド紙幣を一〇枚か五ポンド紙幣を二枚）をもらうことになるであろう。一〇ポンド紙幣の価値（貨幣としての通用性）は、一〇ポンドだからである。

「本来的には価値がないもの（紙幣）」を「支払いに使えるという約束ごと」で価値を付与してきたわけである。ときにはそれが貝殻であったり、石器であったり、金であったりした。金が使われたのは、貴金属だから価値があるということではなく、社会から割り当てられた機能を果たしただけである。つまり、それと引き換えに現物の製品や商品を手に入れる購買力としての機能である。

では、なぜ、ドルや円は購買力を持ち続けられるのであろうか。それは、アメリカや日本という国が、ドルや円と交換することができる財やサービスを生産しているからである。交換する物財がなくなれば、ドル札も円札もただの紙切れになる。つまり、紙幣は、発行した国の富・生産力（GDPといってもよい）に裏打ちされているのだ（ヘルマン、一三二頁参照）。

株券も同じであろう。株券は紙切れであり、価値自体を持たない。株券が交換価値を持ち続けられるのは、資本市場に見守られているからではなく、株券を発行した会社の価値に裏付けられているからである。会社の価値が劣化すれば株券の交換価値も低下するし、会社が破たんすれば紙切れのまま役割を終える。

会計の世界でも、お金（現金）の範囲は一定していない。現金勘定で処理されるのは、通貨と通貨代用証券とされるが、通貨代用証券の範囲が時代により、経済環境により、変わる可能性がある。さらに、貸借対照表に記載されている「現金預金」に限らず貨幣性資産や買掛金などの負債は、国の力（ＧＤＰ）に連動している。安倍首相が政策目標として打ち上げた「ＧＤＰ六〇〇兆円」が達成できれば、貸借対照表に記載された一〇〇万円は、今までよりももっと大きな物財支配力を持つことになるはずである。日銀は、これを当てにして一万円札を大量印刷しているのかもしれないが、この当てが外れたとき、一万円札の物財支配力はどれだけ毀損《きそん》するか分からない。

6　金への投資と預金

ごちゃごちゃとまとまりのないことを書いてきたが、要するに（それを最初に書けよ！という声が聞こえそうである）、お金も株券も、それ自体には価値がない。たとえ、金（gold）であっても、それ自体には価値がない。どちらも食べることもできないし、寒さを防ぐことも、暗闇を照らすことも、できない。せいぜい、見せびらかすことくらいしかできないのだ。

「いや、金なら指輪にも首輪にもできるし、金時計にもできる、だから金は価値がある」という人もいる。そのことは否定しない。しかし、金の指輪や腕時計は、すでに世に蔓延している。新たにマイニングされた金が指輪や腕時計に回されたら、金の指輪も金の腕時計も、市場価格は暴落するであろう。金そのものの市場価格も下がるに違いない。だから、新たに産出される金は、金として精製されるとすぐに、地下の金庫に直行するのだ。産出された金が世の中で活用されることは、ほぼ一〇〇%、ありえないのだ。

アメリカの著名な投資家であるバフェット氏の言葉が面白い。

「金は地中から掘り出され、溶かして延べ棒にされ、また地下の金庫室に埋められる」（ヘルマン、一四五頁からの引用）。

金は、貯蔵（死蔵）されるだけで、利子を生むことも配当を受けることもない。その点では、最近の預貯金とあまり変わらない。しかし、金の相場は、世間の常識と違って実に不安定である。一九八〇年に金を買った人は一トロオンス（約三一・一グラム）が平均で六一二ドル（高い方は八五〇ドル、低い方は四七四ドル）であった。その金を二〇年持ち続けた人は、二〇〇〇年に平均で二七九ドル（高値で売り抜けても三一六ドル）、資産は半分になっていた。我慢して三〇年持ち続けた人は、二〇一〇年に平均で一、〇五二ドルになっていた（田中貴金属工業のＨＰによる）が。

しかし、二〇年前あるいは三〇年前に定期預金や国債などでお金を回していたらどうなっていたか。若い方には信じられない（高齢者にはなつかしい）話かもしれないが、一九八〇年代は郵便貯金の一〇年定期貯金が利率八%から一二%であった……〇・八%や〇・一二%の誤植ではない。国債も五%超が当たり前であった。年利七%であれば預金は一〇年で倍！になる。年利五%で二〇年も預けたら二・六倍、三〇年も預けたら四・三倍にもなっていたのだ。

金は半値になることもあるが、定期や国債は減ることはない。金を買っても世の中に一円の貢献もしないが、預金や国債なら、一部のお金が事業に回ることを期待できる。どちらが社会的に意味があるかは言うまでもない。

7 「貯蓄から投資へ」の欺瞞

日本経済新聞（二〇一五年一月二三日）の「大機小機」にこんな記事が載った（ペンネームは、隅田川）。

「政府は『貯蓄から投資へ』というスローガンをよく使う。狙いは、預金中心の個人の金融資産を、よりリスクが高い株式や債券に振り向け、リスクマネーの供給を増やして、起業や新産業の育成を進めようということのようだ。……（しかし）貯蓄主体と投資主体は別である。家計が貯蓄主体、企業が投資主体となり、その両者を結び付けるのが金融機関の役割である。『貯蓄から投資へ』というと、家計が投資主体になるかのような印象を受けてしまう。」

「二〇一三年度の国民経済計算（確報）によると、家計の貯蓄投資の差額はほぼゼロ。その一方で、企業（非金融法人企業）が三五・七兆円で国内総生産（GDP）の七・四％も貯蓄超過だった。本来の貯蓄主体である家計はその役割を果たしておらず、投資主体であるはずの企業がほぼ唯一最大の貯蓄主体になっているという異常な姿である。」

経済全体から見れば、誰もが貯金するというわけにはいかない。誰かが貯蓄すれば、他の誰かに借りてもらう必要がある。誰かが借りるから、貯金する意味がある。国も企業も個人も貯蓄に走れば、経済は崩壊する。なにせ、貯蓄したお金は紙切れであり、食べられない。誰かに借りてもらわない限り、銀行の金庫にある貨幣は利子を生むことはない（ヘルマン、二七一頁に同趣旨のことが書いてある）。お金の最大の借り手であるべき企業が貯蓄に走ったのでは、金融機関も仲介業として成り立たない。

大機小機の隅田川氏は言う、「今求められているのは、規制改革などにより、企業が国内で多くの投資機会を見いだせるような環境を整備し、企業の貯蓄を企業自身の投資に振り向けさせることである。」と。

ドイツ人は貯蓄が大好きなようである。ドイツでは、誰もが―国民、会社、国―が貯蓄に励んでいるという。ヘルマンはドイツ人（自身もそうであるが）のことを「特別なクルミを貯めこむばかりで誰ひとりそれを食べようとしないリスの群れ」になってしまったと嘆いている（二七二頁）。

ヘルマンの言葉を続ける。

「誰もが将来のために貯蓄をしたがりますが、社会全体としてはお金を積み上げることで将来の備えをするということはできません。お金は、それだけでは富を生むことはなく、単なる社会の潤滑剤であり銀行口座の数字でしかありません。ほんとうの富は、明日もっと多くのモノとサービスを生み出せるように今日行う投資によって生まれます。お金は資本に変えられて初めて未来が開けます。銀行に預けたままでは価値はありません。……ドイツ人は将来に備えて貯蓄はしますが、ほんとうの意味での将来の備えであるはずの投資はなおざりにされています。」（二七三頁）

なぜ、ドイツ人は「特別なクルミ」を貯めこんでばかりいるのか。ウィリヤム・バーンスタインは、それは昔からだとして、次のような話をする。ドイツ（フランスも）は、イギリスやアメリカと違って金融システムがあまり効率的ではなく、国民も自国の金融機関をあまり信用していない。そのため、国民はマットレスの下や床板の下に現金のまま貯めこんでしまう。そのお金はめったに使われることがないので、国民の蓄えが意義のある投資に向かわなくなってしまうのだ（『「豊かさ」の誕生―成長と発展の文明史（上）』日経ビジネス文庫、二〇一五年、八四頁、二七三頁）。

もちろん、現代では多くの人が銀行にお金を預ける。しかし、そのお金の行方が問題だ。ヘルマンは言う。

「お金はカビを生やすために銀行に置いてあるわけではありません。国内では誰も使おうとしないので、輸出されます。ドイツの蓄えは外国へ流れ出て、米国のサブプライム危機やユーロ危機を煽りました。」（二七二頁）

そうだったのか。日本は、個人も企業もせっせと貯蓄に励んできたが、政府が「借金大好き」なので、サブプライム危機の被害は小さかったということなのか。それにしても、「借り過ぎ」のような気がする。いったい、いつ、誰が、どうやって返すんだろうか。

8　数字で表せること、表せないこと

「数学という手法を使うとなると、扱える対象が限られてくるのです。たとえば、『企業』は、ただモノを生産するだけではなく、信頼関係にもとづく人間関係の場であり、組織の論理があり、管理者のエートスが働き、従業員のやる気が作用し、企業のもつ社会的イメージが結構大事なものです。しかし、そんなことは数学的に表現されません。」（佐伯啓思『さらば、資本主義』新潮新書、二〇一五年、一六四頁）。

ここの「数学」の二文字を「会計」と置き換えて、もう一度読んでみていただきたい。ハーバード大学の有名教授、マイケル・サンデル氏の言葉を紹介する。

「市場の魅力の一つは、市場が満たす嗜好について判断を下さないことだ。ある善の評価の方法がほかの方法よりも高級かどうか、あるいは価値があるかどうかを問わないのだ。誰かがセックスや腎臓を金で買いたいと思い、同意する成人が売りたいと思えば、経済学者が問うことはただ一つ、『いくらで？』だ。市場は駄目を出さない。市場は立派な嗜好と低俗な嗜好を区別し

ない。取引をする両者は、交換するものにどれぐらいの価値を置くかをみずから決めるのだ。」（『それをお金で買いますか―市場主義の限界―』ハヤカワ・ノンフィクション文庫、二〇一四年、二九頁）

会計も同じである。立派な仕事の稼ぎも低俗なかせぎも、会計では区別しない。なお、ここで「善」と言っているのは、もしかしたら「goods（商品・物）」のことではないかと思われる。原典に当たって調べもせずに訳語にいちゃもんをつけるのは失礼極まりないが、他の箇所でも「善の売買」「公共善」などという表現が使われている。「財の売買」「公共財」のことではないかと思う次第である。

9　会計基準と包丁の役割

「適切な会計基準」（それがどんなものであるかは、とりあえず不問にして）を作っても、会計基準そのものには倫理観はない。倫理観が求められるのは、その基準を使う経営者である。だから、基準（ルール）は、使う人の気持ち次第で、いいようにも悪いようにも使うことができる。

それはちょうど、包丁を売るときに使い方をちゃんと説明しても、買った人が人殺しに使うかもしれないのと同じである。「会計という道具」「会計という知識」は、善悪の判断や倫理的な判断はできない。だから悪用されても、それは会計のせいではないのだ。包丁を殺人の道具として使う人がいても「包丁が悪い」とは誰も言わないのと同じである。

会計基準が甘いから、「悪用できないような厳格な基準を作れ」ということも言われるが、「人殺しができないような包丁を作れ」というのと同じである。

ジェイコブ・ソールは『帳簿の世界史』（文藝春秋、二〇一五年）の中で、会計の二面性を次のように指摘している。

「人々は昔ながらのジレンマ、すなわち会計は善と秩序の道具にもなりうるが腐敗の手段にもなりうるという二面性に相変わらず悩まされていたのである。会計は……確実に理性と秩序へと導いてくれるわけでもなければ、清く正しい幸福な生活を約束してくれるわけでもなかった。」（二九三頁）

ここまでは、現在の会計の話である。

もしかしたら、近い将来、「人殺しに使えない包丁」が発明されるかもしれない。食材は切れるが、人を傷つけることができない包丁である。少し高くなるかもしれないが、現在の科学水準からすれば、可能ではなかろうか。会計も、もしかしたら、倫理観や思想を埋め込んだものができるかもしれない。

ジェイコブ・ソールは、右に紹介した『帳簿の世界史』の最後に、こんなことを書いている。

「会計が文化の中に組み込まれていた社会は繁栄する……会計が日常生活から切り離された結果、人々の関心は薄れ、多くを期待しなくなってしまった。かつて社会は、財政に携わる人に対し、会計を社会や文化の一部とみなすように求め、帳簿に並ぶ無味乾燥な数字からでさえ、宗教的・文学的意味を読み取っていた。いつか必ず来る清算の日を恐れずに迎えるためには、こうした文化的な高い意識と意志こそを取り戻すべきである。」（三三四―三三六頁）

最後に、『バランスシートで読みとく世界経済史―ヴェニスの商人はいかにして資本主義を発明したのか？』（日経BP社、二〇一四年）を著わしたジェーン・グリーソン・ホワイトの警鐘を紹介する（後半部分は、第4章でも紹介した）。引用が長くて申し訳ないが、私が強い共感を覚えた一文である。ぜひ、じっくりとお読みいただきたい。

「会計とは、好むと好まざるとにかかわらず、私たちがこの地球上の貴重な資源をどのように使っているかを測る方法であり、二一世紀の社会が機能し、発展するために欠かせないものだ。資源をどのように測るか―あるいは測らないか―によって、地球のとらえ方が変わり、ひいては私たちの行動に影響が及ぶことになる。（中略）

豊かさが富なしでは語れなくなり、企業や政府、金融機関の欠陥がグローバルな規模で明らかになったいま、私たちは会計の規則に恣意性《しい》があるということをはっきりと認識する必要がある。地球の限りある資源と、私たちの消費文化を共存させたければ、海、大気、森林、川、荒野に貨幣価値をつけ、地球の価値を市場が認識できる形で明示しなければならない。グローバル経済の修復がいまだ不透明で、地球資源に枯渇の危機が迫るなか、これは経済的にも倫理的にも避けては通れない問題として私たちの前に立ちはだかる。今世紀中に、なんとしてでも地球を会計で表現する方法を見つけださなければならない。地球との取引を会計によって把握できるようにしなければ、未来の人類からこの地球を奪うことになるだろう。」（二四七―二四八頁）

「なぜ、会計なのか?」、「なぜ、政治ではないのか?」、「なぜ、経済学ではないのか?」、疑問に思う方もいよう。答えは、グリーソン・ホワイトの「会計とは、私たちがこの地球上の貴重な資源をどのように使っているかを測る方法」という文言にありそうである。「地球の限りある資源」と「消費文化」を共存させるには、資源の総量とその消費の量を測りバランスをとらなければばならない。まさに、資源の総量はバランス・シートであり、消費の量を測るには損益計算書の知恵を借りなければならない。冒頭に掲げた倉本聡氏の言葉の通り、これからは「知恵で生きる」必要があるのだ。

参考文献

石川純治『キャッシュ・フロー簿記会計論（3訂版）』森山書店、二〇〇五年

石川純治『変わる社会、変わる会計　激動の時代をよむ』日本評論社、二〇〇六年

石川純治『変わる会計、変わる日本経済　「情報会計」の時代』日本評論社、二〇一〇年

石川純治『揺れる現代会計　ハイブリッド構造とその矛盾』日本評論社、二〇一四年

石川純治「アクルーアルと『利益の質』―東芝不正決算によせて―」『週刊経営財務』二〇一五年八月三一日

石田　千『役立たず、』光文社新書、二〇一三年

伊藤邦雄『新・現代会計入門』日本経済新聞出版社、二〇一四年

伊東光晴『アベノミクス批判　四本の矢を折る』岩波書店、二〇一四年

池井戸潤『空飛ぶタイヤ』（単行本）実業之日本社、二〇〇六年、講談社文庫、二〇〇九年、実業之日本社文庫、二〇一六年

池井戸潤『七つの会議』（単行本）日本経済新聞出版社、二〇一二年、集英社文庫、二〇一六年

稲垣　保『経営者のための利益のお金が見える会計』サーヴィスズ・アンリミテッド、二〇一四

年
稲盛和夫「インタビュー　戦後七〇年　これからの世界3」日本経済新聞、二〇一五年八月九日
今沢　真『東芝　不正会計　底なしの闇』毎日新聞出版、二〇一六年
牛島　信『この時代を生き抜くために』幻冬舎、二〇一一年
牛島　信『日本よ、いったい何を恐れているのか』幻冬舎、二〇一二年
永　六輔『商人（あきんど）』岩波新書、一九九八年
大石桂一『会計規制の研究』中央経済社、二〇一五年
岡村勝義、奥山　茂、戸田龍介、田中　弘（座談会）「戦後会計学の軌跡と反省」『経済貿易研究』神奈川大学経済貿易研究所、第四〇号、二〇一四年
小栗崇資『株式会社会計の基礎構造』中央経済社、二〇一四年
P・オルメロッド、斎藤精一郎訳『経済学は死んだ―いま、エコノミストは何を問われているか―』ダイヤモンド社、一九九五年 *The Death of Economics*, St. Martin's Press, 1994.
大日方　隆『利益率の持続性と平均回帰』中央経済社、二〇一三年
菊池英博『そして、日本の富は略奪される―アメリカが仕掛けた新自由主義の正体』ダイヤモンド社、二〇一四年
菊池英博『新自由主義の自滅　日本・アメリカ・韓国』文藝春秋（文春文庫）、二〇一五年

北村敬子（編著）『財務報告における公正価値測定』中央経済社、二〇一四年
木村　剛『「会計戦略」の発想法』日本実業出版社、二〇一三年
倉田幸路（編著）『財務会計の現状と展望』白桃書房、二〇一四年
J・グリーソン・ホワイト（川添節子訳）『バランスシートで読みとく世界経済史―ヴェニスの商人はいかにして資本主義を発明したのか？』日経BP社、二〇一四年 Jane Gleeson-White, *DOUBLE ENTRY, How the merchants of Venice shaped the modern world-and how their invention could make or break the planet*, 2011.
John Grisham, *The Brethren*, Doubleday, 2000. 天馬龍行訳『裏稼業』アカデミー出版、二〇〇二年
警察庁「自転車に係る法令遵守意識等に関するアンケート調査の実施結果について」平成二三年
F・コトラー、倉田幸信訳『資本主義に希望はある』ダイヤモンド社、二〇一五年、Philip Kotler, *CONFRONTING CAPITALISM*, AMACOM, 2015.
佐伯啓思『さらば、資本主義』新潮社（新潮新書）、二〇一五年
M・サンデル、鬼澤忍訳『それをお金で買いますか　市場主義の限界』（単行本）早川書房、二〇一二年、ハヤカワ文庫、二〇一四年、Michael J. Sandel, *WHAT MONEY CANT BUY, The Moral Limits of Markets*.

司馬遼太郎『三浦半島記』（『街道をゆく』四二）朝日新聞出版（朝日文庫）、一九九八年、新装版、二〇〇九年
J・E・スティグリッツ、鈴木主税訳『人間が幸福になる経済とは何か――世界が九〇年代の失敗から学んだこと』徳間書店、二〇〇三年、Joseph E. Stiglitz, *The Roaring Nineties*, 2003.
J・E・スティグリッツ、楡井浩一訳『世界に格差をバラ撒いたグローバリズムを正す』徳間書店、二〇〇六年、Joseph E. Stiglitz, *Making Globalization Work*, 2006.
K・セガール、小坂恵理訳『貨幣の「新」世界史　ハンムラビ法典からビットコインまで』早川書房、二〇一六年、Kabir Sehgal, *COINED , The Rich Life of Money and How Its History Has Shaped Us*, 2015.
関岡英之『拒否できない日本―アメリカの日本改造が進んでいる―』文春新書、二〇〇四年、文藝春秋社
関岡英之『奪われる日本』講談社現代新書、二〇〇六年、講談社
T・セドラチェク、村井章子訳『善と悪の経済学　ギルガメシュ叙事詩、アニマルスピリット、ウォール街占拠』東洋経済新報社、二〇一五年、Tomas Sedlacek, *ECONOMICS OF GOOD AND EVIL*, 2011.
J・ソール、村井章子訳『帳簿の世界史』文藝春秋、二〇一五年、Jacob Soll, *THE*

RECKONING: FINANCIAL ACCOUNTABILITY and the RISE and FALL of NATIONS, Basic Books, 2014.

高橋洋一「ニュースの深層」『講談社現代ビジネス』、二〇一四年一〇月二七日、http://gendai.ismedia.jp/articles/-/40909)

田中章義「アメリカ会計学界の反省と教訓―実証会計学をめぐる問題―」『會計』二〇一〇年七月号

田中章義「弁証法的会計方法論と資本概念の復権―現代会計の根底にあるもの―」『會計』二〇一三年一一月号

田中章義「私の学問遍歴―『会計とは何か』をたずねて（一）―（三）」『企業会計』二〇一四年四―六月

田中　弘『会計学の座標軸』税務経理協会、二〇〇一年

田中　弘『時価主義を考える（第三版）』中央経済社、二〇〇二年

田中　弘『原点復帰の会計学（第二版）』税務経理協会、二〇〇二年

田中　弘『時価会計不況』新潮新書、二〇〇三年

田中　弘『不思議の国の会計学―アメリカと日本』税務経理協会、二〇〇四年

田中　弘『国際会計基準（ＩＦＲＳ）はどこへいくのか』時事通信社、二〇一〇年

田中　弘『複眼思考の会計学―国際会計基準は誰のものか―』税務経理協会、二〇一一年
田中　弘『ＩＦＲＳ（国際会計基準）はこうなる―「連単分離」と「任意適用」へ』東洋経済新報社、二〇一二年
田中　弘『会計学はどこで道を間違えたのか』税務経理協会、二〇一三年
田中　弘「『日本版ＩＦＲＳ構想』の虚実―ＩＡＳＢの構造的欠陥とアメリカの意向―」『愛知学院大学論叢　商学研究』愛知学院大学商学会、二〇一四年三月（平野勝朗准教授追悼論文集）
田中　弘「なぜ税理士業界は輝きを失ったのか―金融機関にパイを奪われる日が近い？―」『金融財政ビジネス』時事通信社、二〇一四年八月一八日号
田中　弘「税理士業界の輝きを取り戻す―武器は経営分析とコンサルティング―」『金融財政ビジネス』時事通信社、二〇一四年一〇月一六日号
田中　弘『「書斎の会計学」は通用するか』税務経理協会、二〇一五年
田中　弘「金融庁の大誤算―ＪＭＩＳは Japan's Mistake!」『金融財政ビジネス』時事通信社、二〇一五年一月一九日号
田中　弘「不評の日本版ＩＦＲＳ―ＪＭＩＳは Japan's Mistake!」『税経通信』税務経理協会、二〇一五年一月号

田中　弘「金融庁の誤算―JMISの落とし穴」『税経通信』税務経理協会、二〇一五年二月号
田中　弘「学者の寿命―『六〇歳限界説』―」『商経論叢』神奈川大学経済学会、二〇一五年三月
田中　弘「国際会計基準（IFRS）の行方を探る―IFRS財団プレスリリースの波紋―」『商経論叢』神奈川大学経済学会、二〇一五年三月
田中　弘「IFRSを巡る国内の議論―『中間的論点整理』と産業界の反応―」『商経論叢』神奈川大学経済学会、二〇一五年三月
田中　弘「漂流するJ-IFRS―主体性なき日本の対応と国益を顧みない強欲者たち―」『商経論叢』神奈川大学経済学会、二〇一五年三月
田中　弘「『完全な財務諸表』願望」『商経論叢』神奈川大学経済学会、二〇一五年三月
田中　弘「八年前の警鐘は活かされたか―田中章義教授と石川純治教授の教え―」『税経通信』税務経理協会、二〇一五年三月号
田中　弘「国際会計基準（IFRS）と退職給付に関する会計基準―確定拠出への移行を加速」『月刊　企業年金』企業年金連合会、二〇一五年三月号
田中　弘「日本の会計学は何を学び、何を教えてきたか―戦後会計学の伴走者の一人として―」『商経論叢』神奈川大学経済学会、二〇一五年三月（第五〇巻第二号）

田中　弘「忍び寄る『不幸の会計基準』の魔手―会計基準は『鏡』か『ものさし』か」『税経通信』税務経理協会、二〇一五年四月号
田中　弘「大学改革と簿記・会計教育（１）―文科省有識者会議の波紋―」『税経通信』税務経理協会、二〇一五年五月号
田中　弘「大学改革と簿記・会計教育（２）―会計学者は何を教えてきたのか―」『税経通信』税務経理協会、二〇一五年六月号
田中　弘「大学改革と簿記・会計教育（３）―『職業能力開発講座』の経験―」『税経通信』税務経理協会、二〇一五年七月号
田中　弘「ジョンソン・エンド・ジョンソンの『我が信条』―会計って、『捨てたもんじゃない！』―」『税経通信』税務経理協会、二〇一五年八月号
田中　弘「ロバート・ケネディ氏の遺訓―利益には色がある―」『税経通信』税務経理協会、二〇一五年九月号
田中　弘「あなたのお金はどこへ行くのか―株を買っても『投資家』にはなれない！―」『税経通信』税務経理協会、二〇一五年一〇月号
田中　弘「二一世紀の経営と会計の原点―『愚者の自覚を』―」『税経通信』税務経理協会、二〇一五年一一月号

田中　弘「『儲ける』とはどういうことなのか―『牛』はいつから『食料品』になるのか―」『税経通信』税務経理協会、二〇一五年一二月号
田中　弘「『理論』と『実務』の融合を目指して―年頭雑感―」『税経通信』税務経理協会、二〇一六年一月号
田中　弘「あなたのお金はどこへ行く―株を買っても投資家にはなれない！」『金融財政ビジネス』時事通信社、二〇一六年一月一八日号
田中　弘「税理士業界の活性化に向けて―（一社）中小企業経営経理研究所の設立―」『税経通信』税務経理協会、二〇一六年二月号
田中　弘「会計事務所の『お客様満足度』―会計を使わない『会計』事務所―」『税経通信』税務経理協会、二〇一六年三月号
田中　弘「企業の稼いだ利益は社会に貢献しているか―『稼ぐ』とはどういう意味なのか（2）―」『税経通信』税務経理協会、二〇一六年四月号
田中　弘「企業の稼ぐ利益と投資の社会的責任」『税経通信』税務経理協会、二〇一六年五月号
田中　弘「会計学の周辺―覚え書き―」『税経通信』税務経理協会、二〇一六年六月号
田中　弘「ＧＤＰも当期純利益も悪徳で栄える」『税経通信』税務経理協会、二〇一六年七月号
田中　弘「会計不正の手口―悪徳でＧＤＰ・純利益を増やす方法―（一）」『税経通信』二〇一六

年八月号
田中　弘「会計不正の手口―悪徳でＧＤＰ・純利益を増やす方法―（二）」『税経通信』二〇一六年九月号
辻山栄子（編著）『ＩＦＲＳの会計思考　過去・現在そして未来への展望』中央経済社、二〇一五年
手島直樹『まだ「ファイナンス理論」を使いますか？　―ＭＢＡ依存症が企業価値を壊す』日本経済新聞出版社、二〇一二年
手島直樹『ＲＯＥが奪う競争力―「ファイナンス理論」の誤解が経営を壊す』日本経済新聞出版社、二〇一五年
戸田龍介（編著）『農業発展に向けた簿記の役割―農業者のモデル別分析と提言』中央経済社、二〇一四年
友岡　賛『会計学の基本問題』慶應義塾大学出版会、二〇一六年
Ｂ・トッテン『アングロサクソン資本主義の正体』東洋経済新報社、二〇一〇年
鳥飼重和「六歳の少年の夢」『鳥飼サンタの人生の種まき（torikai-santa@torikai.gr.jp）』
冨山和彦「我が国の産業構造と労働市場のパラダイムシフトから見る高等教育機関の今後の方向性―今回の議論に際し通底的に持つべき問題意識について」文部科学省「実践的な職業教育

を行う新たな高等教育機関の制度化に関する有識者会議」第一回配付資料
冨山和彦「どう考える？　東芝問題①」朝日新聞、二〇一五年九月一八日
中谷　巌『資本主義はなぜ自壊したのか　「日本」再生への提言』集英社インターナショナル、二〇〇八年
中谷　巌『資本主義以後の世界　日本は「文明の転換」を主導できるか』徳間書店、二〇一二年
丹羽宇一郎「さらば、落日の経済大国」『文藝春秋』二〇〇二年一〇月号
丹羽宇一郎『汗出せ、知恵出せ、もっと働け！　講演録ベストセレクション』文藝春秋、二〇〇七年
浜田　康『会計不正　会社の「常識」監査人の「論理」』日本経済新聞出版社、二〇〇八年
浜田　康『粉飾決算　問われる監査と内部統制』日本経済新聞出版社、二〇一六年
原　丈人『新しい資本主義　希望の大国・日本の可能性』ＰＨＰ研究所（ＰＨＰ新書）二〇〇九年
原　丈人『増補　二一世紀の国富論』平凡社、二〇一三年
Ｗ・バーンスタイン、徳川家広訳『「豊かさ」の誕生　成長と発展の文明史』（単行本）日本経済新聞出版社、二〇〇六年、日経ビジネス文庫（上）（下）、二〇一五年、William J. Bernstein, *THE BIRTH OF PLENTY*, McGgraw-Hill Company, Inc., 2004.

T・ピケティ「(日曜に考える) 資本主義を生かすために (談)」日本経済新聞、二〇一五年二月一八日

M・ファンク、柴田裕之訳『地球を「売り物」にする人たち　異常気象がもたらす不都合な「現実」』ダイヤモンド社、二〇一六年、McKenzie Funk, *Windfall The Booming Business of Global Warming*, 2014.

N・ファーガソン、仙名　紀訳『マネーの進化史』(単行本) 早川書房、二〇〇九年、ハヤカワ・ノンフィクション文庫、二〇一五年、Niall Ferguson, *THE ASCENT OF MONEY, A Financial History of the World*, 2008.

U・ヘルマン、猪俣和夫訳『資本の世界史―資本主義はなぜ危機に陥ってばかりいるのか』太田出版、二〇一五年 Ulrike Herrmann, *DER SIEG DES KAPITALS : Wie der Reichtum in der Welt kam : Die Geschichte von Wachstum, Geld und Krisen*, Westend Verlag GmbH, 2013.

R・ブートル、町田敦夫訳『欧州解体　ドイツ一極支配の恐怖』東洋経済新報社、二〇一五年、Roger Bootle, *THE TROUBLE WITH EUROPE : Why the EU Isn't Working–How It Can Be Reformed-What Could Take Its Place*, 2014, 2015.

藤田晶子『無形資産会計のフレームワーク』中央経済社、二〇一二年

K・ポランニー、玉野井芳郎・平野健一郎編訳『経済の文明史』（単行本）日本経済新聞社、一九七五年、ちくま学芸文庫、二〇〇三年
本郷孔洋『本郷孔洋の経営ノート 二〇一一 ―今を乗り切るヒント集―』東峰書房、二〇一一年
本郷孔洋『本郷孔洋の経営ノート 二〇一二 ―会社とトップの戦略的跳び方―』東峰書房、二〇一二年
本郷孔洋『本郷孔洋の経営ノート 二〇一三 ―残存者利益を取りに行け！―』東峰書房、二〇一三年
本郷孔洋『本郷孔洋の経営ノート 二〇一四 ―資産防衛の経営―』東峰書房、二〇一四年
本郷孔洋『本郷孔洋の経営ノート 二〇一五 ―三年で勝負が決まる！―』東峰書房、二〇一五年
本郷孔洋『本郷孔洋の経営ノート 二〇一六 ―常識の真逆は、ブルーオーシャン―』東峰書房、二〇一六年
神谷秀樹『強欲資本主義 ウォール街の自爆』文藝春秋（文春文庫）二〇〇八年
神谷秀樹「似て非なる『投資』と『投機』 多くの中央銀行は両者を混同」『金融財政ビジネス』時事通信社、二〇一四年七月二四日

神谷秀樹「投資の目的と果実の評価──『綺麗なお金』と『きたないお金』──」『金融財政ビジネス』二〇一四年一〇月二七日号
H・ミンツバーグ、池村千秋訳『私たちはどこまで資本主義に従うのか　市場経済には「第三の柱」が必要である』ダイヤモンド社、二〇一五年、Henry Mintzberg, *Rebalancing Society: Radical Renewal Beyond Left, Right, and Center*, 2015.
向　伊知郎『ベーシック国際会計』中央経済社、二〇一六年
村上陽一郎『科学の現在を問う』講談社現代新書、二〇〇〇年
横山秀夫『半落ち』（単行本）講談社、二〇〇二年、講談社文庫、二〇〇五年
J・リフキン、柴田裕之訳『限界費用ゼロ社会〈モノのインターネット〉と共有型経済の台頭』ＮＨＫ出版、二〇一五年、Jeremy Rifkin, *THE ZERO MARGINAL COST SOCIETY: THE INTERNET OF THINGS AND THE RISE OF THE SHARING ECONOMY*.
「文系学部で何を教えるか」朝日新聞二〇一五年三月四日
「国立大から文系消える？　文科省　改革案を通達」東京新聞（朝刊）二〇一五年九月二日

INDEX

（CH○と表示してあるものは，その章全体を参照してください）

著者プロフィール

田　中　　弘（たなか　ひろし）

神奈川大学名誉教授・博士（商学）（早稲田大学）

早稲田大学商学部を卒業後，同大学大学院で会計学を学ぶ。貧乏で，ガリガリに痩《や》せていました。博士課程を修了後，愛知学院大学商学部講師・助教授・教授。この間に，学生と一緒に，スキー，テニス，ゴルフ，フィッシングを覚えました。

1993年－2014年神奈川大学経済学部教授。

2000年－2001年ロンドン大学（LSE）客員教授。

公認会計士２次試験委員，大蔵省保険経理フォローアップ研究会座長，
郵政省簡易保険経理研究会座長，保険審議会法制懇談会委員などを歴任。

一般財団法人経営戦略研究財団　理事長
辻・本郷税理士法人　顧問
日本生命保険相互会社　社友
ホッカンホールディングス　社外取締役
英国国立ウェールズ大学経営大学院（東京校）教授
日本アクチュアリー会　客員
一般社団法人中小企業経営経理研究所　所長
Ｅメール　akanat@mpd.biglobe.ne.jp

最近の主な著書
『「書斎の会計学」は通用するか』税務経理協会，2015年
『新財務諸表論（第５版）』税務経理協会，2015年
『財務諸表論の考え方――会計基準の背景と論点』税務経理協会，2015年
『会計学はどこで道を間違えたのか』税務経理協会，2013年
『国際会計基準の着地点――田中弘が語るIFRSの真相』税務経理協会，2012年
『IFRSはこうなる――「連単分離」と「任意適用」へ』東洋経済新報社，2012年
『会計と監査の世界――監査役になったら最初に読む会計学入門』税務経理協会，2011年
『経営分析――監査役のための「わが社の健康診断」』税務経理協会，2012年
『複眼思考の会計学－国際会計基準は誰のものか』税務経理協会，2011年
『国際会計基準はどこへ行くのか』時事通信社，2010年
『会計データの読み方・活かし方――現代会計学入門』中央経済社，2010年
『会計学を学ぶ－経済常識としての会計学入門』（共著）税務経理協会，2008年
『会社を読む技法－現代会計学入門』白桃書房，2006年
『不思議の国の会計学－アメリカと日本』税務経理協会，2004年
『時価会計不況』新潮社（新潮新書），2003年
『原点復帰の会計学－通説を読み直す（第二版）』税務経理協会，2002年
『会計学の座標軸』税務経理協会，2001年

著者との契約により検印省略

平成28年10月1日　初版第1刷発行

GDPも純利益も悪徳で栄える
——賢者の会計学・愚者の会計学

著　者　田中　弘
発行者　大坪嘉春
印刷所　税経印刷株式会社
製本所　牧製本印刷株式会社

発行所　〒161-0033 東京都新宿区下落合2丁目5番13号　株式会社 税務経理協会
振替 00190-2-187408
FAX (03)3565-3391
電話 (03)3953-3301 (編集部)
(03)3953-3325 (営業部)
URL　http://www.zeikei.co.jp/
乱丁・落丁の場合は，お取替えいたします。

ISBN978-4-419-06386-3 C3034